KB260970

엄마 **투자가**

엄마 투자가

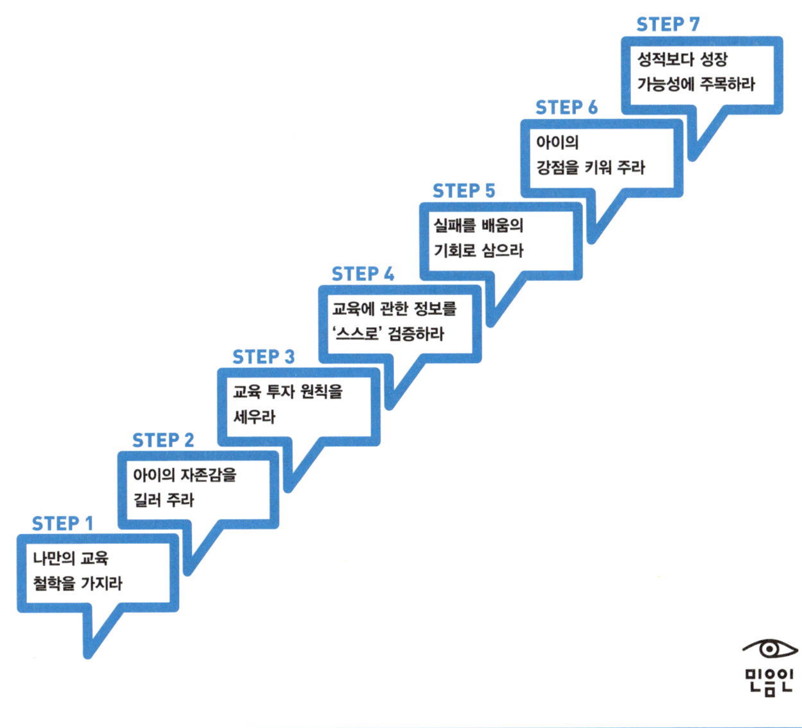

하버드 입학사정위원이 전하는
7단계 교육 투자 혁명
조우석 · 김민기
STEP 7
성적보다 성장 가능성에 주목하라
STEP 6
아이의 강점을 키워 주라
STEP 5
실패를 배움의 기회로 삼으라
STEP 4
교육에 관한 정보를 '스스로' 검증하라
STEP 3
교육 투자 원칙을 세우라
STEP 2
아이의 자존감을 길러 주라
STEP 1
나만의 교육 철학을 가지라
민음인

차례

Chapter 01 입문편

투시경으로 꿰뚫어 보라

Chapter 02 초급편

망원경으로 멀리 보라

Chapter **03** 중급편

내시경으로 깊이 들여다보라

Chapter **04** 고급편

현미경으로 자세히 보라

부록 교육 투자 전략 로드 맵

다초점 관점 렌즈를 이용하라

왜 엄마는 **투자가의 관점**을 가져야 하는가?

『엄마 투자가』가 던지는 화두는 다음과 같다.

"교육 투자, 본전은 찾고 계십니까?"

대한민국의 학부모들은 치열해진 경쟁 상황 속에서 과거에 비해 자녀 교육에 많은 시간과 돈, 에너지를 투자하고 있다. 그런데 현재 방식대로 교육 투자를 지속해도 괜찮을까? 보건 복지부와 한국 보건 사회 연구원이 2012년 전국 1만 8000가구를 대상으로 조사한 결과, 자녀가 대학을 졸업하기까지 키우는 데 드는 비용은 평균 3억 896만 4000원으로 추산되었다. 게다가 자녀가 대학생이 될 즈음이면, 집안의 가장은 대부분 회사를 떠나야 할 나이가 된다. 우리나라는 아시아에서 노후가 가장 불안한 국가로 손꼽히는데, 이러한 위험을 감수해도 좋을 만큼 현재의 교육 투자 방식은 충분한 수익을 보장해 주고 있을까?

슬프게도 기존의 교육 투자 방식으로는 투자금이라도 회수할 확률이 매우 낮아 보인다. 2012년 발표된 한 경제 연구소의 보고서에 따르면 우리나라의 대학 진학률은 세계적으로 높은 수준이지만, 정작 학비를 회수하지 못한 대졸자가 180만 명에 달한다고 한다. 하지만 교육비 지출은 오히려 증가하고 있다. 정규 교육비는 1995년부터 매년 평균 6퍼센트씩 증가하고, 사립 대학 등록금은 1995년에서 2011년 사이 2배 이상 뛰었다. 대졸자의 임금 수준은 별로 늘지 않았는데, 교육 투자 비용은 급격히 늘어난 것이다.

이러한 수치를 통해 알 수 있는 것은 현재와 같은 교육 투자 방식이 경제적인 측면에서는 더 이상 유용하지 않다는 사실이다. 그렇다면 정서적인 측면에서는 이를 상쇄할 만한 긍정적인 영향을 미치고 있을까?

공부는 곧 아픔이었다

내가 대한민국에서 받은 교육을 생각할 때 가장 먼저 떠오르는 단어는 '아픔'이다. 한국에서 대학원까지 다니며 공부하는 동안 정말이지 행복했던 기억이 거의 없다. 아등바등해 봤지만 목적도, 의미도 알 수 없는 공부는 버겁기만 했다. 그래서인지 학창 시절 불을 끄고 자 본 적이 거의 없다. 불안 때문이었다. 부모님의 기대가 높기도 하였지만, 나 스스로도 존재를 확인하는 길은 공부밖에 없었다. 당시에는 다른 길을 찾을 엄두도 내지 못했다. 온통 '좋은 대학만 가면 행복해질 것이다.'라는 메시지뿐이었다. "삶은 무엇인가?" "공부는 왜 해야 하는가?"와 같은 질문을 던질 때면 대답 대신 그런 질문은 대학 간 후에나

하라는 꾸지람만 들었다. 그때마다 나는 책을 읽었다. 책은 이런 고민에 대한 답을 들려주었다. 또한 비슷한 생각과 고민을 하는 사람들이 많다는 사실에 위로받기도 했다.

힘겨운 학창 시절을 거쳐 대학에 입학했지만, 방황은 계속되었다. 좋은 대학만 가면 뭔가 다른 것이 있을 줄 알았는데, 그동안의 고생을 보상해 줄 무엇인가에 대한 기대는 여지없이 무너졌다. 주변 친구들은 대학 입학 전부터 자격증 공부를 시작했다. 또 다른 고시 전쟁이 시작된 것이었다. 지금 서 있는 곳이 마음에 차지 않으니 자꾸 다른 곳으로 눈을 돌리게 되었다. 학교 공부 말고 내가 하고 싶은 공부를 찾아서 해 보기 시작했다. 정신 분석학과 심층 심리학도 배워 보고, 상담도 받아 보고…… 끊임없이 방황하고 고민했다.

이런 경험들은 자연스럽게 "어떻게 하면 우리의 다음 세대인 청소년과 대학생 들이 가장 자기답게, 자신이 원하는 가슴 뛰는 삶을 신나게, 행복하게 살아가도록 도울 수 있을까?" "대한민국 교육의 변화는 어떻게 가능할 것인가?"라는 질문으로 이어졌다. 이 화두를 가지고, 대통령 직속 중소특위가 주관한 청소년 기업가 정신 함양 프로그램인 비즈쿨(Bizcool)과 서울대 청소년 멘토링 샘(SAM) 프로그램, 대학생 멘토링 프로그램인 삶의 스승 운동(Life Master)과 같은 다양한 교육 프로그램의 기획과 실행에 참여했었다. 하지만 근본적으로 변하려는 시도 없이는 '언 발에 오줌 누기'라는 결론에 이르렀다. 고민 중에 교육 정책 변화가 필요하다는 멘토들의 조언을 따라 하버드의 정치 행정 대학원인 케네디 스쿨로 유학을 떠났다. 하지만 하버드에서 공부하며 깨달은 것은, 여러 이익 집단의 이익이 반영되는 정책에 변화를 시도하는 일 자체가 내 깜냥으로는 계란으로 바위 치는 격이라는 사실이었다. 질문은 다시 "교육 변화의 지렛대는 과연 무엇일까?"로 변했다. 학교일까, 가정일까? 유학에서 돌아와 만난 대한민국의 학교는 과거에 비하면 변화하기 위해 많은 노력을 기울이고 있었다. 하지만 쏟아붓는 노력에 비해 얼마나 효과를 냈는지는 의문이었다. 미래학자 앨빈 토플러는 기업이 시속 100마일(160킬로미터)의 속도로 변화한다면 교육 기관은 시속 10마일(16킬로미터)의 속도로 변화한다고 말했으며, 『부자 아빠 가난한 아빠』 시리즈의 저자 로버트 기요사키도 교육이 변화하기 위해서는 적어도 50년의 시간이 필요하다고 하였다. 학교의 변화 속도를 기다리기에는 너무 오랜 시간이 걸린다는 판단이 섰다. 그래서 가정을 살펴보았고, 자녀 교육의 의사 결정권은 대부분 엄마가 가지고 있음을 알 수 있었다. 결국 엄마였다. 교육 변화의 시작점이 되는 엄마가 변화의 지렛대가 될 수 있겠다는 확신이 섰다.

그렇다면 엄마의 무엇이 변화되어야 교육이 진짜로 바뀔 수 있을까?

투자가의 관점에서 희망을 찾다!

아인슈타인은 "우리가 당면한 심각한 문제들은 그 문제들을 발생시킨 당시의 사고방식으로는 해결할 수 없다."라고 말했다. 교육과 관련해 현재 엄마들이 당면한 문제들은 현재의 사고방식, 즉 현재의 관점으로는 절대로 해결할 수 없다는 이야기다. 다시 말해 엄마가 자녀와 엄마 자신을 바라보는 눈, 즉 마음의 관점이 바뀌어야 교육이 바뀔 수 있다.

<u>**관점 전환이 근원적인 변화를 가능하게 하는 이유는 무엇일까?**</u> 우리는 눈에 보이는 대로 느끼고, 느끼는 대로 선택하며, 이 선택이 우리의 삶과 운명을 결정하기 때문이다. 따라서 관점이 변하면 삶의 모든 것이 변하기 마련이다. 관점 전환의 힘을 잘 보여 주는 이야기를 하나 들어보자.

대한민국 엄마들이 가장 좋아하는 사과는 어떤 사과일까? 뉴턴의 사과? 스티브 잡스의 사과? 치열한 입시 경쟁에 시달리는 대한민국 엄마들이 제일 좋아하는 사과는 아마도 '합격 사과'일 것이다.

1991년 일본 최대 사과 산지인 아오모리 현에 큰 태풍이 몰아닥쳤다. 이 태풍은 사과 마을 아오모리 현을 쑥대밭으로 만들었다. 낼모레 출하를 앞둔 사과의 90퍼센트가 떨어져 버리고 만 것이다. 대부분의 농부들이 절망에 빠져 한숨만 쉬었지만, 한 농부는 대부분의 사람들이 보지 못하는 것을 보고 있었다. 바로 떨어진 90퍼센트의 사과가 아니라, 떨어지지 않은 10퍼센트의 사과였다. 비록 태풍으로 인해 신선도는 물론 맛마저 떨어졌지만 태풍에도 낙과하지 않은 행운의 사과라는 아이디어를 떠올린 것이다. 관점 전환을 통해 '태풍과 같은 시련에도 떨어지지 않는 사과'라는 새로운 의미가 부여된 이 10퍼센트의 사과는 기존 가격의 열 배가 넘는 비싼 가격에도 불구하고 날개 돋친 듯 팔려 나갔다.

여기까지는 이미 널리 잘 알려진 이야기이다. 그렇다면 다음 사과에서는 무엇이 보이는가?

다 먹은 앙상한 사과만 보이는가? 그렇다면 이번에는 보이는 사과가 아니라 보이지 않는 여백에 주의를 기울여 다시 바라보라. 무엇이 보이는가? 사람의 얼굴이 보이는가? 위의 사과 사진은 보이지 않는 것을 봄에 따라 완전히 다른 세계가 펼쳐질 수 있음을 상징한다. 이처럼 관점 전환은 우리에게 새로운 가능성의 세계를 열어 주는 모든 변화의 시작이 된다.

하지만 이미 출간된 수많은 교육서와 교육 관련 방송, 세미나, 강연 등을 통해 이미 준 교육 전문가가 된 엄마들은 다음과 같은 생각을 떠올릴 것이다.

"관점 전환이 필요하다는 사실은 머리로는 알겠는데, 몸과 마음이 쉽게 따르지 않아요."

정말 공감이 가는 말이다. 빌 게이츠의 스승인 로버트 풀검의 말처럼 "우리가 정말 알아야 할 모든 것은 유치원에서 배웠다." 하지만 머리로는 충분히 알고 있는 것들을 가슴으로 느끼고 실천하기는 정말 어렵다. 세상에서 가장 먼 거리가 바로 머리와 가슴 사이라고 하지 않는가.

그럼, "어떻게 해야 정말 변화할 수 있을까?" 이에 대한 답을 세계적인 리더십 분야의 대가 하버드 경영 대학원의 존 코터 교수의 변화 이론에서 찾아보도록 하자. 그의 변화 이론을 간단히 정리하면 다음과 같다.[1]

- **명확한 비전:**
  변화에 대한 막연한 불안감이나 두려움과 같은 장애 요인을 제거하며,
  변화에 능동적으로 대처할 수 있는 여건을 만드는 원동력이다.
- **성공 확률이 높은 변화의 과정:**
  본다(See) → 느낀다(Feel) → 변한다(Change)
- **실패 확률이 높은 변화의 과정:**
  분석한다(Analyze) → 사고한다(Think) → 변한다(Change)

존 코터 교수의 변화 이론을 쉽게 풀어 보면 다음과 같다. 많은 이들이 변화를 원하지만 변화에 실패하는 이유는 명확하고 생생한 비전의 확립 없이 '머리 접근법'을 쓰기 때문이다. 머리 접근이란 '분석한다→사고한다→이해한다'의 과정을 의미한다. 글과 숫자, 언어를 중심으로 한 생각은 우리가 이해하도록 할 수는 있지만, 그 생각의 대부분은 행동으로 옮겨지지 않기 때문에 변화에 실패한다. 이에 반해 '가슴 접근법'은 '본다→느낀다→행동한다'의 과정을 의미한다. 인간은 이미지 언어인 명확하고 생생한 비전(Vision)을 보게 될 때, 가슴(Heart)이 움직이며, 가슴에 느낌(Feel)을 받게 될 때, 행동(Act)하기 때문에 변화가 가능하다는 의미이다. 감정(Emotion)의 라틴어 어원이 움직임을 이끌어 내다(Movere)인 것을 보아도, 생각이 아닌 감정이 행동을 변화시키는 훨씬 강력한 힘이라는 사실을 알 수 있다.

이처럼 진정한 교육의 변화는 자신이 진정으로 원하는 것, 즉 명확한 비전과 기존과는 다른 것을 볼 수 있는 관점 전환에서 시작된다. 이제 다음 질문으로 넘어가 보자.

"관점 전환이 현재 내가 당면한 교육 문제를 해결할 수 있다면, 어떤 관점이 과연 가장 효과적일까?"

교육을 바라보는 관점은 크게 세 가지로 나눌 수 있다.

첫째, 농사의 관점이다(교육 관점 1.0). 과거 농경 사회에서 비롯된 관점으로, '자식 농사'라는 말이 이 관점을 잘 보여 준다.

둘째, 공장의 관점이다(교육 관점 2.0). 산업화 시대에서 비롯된 관점이다. 대량 생산에 적합한 산업화 인력을 키워 내기 위해 획일화된 주입식 교육을 지향한다. 현재 대부분의 많은 엄마들은 산업화 시대에서 교육받고 성장했기 때문에 이 공장의 관점에서 벗어나지 못하고 있다.

셋째, 투자의 관점이다(교육 관점 3.0). 현재 우리가 살아가는 시대는 자본주의 시대이다. 이 자본주의 사회에서 가장 탁월한 관점을 가지고 있는 사람들은 누구일까? 바로 자본주의 세계의 게임 법칙을 꿰뚫는 통찰력을 바탕으로 탁월한 성공을 거두고 있는 투자의 거장들이다. 대표적인 인물로 주식 투자를 넘어 인생과 세상을 바라보는 혜안으로 '오마하의 현인'이라고 추앙받는 워런 버핏을 들 수 있다. 투자의 대가인 워런 버핏이 쌓은 부의 총합은 이라크, 에티오피아, 코스타리카의 국내 총생산(GDP)보다 크고, 쿠바와 북한, 예멘의 GDP를 합친 것보다 크다고 한다.

과연 워런 버핏과 같은 투자 고수와 평범한 사람들과의 차이는 무엇일까? 그것은 바로 10퍼센트의 남겨진 사과에서 합격 사과를 보았던 아오모리 현의 농부가 가졌던 '남들의 눈에는 보이지 않는 것을 볼 수 있는 관점의 힘'에 있다. 워런 버핏은 투자 성공의 비밀을 세계와 기업, 사회와 인간의 심리라는 다양한 관점에서 현상을 정확하게 볼 수 있는 심오하고 폭넓은 통찰력이라고 강조한다. 그 이유는 단순하다. 다양한 관점을 통해 다양한 정보를 얻을수록 이해가 깊어지고, 이해가 깊어짐에 따라 올바른 선택 가능성이 높아지기 때문이다. 필자는 이를 비전 지능(Vision Quotient, VQ)이라고 이름 붙였다. VQ란 '남들이 보지 못하는 것을 볼 수 있는 능력'과 '미래를 향한 뚜렷한 비전을 볼 수 있는 통찰력'을 의미한다.

그렇다면 어떻게 남들이 보지 못하는 것을 볼 수 있는 안목과 통찰력인 VQ를 높일 수 있을까?

이에 대한 답은 비주얼 경영(Visual Management) 기법에서 찾을 수 있다. 비주얼 경영은 렉서스를 생산하는 기업 도요타의 '개선 기술(카이젠)'에서 시작되었다. 경영의 전 과정에서 나타나는 현상, 문제, 결과들을 눈에 보이도록 시각화하여, 경영의 효과성과 효율성을 높이는 기법이다. 즉 비주얼 경영은 바로 안 보이는 것을 보이도록 해 주는 고성능 렌즈를 사용하는 것과 같다. 천왕성의 달을 보려면 천체 망원경이, 내장 기관의 건강 상태를 확인하기 위해서는 내시경이, 우리의 DNA를 살펴보려면 전자 현미경이 필요하듯, 안 보이는 것을 보려면 우리의 시야를 보조해 주는 렌즈들을 사용하면 된다. 비주얼 경영은 도요타 자동차를 세계 일류의 자동차 기업으로 성장시켰다. 천체 망원경은 우주여행 시대를 가능하게 했고, 내시경은 의학의 획기적인 발전을 가져왔으며, 현미경은 과학의 비약적인 발전을 가능하게 했다. 그 이유는 무엇일까? 바로 안 보이던 것이 보인 후에는 다룰 수 있게 되기 때문이다. 요가나 에어로빅을 할 수 있는 공간에는 반드시 거울이 붙어 있다. 자신의 모습을 거울에 비춰 봄으로써 무엇이 잘못되었는지를 깨닫고 바른 자세로 교정하기 위해서다. 마찬가지로 안 보이면 통제할 수 없지만, 봄으로써 우리 자신을 개선하고 성장해 나갈 수 있게 되는 것이다.

한자로 투자(投資)란 '이익을 얻기 위해 어떤 일이나 사업에 자본을 대거나 시간이나 정성을 쏟음'을 의미한다. 『엄마 투자가』는 행복한 교육의 열매를 맺을 수 있도록 자녀 교육의 본질을 꿰뚫어 투시(透視)할 수 있는 투자(透子, 자녀를 꿰뚫어 봄) 렌즈의 역할을 해 줄 것이다. 보이지 않는 것을 보게 해 주는 투시경, 망원경, 내시경, 현미경의 다초점 관점 렌즈 역할을 함으로 엄마들이 진정한 관점 전환을 통해 성공적인 교육 투자를 할 수 있도록 이끌어 줄 것이다. 다시 한 번 말하지만 "보이는 것은 통제할 수 있고, 통제할 수 있다면 변화시킬 수 있다."

이 책은 또한 경험에서 비롯된 실용성과 현실성을 바탕으로 한다. 치열한 현실 속에서 오랜 기간 검증을 거친 대가들의 투자 전략과 세계 최고 기업들이 채택한 경영 전략을 기반으로 하고 있다. 여기에 최고의 리더들을 선발하는 하버드 케네디 스쿨의 인재 선발 경험, 인재 투자를 통한 세계 최고의 변화 선도 전문 기관인 아쇼카에서 인재를 선발한 경험에 공교육, 사교육, 비영리 교육을 아우르는 다양한 교육 경험을 더했다. 더불어 수많은 양서에서 녹여 낸 지혜의 정수가 새로운 미래를 준비하는 지혜로운 엄마들을 위한 신뢰할 수 있는 교육 투자 나침반이자 전략서가 되어 줄 것이다.

『엄마 투자가』를 통해 대한민국 엄마들이 아이의 미래를 위해 '어디를 바라보아야 하고, 무엇을 물어야 할지'를 깨닫고, 내 아이를 위한 행복한 교육 고수 투자가가 될 수 있기를 진심으로 소망한다.

 # 『엄마 투자가』 관점 변화 전략 로드 맵

1. 관점 전환 — 세상을 바라보는 관점이 바뀌면 모든 것이 바뀐다.

오늘날 가장 효과적인 관점 중 하나는 투자 고수들의 관점이다. 투자 고수들은 세계의 흐름과 인간 심리의 흐름을 꿰뚫어 보는 혜안이 있다. 교육은 결국 사람에 대한 투자이다. 『엄마 투자가』는 엄마들이 금융 투자 대가의 관점을 벤치마킹함으로써 투자 고수의 관점으로 교육 투자 게임을 이끌어 나갈 수 있도록 도울 것이다.

2. 시각화 — 관점 전환이 가능하려면 안 보이는 것을 볼 수 있어야 한다.

『엄마 투자가』는 비주얼 경영 기법을 기반으로 투시경, 망원경, 내시경, 현미경과 같은 다초점 관점 렌즈의 역할을 해, 보이지 않는 것들을 보여 줌으로써 엄마들이 자녀와 교육을 보는 관점 전환을 가능하게 해 줄 것이다.

3. 시스템화 — 변화를 지속하려면 함께 모이는 시스템을 구축하라.

엄마들이 함께 모여 서로 보여 주고 비춰 주는 피드백 시스템인 마스터마인드 그룹 구축을 통하여 진정한 변화를 지속할 수 있도록 해 줄 것이다.

1. **투시경** — 꿰뚫어 보라. (1부)

2. **망원경** — 멀리 보라. (2부)

3. **내시경** — 깊이 보라. (3부)

4. **현미경** — 자세히 보라. (4부)

5. **다초점 관점 렌즈** — 한눈에 다각도로 바라보라. (부록)

다각도로 바라볼 수 있다면 더 나은 의사 결정을 할 수 있다.

실행 전략—교육 투자 비전 맵 & 엄마 투자가 모임

1. **적어 보라** — 교육 투자 비전 맵을 잘 보이는 곳에 써 붙여 보라.

2. **반복해 보라** — 교육 투자 비전 맵을 무의식적으로 자주 보라.

3. **함께 모여 보라** — 엄마 투자가 모임을 만들어 함께 보라.

검증된 체계적인 변화의 도구들로 함께 모여 단계적으로 실천에 옮긴다면 관점 변화는 분명히 가능하다! 이 관점 변화는 여러분의 교육 투자의 성과를 획기적으로 변화시켜 줄 것이다.

나는 개미 엄마일까, 고수 엄마일까?
교육 투자 IQ 테스트

	Yes	No
1. 뚜렷한 교육 투자의 이유를 가지고 있다.		
2. 긍정적인 감정을 담아 아이의 존재 자체를 자주 칭찬하는 편이다.		
3. 주변 사람이나 대중 매체의 의견에 휩쓸리지 않고 소신을 가지고 아이를 교육하는 편이다.		
4. 나 자신과 아이의 감정 상태를 잘 알아차리고 지혜롭게 다룰 줄 안다.		
5. 자녀를 교육하는 기준이 되는 확고한 교육 원칙들이 있다.		
6. 실수와 실패를 두려워하지 않고 이를 통해 배움을 얻는 편이다.		
7. 나 자신과 아이가 잘못했을 때 쉽게 용서할 수 있다.		
8. 나 자신과 아이의 성격과 강점, 약점에 대해 잘 알고 있는 편이다.		
9. 아이가 살아가게 될 미래 사회 모습을 잘 알고 있고, 이를 바탕으로 아이를 교육하고 있다.		

10. 아이의 성적과 같은 단기적 성과뿐 아니라 아이가

　　장기적으로 행복하게 살아갈 수 있는 바탕이 되는 인성과

　　감수성, 더불어 경제 교육을 균형 있게 하는 편이다.

총합 Yes _____ 개 / No _____ 개

테스트 결과(각 문항당 1점)

10점: 당신은 교육 고수 투자가와 유사한 투자 마인드와 습관을 갖고 있다. 이미 엄마 고수 투자가가 되는 길에 순조롭게 들어서 있으므로 자신감을 가지고 지속하라.

7~9점: 당신은 비교적 교육 고수 투자가의 투자 마인드와 습관에 가깝다. 지금까지 그다지 주의를 기울이지 않았던 것에 좀 더 세심히 주의를 기울이면 엄마 고수 투자가가 될 가능성이 충분하다.

4~6점: 당신은 교육 고수 투자가와 매우 다른 투자 마인드와 습관을 갖고 있다. 이대로는 개미 엄마 투자가로 자녀를 교육하게 될 가능성이 높다. 고수 엄마 투자가가 어떤 사고방식과 습관을 갖고 있는지 적극적으로 배울 필요가 있다.

3점 이하: 당신은 교육 고수 투자가와 전혀 다른 투자 마인드와 습관을 갖고 있다. 고수와는 전혀 다른 세계에서 살고 있다고 할 수 있다. 고수 엄마 투자가가 되고 싶다면, 우선 그들의 관점이 무엇인지 배우는 것부터 시작하라.

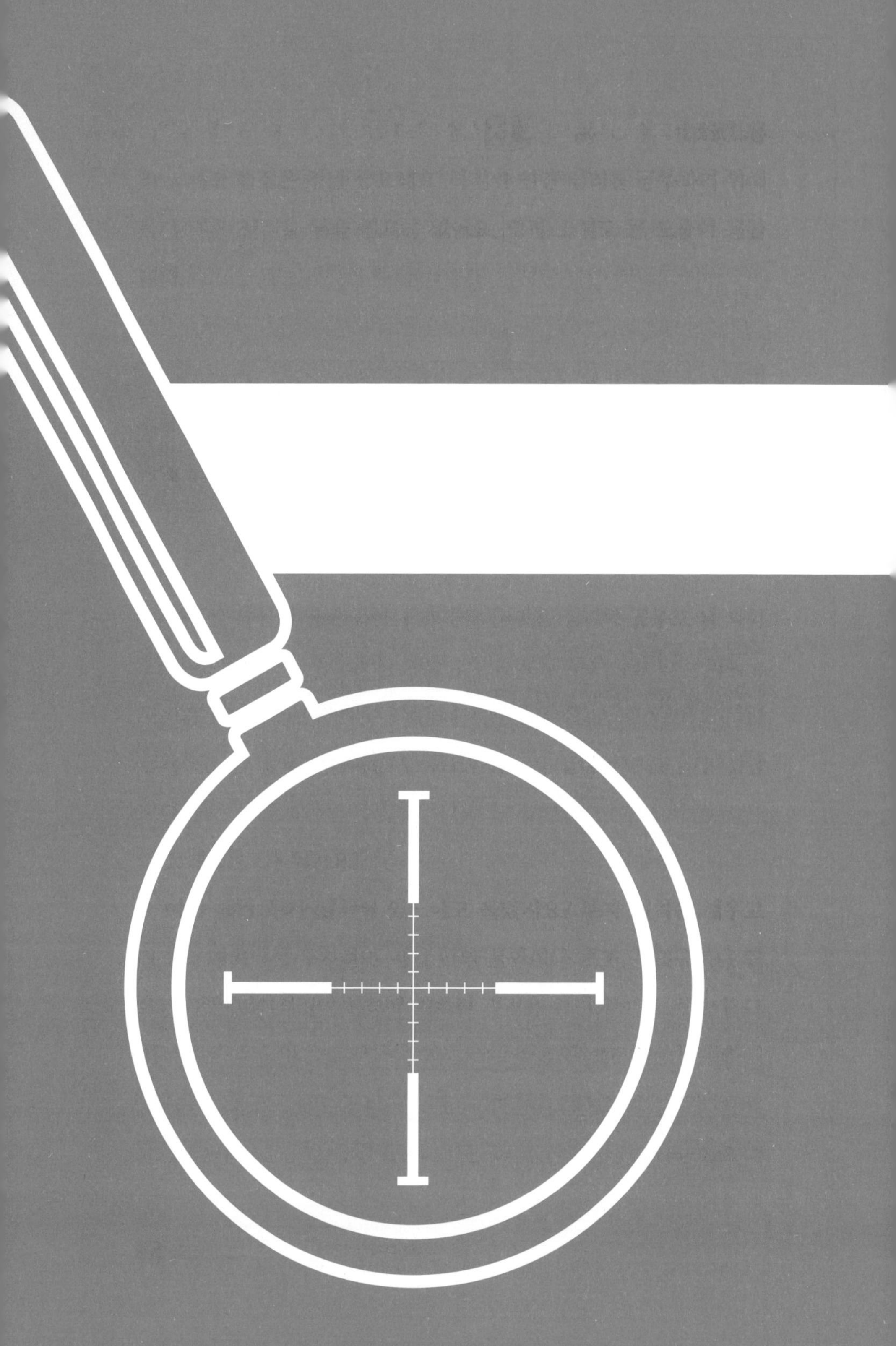

Chapter 01

입문편
투시경으로 꿰뚫어 보라

**금융 투자 고수들의 관점을
벤치마킹함으로써 교육 투자 마인드를 가진다**

1부에서는 실화를 바탕으로 각색한 투자 스토리를 통해 교육 고수 투자가가 되기 위한 교육 투자 마인드를 확립한다. 총 일곱 단계를 거치는 동안 세계적인 투자가들의 지혜와 고수 엄마들의 교육 투자 비결을 배울 수 있다. 이 과정을 통해 자녀들이 행복하고 자유로운 인생을 누리도록 효과적으로 돕는 든든한 초석이 될 교육 투자 마인드를 확립할 수 있을 것이다.

개미 투자가들은 일확천금의 헛된 희망을 품고 소문에 이끌려 투자를 한다.

결국 무분별한 투자의 대가로 손해를 보고 마는 경우가 대부분이다.

교육 투자도 마찬가지다.

그저 막연하게 우리 아들딸이 남부럽지 않게 살기 바라면서

주변에서 추천하는 학원에 보내려 애를 쓰는 엄마들의 모습은

안타깝게도 주식 시장의 개미 투자가와 닮아 있다.

맹모삼천지교를 꿈꾸다

주르륵. 지연 씨의 눈에서 하염없이 눈물이 흐른다. 자신이 저지른 일에 끝없는 후회가 밀려들었다. '아, 어떡하지? 내가 정말 왜 그랬을까? 아휴, 내가 미쳤지, 미쳤어. 그 돈이 어떤 돈인데. 내가 어쩌자고 그랬을까?' 후회하고 또 후회해 보지만, 이제 와서 돌이킬 수도 없다.

지연 씨는 애들은 역시 교육의 메카에서 키워야 한다는 시누이의 조언에 따라 남편을 조르고 졸라 대출까지 받아 가며, 학군 좋은 아파트로 몇 달 전에 이사하였다. 지난번에 살던 동네하고는 다르게 유명한 학원가가 밀집해 있는 이곳 동네 엄마들의 교육열은 역시 남달랐다. 시아버지의 경제력, 아빠의 무관심, 엄마의 정보력이 아이 교육 성공의 삼박자라든가? 아빠의 무관심은 충분하고, 시아버지의 경제력이 상대적으로 부족하다고 판단한 지연 씨는 모자란 부분은 엄마의 정보력으로 커버하리라 굳게 마음먹었다. 발이 편한 운동화까지 마련해서 발품을 팔아 가며 이곳저곳 귀동냥했다. 어디 학원이 좋다, 어떤 선생이 좋다 하는 정보들을 모아 아이들을 다그치기 시작했다. 그런데 지난 학교와의 수준 차와 새로운 환경에 적응되지 않아서인지 무리해 가며 이사까지 했건만, 상위권이었던 아이들의 성적은 오히려 중위권으로 떨어지고, 엄마에게 짜증 내고 화내는 빈도만 점점 더 늘어나는 게 아닌가. 그래도 조금만 더 부모가 제대로 밀어주면 상위권으로 올라갈 수 있지 않을까 하는 막연한 기대에 이리저리 머리를 굴려 보았지만 문제가 되는 것은 역시나 돈, 돈이었다. 다달이 꼬박꼬박 가져다 주긴 하지만 남편의 월급으로는 두 부부의 노후 대책은커녕 생활비와 주변 엄마들 수준으로 학원비나 과외비를 충당하기에도 빠듯하기만 했던 것이다.

그러던 어느 날 아파트 옆 동에 살고 있던 고교 동창 영희에게 전화가 왔다.

"지연아, 이 동네 사는 엄마끼리 하는 모임이 있는데, 혹시 너도 낄 생각 있니?"

"어떤 모임인데?"

"응, 사실 너도 몇 달 살아 봐서 알겠지만, 이 동네 엄마들이 좀 배타적이어서 쉽게 교육 정보 같은 것을 공유해 주지 않는 분위기가 있어. 네가 하도 애쓰는 모습이 안타까워서 내가 특별히 부탁했거든."

"어머, 정말 너무 고맙다. 언제 어디로 가면 되니?"

"우리 단지 안에 찻집 알지? 거기로 다음 주 화요일 2시까지 와 봐."

"영희야 정말 고맙다! 역시 친구밖에 없네."

약속 시간에 맞춰 찻집에 들어선 지현 씨는 영희와 함께 모여 있는 엄마들을 보는 순간 갑자기 기가 팍 죽었다. 그들의 옷차림과 핸드백에서 시아버지와 남편의 경제력이 확연히 드러났기 때문이었다. 왠지 자신을 위아래로 훑어보는 것 같은 엄마들의 시선에 주눅이 든 지연 씨는 모임 내내 구석에 조용히 앉아 있었다.

"승우 엄마, 핸드백 새로 샀어? 어디 거야? 색감이 다르네."

"어머, 역시 안목이 있으시네요. 신상이거든요. 이번에 우리 남편이 회사 주식이 좀 올랐다며 사 주지 뭐예요, 호호."

"어머, 어머. 자기만 재미 보기야? 우리도 종목 좀 가르쳐 줘."

"에이, 그러다 떨어지기라도 하면 어쩌려고요?"

"걱정도 팔자네요. 승우 아빠가 그 분야에서 오래 일했잖아요. 그러니깐 정확한 정보겠지요. 다 알아서 주워 담을 테니까 승우 엄만 그냥 슬쩍 흘려만 줘요."

"호호, 알겠어요. 대신 저한테 책임 물으시면 안 돼요?"

"걱정일랑 붙들어 매. 알려만 주면, 주식에 'ㅈ'자도 승우 엄마 앞에선 안 꺼낼게."

"맞다. 그런데 그 이야기 들으셨어요? 이번에 OO학원에서 특목고 합격생들이 OO명이나 나왔대요."

"그래요? 이번에 전교 1등한 애는 OO학원 학생이래요."

"요즘 영어 잘하는 애들은 OO학원에 다 몰렸다더라고요."

"OO학원에서 상담받아 봐요. 어쩜 그리 족집게처럼 마음을 잘 아는지 몰라요."

핸드백 이야기로 시작해서 학원 이야기, 자식 자랑, 주식 자랑, 남편 승진, '시월드' 흉까지. 무궁무진하게 펼쳐지는 동네 아줌마들의 한바탕 수다를 듣는 내내 지연 씨의 마음은 불편하기만 하였다. 경제 수준 차이 때문에 다른 나라 이야기처럼 느껴지는 대화의 소외감을 더 이상 견디기 힘들어진 지연 씨는 슬그머니 자리에서 일어섰다. 작은아이가 오늘은 집에 좀 빨리 온다는 궁색한 변명을 하고 서둘러 자리를 떠나는 지연 씨는 얼굴이 다 화끈해지는 느낌이었다. 여러 정보를 들을 수는 있었지만 그들과 같은 수준으로 교육에 투자하기엔 통장 사정이 너무 초라했다.

집에 돌아온 지 한참 후에 영희의 전화를 받았다.

"지연아, 작은애 오기 전에 집에 잘 들어갔니? 아까 모임 어땠어? 괜찮았어?"

"어, 그래. 잘 왔어……."

"처음 만나는 거라 좀 어색할 수도 있었을 거야. 그래도 알짜 정보를 들을 수 있는 모임이니깐 꾸준히 참석해 봐. 내가 특별히 회장에게 부탁하느라 따로 밥까지 샀다니깐."

"그래…… 고맙다."

"참, 지연아. 너 혹시 승현이 이야기 들었어?"

"승현이? 학교 다닐 때 네 옆자리 앉았던 승현이 말하는 거야? 그런데 승현이는 왜?"

"그래, 승현이 남편이 주식 투자로 대박이 나서 팔자가 바뀌었다는 거 아니냐. 지난번 만났을 땐 최고급 세단에 기사까지 대동하고 나왔더라고. 강남에 빌딩까지 하나 올렸대. 돈이 좋기는 좋더라. 글쎄 피부에서 반짝반짝 빛이 나더라니까."

학교 다닐 때는 그렇게 잘난 게 없다고 생각했던 친구가 잘산다는 말에 아까 오후의 만남이 떠올랐다. 승현 씨가 샀다는 강남의 빌딩 이야기에까지 생각이 미치자 뒷골이 다 당겼다.

'승현이 개 학교 다닐 때 나보다 훨씬 눈에 띄지 않았던 앤데. 남편 잘 만나서 팔자가 아주 활짝 핀 모양이네. 난 빌딩은커녕 전세 대출금에 허덕이고, 우리 남편은 남들 다하는 주식 투자 하나 변변히 못하고 언제 잘릴까 전전긍긍하며 보내고 있는데.' 마음속으로나마 한바탕 퍼붓고 나자 이번에는 자신의 초라한 신세가 서글퍼졌다. 넉넉하지 못한 시댁에 대한 원망과 남편이 괜히 미워지는 마음이 스멀스멀 올라왔다.

"옛날에 내가 승현이 짝꿍이었잖아. 그때 친분으로 특별히 물어봤어. 너만 재미 보지 말고 같이 재미 좀 보자고 했더니, 특별히 대박 주식 하나 찍어 줬어."

가뜩이나 교육 투자를 위한 돈 문제 때문에 마음이 답답해 있던 지연 씨인지라 귀가 솔깃할 수밖에 없었다.

"그래? 그게 뭔데?"

"공짜로 들으려고? 너 다음에 커피 한잔이라도 사 줘야 한다?"

"알았다, 알았어. 어서 말이나 해 봐. 일단 들어 봐야 커피를 사든 뭘 사든 할 거 아냐?"

"이런 고급 정보를 너 같은 개미한테 줘도 되나 몰라?"

"아, 뜸들이기는. 치사하게 정말 이러기야?"

"호호. 알았다, 알았어. 승현이 신랑이 확실하다면서 알려 줬다는데, ○○주식이 앞으로 대박을 칠 거래."

"정말?"

"그럼, 내가 몇 번이나 확인했다니까. 사실 승현이가 그동안 몇 번 나한테 정보를 줬는데 재미가 쏠쏠했거든."

“그래? 정말 고맙다. 내가 다음에 커피 한번 꼭 살게.”

그날 밤 지연 씨는 밤새 뒤척거리며 잠을 이루지 못했다.

‘OO주식이 대박 날 거라는 말이지? 그런데 투자금은 어떻게 마련하지? 이사하면서 대출까지 받았는데. 더군다나 고지식한 남편은 주식이라면 질색이니 절대 허락하지 않을 것이 뻔하고. 그렇다고 남편 월급으로는 우리 재웅이, 현지 교육비랑 대학 입학 자금도 모자라는 상황이고. 아 참, 아이들 교육 자금으로 저축해 놓은 돈이 좀 있지? 요즘 은행 이자율도 낮은데, 그 돈으로 투자나 좀 해 봐야겠다. 잠깐 뺐다가 바로 넣으면 되지 않겠어? 하이 리스크, 하이 리턴! 모험을 하지 않으면 부자가 될 수 없는 법. 학교 다닐 때 나보다 공부 못한 승현이도 한다는데, 나라고 못할 것 뭐 있어? 다 이것도 아이들의 미래를 위한 투자이니 엄마인 내가 나서지 않으면 누가 하겠어?’

다음 날 지연 씨는 아이들의 교육 자금 마련 통장을 깨서, 영희가 추천해 준 주식을 샀다. 남들 다하는 주식 투자를 시작했다는 마음과 주식을 매입한 다음 날부터 큰 폭으로 상승하는 주가를 보며, 왠지 모르게 설레고 뿌듯한 마음에 절로 미소가 지어졌다. 아이들을 비싼 명문 학원에도 마음껏 보내 주면서, 명품 옷과 가방, 신발로 잘 차려입은 자신의 모습이 머릿속에서 아른거리기 시작했다.

그다음 주, 지연 씨는 친구 영희에게 고마운 마음에 커피를 사기 위해 지난번 찻집에서 만났다.

“영희야, 진짜 고맙다. 네가 이야기해 준 주식이 일주일 사이에 큰 폭으로 올랐어.”

"호호, 너 다 친구 잘 둔 덕분으로 알아라. 얘, 네가 몰라서 그렇지 내가 이 동네 소식통으로 유명해."

"그래 정말 난 운이 좋은 것 같아. 너 같은 좋은 친구를 알고 있어서."

"호호, 그렇지? 너 대박 나면 나 절대 잊지 마라?"

"그럼, 대박 나면 이런 커피 100잔도 사 줄 테니 걱정 마."

"얘, 겨우 커피로 입 닦을 거야?"

"알았다, 알았어. 멋진 명품 스카프라도 하나 사 줄게."

"정말이지?"

"알았어. 진짜 대박만 나면 뭘 못해 주겠니?"

지연 씨는 매번 주식 사이트를 들어갈 때마다 주가가 오르고 있다는 의미의 빨간색 화살표를 바라보며 며칠 동안 기분이 날아갈 듯했다. 그러던 어느 날부터 화살표는 갑자기 주가 하락을 나타내는 파란색으로 바뀌기 시작했다. 지연 씨는 안절부절못하기 시작했다.

'이거 뭐지? 아냐, 승현이네 대박 났다고 했잖아. 그것도 몇 번이나. 그러니깐 괜찮을 거야. 아, 그런데 아니면 어쩌지?'

그렇게 하루 이틀이 지나자 불안한 마음을 못 견디고 지연 씨는 친구 영희에게 전화를 걸었다.

"저……영희야. 혹시 우리가 산 주식 가격 봤어?"

"응, 봤지. 좀 떨어지긴 했더라. 왜 걱정돼서? 걱정 마. 이런 건 주식 투자할 때 흔히 있는 일이야. 그리고 이번 것은 승현이가 정말 대박이라고 했으니깐 걱정하지 말고 믿어 봐."

"알았어. 그럼 기다려 볼게."

지연 씨는 친구와 전화 후 조금은 안심을 하고, 다시 며칠만 더 기다려 보기로 하였다. 그런데 이게 웬일인가. 주가가 나날이 더 큰 폭으로 떨어지고 있는 것이 아닌가? 두려움과 불안, 초조함이 엄습해 왔다. 그게 어떤 돈인데! 아이들 교육비랑 대학 입학 자금으로 아이들이 태어날 때부터 없는 살림을 쪼개 가며 아끼고 아끼며 모은 돈이다. 게다가 남편과 상의도 없이 그 돈을 썼다. 별다른 변화가 없을 것을 알면서도 지연 씨는 하루에도 몇 번이나 주식 사이트를 확인해 보았다. 애간장이 바싹 타들어 가고, 누가 목을 조르는 것도 아닌데 숨이 턱턱 막혔다. 다음 날 아침에도 지연 씨는 혹시나 밤사이 주가가 올랐을까 애타는 마음으로 주식 시장이 개장하자마자 주식 사이트에 접속했다. 그런데 이것이 웬일인가? 개장 후 주가가 곧바로 곤두박질치더니 급기야는 원금의 50퍼센트나 떨어져 반 토막이 되어 버리고 만 것이 아닌가. 다급한 마음에 영희에게 다시 전화했다.

"영희야, 이게 어떻게 된 일이니?"

"지연아, 그게 나도 모르겠어. 너무 당황스럽다. 한 번도 이런 적이 없었는데? 우리 조금만 더 기다려 볼까?"

"나 어떡하니, 애들 아빠 몰래 넣은 것인데. 정말 어떻게 해……."

"아, 뭐라고 할 말이 없네……. 조금만 더 기다려 보자."

"응…… 그래."

좋은 마음으로 도와주려던 친구였고, 자신이 직접 산 주식이니 애꿎은 화풀이도 할 수 없어 지연 씨는 힘없이 전화를 끊었다. 가슴이 답답해졌다. 입이 바싹바싹 마르고, 가슴이 쿵쾅거렸다. 머리까지 지끈거렸다. 어느 누구에게라도 이 답답한 마음을 속 시원히 털어놓고 싶었다. 그러나 이런 속사정을 마음 편히 털어놓을 사람이 생각나지 않았다. 친정 부모님께 말씀드려 봐야 심려만 끼치게 될 것 같고, 답답한 마음을 혼자 부여잡고 있으려니 속된 말로 '멘붕'이 올 지경이었다. 속 타는 마음을 달랠 길이 없던 차에 문득 이사 전 가슴이 답답할 때마다 찾아가던 한강 변의 카페가 기억났다. 눈앞에 확 트인 한강과 멀리 보이는 남산이 어우러진 전망에, 친정아버지같이 푸근한 사장님이 직접 내려 주는 핸드 드립 커피의 그윽한 향과 깊은 맛이 일품인 그곳은 마음이 답답하거나 우울할 때면 종종 찾아가던 지연 씨만의 힐링 공간이었다.

딸랑딸랑. 문을 열자 울리는 예쁜 종소리가 변함없이 반갑게 들렸다.

"아, 이게 누구야? 재웅이 엄마 아닌가? 그동안 잘 지냈어? 새로 이사 간 곳은 마음에 들고?"

흰머리와 흰 눈썹이 매력적인, 영화배우 숀 코네리를 연상시키는 사장님은 이사 후 처음 찾아온 단골손님을 환한 미소로 반갑게 맞아 주었다.

"안녕하세요, 사장님. 오랜만이지요? 건강하셨어요?"

"나야 잘 지내지. 재웅이랑 현지는 잘 지내고? 그런데 재웅이 엄마, 무슨 일 있는가? 안색이 별로 좋지 않네?"

"아, 아니에요."

"아니긴 뭐가 아니야. 우리가 안 세월이 얼마인데 척하면 척이지."

따뜻하게 건네는 사장님의 말에 그동안 참았던 눈물이 폭포수처럼 쏟아져 내리기 시작했다. 한참을 우는 지연 씨를 따뜻한 눈길로 바라보던 사장님은 부드럽고 세련된 손놀림으로 핸드 드립 커피 한 잔을 준비해 조용히 지연 씨 앞에 놓아 주었다. 그윽하게 퍼져 오는 커피의 향에 조금은 마음을 진정한 지연 씨는 울먹이며 입을 뗐다.

"흑흑, 사장님…… 제가요, 주식 투자를 했는데요."

"주식 투자? 갑자기 왜?"

"이사 간 후 학원비 좀 넉넉히 대 보려고 애들 학자금 통장 깨서 친구 말만 믿고 투자를 했는데. 흑흑, 그게 반 토막이 났어요."

"저런…….".

"사장님, 저 어떡해요. 남편은 알지도 못하는데요."

측은히 바라보던 카페 사장님은 지연 씨에게 물었다.

"재웅이 엄마, 혹시 몇 년 전까지 방학 때마다 나를 도와주던 우리 아들 기억나요?"

"아, 예. 기억나요. 방학 때 잠깐잠깐 얼굴 보았던 그 훈남 아드님이요?"

"응, 사실 그 녀석이 아이비리그를 졸업하고, 투자 은행가로 일하다가 MBA를 마친 후에 워런 버핏의 투자 회사인 버크서 해서웨이에서 일하고 있거든."

"정말이요? 아드님 소식을 물으면 그냥 웃기만 하시고 별말씀을 안 하셔서 그렇잖아도 궁금했는데. 그렇게 화려한 스펙을 가진 '엄친아'

인 줄 몰랐네요. 사장님이 자식 농사 그렇게 잘 지으신 줄 알았으면, 제가 우리 재웅이랑 현지 교육을 위해 많이 여쭈어 봤을 텐데요."

"자식 자랑은 팔불출이라고 해서 쑥스러워서 그랬지. 그리고 내가 잘했다기보다 자기 스스로 큰 녀석이라 내가 가르쳐 준 것도 별로 없고 해서."

"사장님, 겸손도 지나치면 얄미워진다고요. 정말 너무하세요. 그래도 제가 여기 몇 년 단골인데요."

"허허, 그렇게 말하니 괜히 미안하네. 그 녀석이 가끔 지 엄마에게 투자에 대해 이것저것 말하는 것을 옆에서 주워듣곤 하는데, 아들이지만 참 배울 것이 많더구먼. 울고 있는 재웅이 엄마 모습이 너무 안쓰러워서 혹시 관심 있으면, 내가 아들한테 지 엄마한테 하듯 몇 번만이라도 재웅이 엄마한테 투자 코칭을 해 줄 수 있냐고 부탁해 볼까 하는 생각이 드네."

"와, 정말이요? 전설적인 투자가 워런 버핏과 함께 일하는 아드님에게서 투자 코칭을 받을 수 있다니 저야 정말 감사하지요."

"아들 녀석이 재웅이랑 현지 어렸을 때 무등도 태워 주고 같이 놀아 주고는 했잖아. 애들이 참 귀엽고 착했다고 지금도 가끔 이야기하니깐, 재웅이 엄마라고 하면 금세 기억할 거야."

"와, 정말 영광이네요! 감사해요, 사장님!"

사장님은 본인이 이야기해 놓을 테니, 꼭 연락해 보라고 카페 쿠폰에 미국에 있는 아들의 인터넷 전화번호를 적어 주었다. 지연 씨는 소중히 쿠폰을 지갑에 챙겨 넣은 후 카페를 나섰다.

얼굴에 상쾌한 강바람이 느껴졌다. 마음에도 한 줄기 희망의 바람
이 불어오는 듯했다.

'투자의 이유'를 적으라

따르릉.

"Hello?"

"아, 여보세요? 저 아버님 소개로 전화 드렸어요. 재웅이 엄마인데요."

"아, 네. 안녕하셨어요. 참 오랜만이네요. 재웅이랑 현지도 많이 컸죠?"

"네, 우리 재웅이랑 현지도 기억해 주시고 고맙네요. 아버님께 이야기 들었어요. 어쩜, 아버님께서 이렇게 자랑스러운 아드님이 있는데 제겐 한마디도 안 하셨던 것 있죠?"

"하하, 별말씀을요. 아버지께서 아들 자랑은 팔불출이나 하는 일이라고 겸연쩍어하셔서 그렇지요. 그리고 언제나 사람은 그 됨됨이로 말해야지, 스펙 같은 것으로 평가받아서는 안 된다고 강조하시는 분이시라서요. 어제 아버지께 말씀 전해 들었습니다. 투자 코칭을 원하신다고요?"

"아, 네. 사실은요, 제가 친구 말만 철석같이 믿고 산 주식이 폭락했거든요. 그래서 아버님 카페에서 주책없이 펑펑 울었는데, 제 모습이 안쓰러워 보이셨는지 투자 코칭을 좀 받아 보면 어떻겠냐고 하셔서요."

"그러셨군요. 제가 아무리 미국에 있다고 하더라도 금융 관련 규정과 회사 윤리 규정상 주식 종목 선정 등에 대한 조언은 못 하게 되어 있어서 처음에는 거절하려고 했어요. 하지만 투자에 대한 기본적인 상식과 일반적인 관점에 대해 물으시겠다는 말씀을 듣고, 그것은 규정에 어긋나는 것이 아니어서 승낙했습니다. 제가 얼마나 도움이 될지는 잘 모르겠지만, 아버님 카페에 자주 찾아 주시는 고마운 분이시니, 제가 할 수 있는 만큼은 최선을 다해 보겠습니다."

"정말 고맙습니다."

"하지만 제가 코칭을 해 드리기 위해서는 세 가지 약속이 필요합니다."

"세 가지 약속이요?"

"네, 약속하실 수 있겠습니까?"

"음, 너무 어려운 것이 아니면 좋겠는데요."

"정말 코칭받고 싶으신 거지요?"

"그건 그렇지만……. 좋아요. 일단 해 볼게요."

"정확히 말씀해 주세요."

"네, 하겠습니다!"

"좋습니다. 첫째는 반드시 고수 투자가가 되겠다고 약속하시는 것입니다. 그 약속을 할 수 없으시다면 코칭은 하기 어렵습니다."

"아, 제가 할 수만 있다면 당연히 고수 투자가가 되고 싶지요. 그런데 잘할 수 있을지……."

"할 수 있다, 없다의 문제가 아닙니다. 할 것인가 말 것인가 선택의 문제이지요."

"네. 좋아요. 고수 투자가가 되겠습니다!"

"좋습니다. 둘째는 자신의 투자에 100퍼센트 책임지시는 것입니다. 투자 과정에서는 필연적으로 수많은 선택의 기로에 서게 됩니다. 그 선택의 결과들에 대해 스스로가 철저히 책임져야 한다는 약속입니다."

"네, 물론이에요."

"좋습니다. 세 번째는 코칭을 통해 깨달은 지혜와 지식을 주변에 나누어 주고 함께 행복한 성공을 이루어 가겠다는 약속입니다."

"네, 이건 잘할 수 있겠는데요? 제가 고수 투자가가 되기만 하면 기꺼이 깨달은 지혜와 경험을 주변에 나누도록 하겠습니다."

"좋습니다. 그럼 약속하신 겁니다. 그러면 본격적으로 코칭을 시작해 볼까요? 먼저 질문을 하나 드리겠습니다."

"질문이요?"

"네, 제가 버크셔 해서웨이에서 막 입사했을 때, 워런 버핏 회장님은 무엇인가를 가르쳐 주는 대신 질문을 던지셨습니다. 처음에는 질문을 받는 것이 당황스럽기도 하고, 바로 답을 안 주니 마음도 답답했는데, 나중에 알고 보니 질문만큼 사람을 성장시키는 코칭 법이 없더라고요. 시간이 좀 걸리더라도 결국은 스스로 생각하는 힘을 길러 주기 때문이지요."

"아, 그런 이유가 있었군요. 좋아요. 기왕 배우는 거, 저도 워런 버핏 회장님 방식으로 제대로 배우고 싶네요."

"그럼 성공한 투자가가 되기 위해 가장 중요한 질문을 시작해 보도록 하겠습니다."

"가장 중요한 질문이요? 저, 잠시만요. 긴장이 좀 되어서요. 심호흡 좀 할게요. 후…… 네, 준비됐어요."

"재웅이 어머니, 주식 투자 왜 하세요?"

"네? 주식 투자를 왜 하느냐고요? 왜 하기는요. 당연히 그게 돈 벌려고? 애들 학비 대려고? 아, 아닌가? 아…… 저……그게……. 어, 정말 내가 왜 하려고 했지?"

"단순한 질문인데 생각보다 답하기 쉽지 않지요? 주식 투자를 왜 하느냐는 이 단순한 질문은 성공적인 투자를 위한 가장 중요한 질문이기도 합니다. 투자의 이유를 정하는 것이 향후 재웅 어머니의 투자 성과를 결정하는 핵심이기 때문이지요. 주식을 사는 방법, 좋은 주식을 선택하는 방법, 좋은 주식 중개인을 만나거나 홈 트레이딩 프로그램을 익히는 방법, 투자할 만한 좋은 기업을 찾아내는 방법 등 투자는 배움의 연속이지요. 어떤 면에서 이런 방법들을 배우는 것은 어렵지 않아요. 다만 시간은 걸릴 수 있지요. 하지만 누구든지 투자에 앞서 왜 투자를 하려고 하는지 그 이유를 분명히 하지 않으면 투자는 엉뚱한 방향으로 가게 되어 결국 큰 손실이 나기 마련이지요. 재웅 어머니가 이번에 온몸으로 경험해 보신 것처럼요."

"정말 그러네요. 그런데 막상 왜 투자했느냐고 물으시니 머리가 그냥 멍해지는 느낌이 들어요. 그런데 참, 제가 뭐라고 부르면 좋을까요? 투자를 코치해 주시니까 코치님이라고 할까요? 코치님은 왜 투자하시냐고 물어도 될까요?"

"하하, 제게 오히려 질문하시네요? 좋습니다. 제가 투자하는 이유는 세상의 흐름을 읽기 위해서랍니다.”

“세상의 흐름을 읽기 위해서요?”

“지금은 ‘생존 경제’란 말이 있을 정도로 경제가 중요한 ‘경제의 시대’가 되었지요? 이처럼 세상의 흐름은 경제에 잘 반영되어 있고, 그 흐름은 다시 기업에 잘 반영되어 있고, 기업의 흐름은 주식 시장에 잘 반영되어 있습니다. 그래서 전 주식 투자를 통해 세상의 변화를 배우며 흐름을 파악하는 데서 재미를 느낍니다.”

“아, 그런 관점도 있을 수 있네요. 정말 멋진 걸요? 그런데 배움도 중요하지만 손해를 보면 안 되지 않나요?”

“물론 저도 손해를 원하지는 않지요. 하지만 안타깝게도 제가 하는 투자 결정으로 인해 손해를 볼 때도 있습니다. 그렇지만 저는 버핏 회장님으로부터 투자하는 과정에서 시행착오를 당연하게 받아들이는 법을 배웠습니다. 버핏 회장님은 ‘투자 수익을 즐길 수도 있어야겠지만 나는 여러분이 저처럼 투자 수익보다 투자 과정을 더 즐길 수 있기를 바랍니다.’라고 하시면서 주식을 게임과 같이 생각해 보라고 말씀하셨습니다. 그래서 단기 수익에 목매기보다는 장기적인 수익에 초점을 맞추라고 강조하셨습니다. 주식 투자를 통한 수익을 저희가 세상을 얼마나 잘 읽었느냐에 대한 게임 점수로 여기도록 가르쳐 주신 거죠. 그렇게 코칭을 받다 보니 투자 수익보다 세상의 흐름을 바라보는 투자라는 게임을 즐기는 것이 더 중요하게 느껴지더라고요.”

“와, 역시 투자 고수는 다르네요. 진짜 멋지세요. 저도 한번 따라 해 봐야겠어요.”

"따라 하는 것도 좋겠지만, 먼저 재웅이 어머니 자신만의 투자 이유를 찾아야 합니다. 워런 버핏 회장님은 '주식에 투자하는 이유를 종이에 적지 않고서는 절대 투자를 시작하지 마라.'라고 힘주어 강조하신답니다. 실제로 회장님께서도 투자를 하실 땐 자신만의 투자 이유를 종이 한 장 가득히 채우기 전까지는 절대로 주식을 매수하지 않으세요. 그러니깐 재웅이 어머니도 왜 투자하는지 재웅이 어머니만의 이유를 생각해 보는 게 중요합니다."

"아, 워런 버핏 회장님이 그런 말씀을 하셨어요? 몰랐네요. 투자의 이유조차 적어 보지 않고 막연히 대박을 꿈꾸며 주식 투자에 뛰어들었는데, 전 완전 생 초보 개미 투자가였나 봐요."

"하하, 처음부터 잘하는 사람은 없으니까요. 재웅이 어머님만의 투자 이유를 적어 보세요. 어렵지 않아요.

내가 주식 투자를 하는 이유는 ＿＿＿＿＿＿＿＿＿＿ 이다.

나는 ＿＿＿＿ 주식을 ＿＿＿＿ 주 사려 한다.

왜냐하면 ＿＿＿＿＿＿＿＿＿＿ 때문이다.

이런 식으로 종이에 적으시면 돼요. 다시 한 번 강조하지만 투자 이유를 적지 않은 사람은 투자가로서의 기본 태도조차 갖추지 못한 것과 마찬가지랍니다."

"투자의 이유를 종이에 적지 않으면 투자가의 기본 태도도 갖추지 못한 것이라고요?"

"이 이야기는 거듭 반복하고 강조할 만합니다. 투자를 위해서 정말 가장 중요한 단계가 바로 자신만의 투자 이유를 정하는 것이니까요. 자신만의 투자 이유를 적는다는 것은 조금은 거창한 표현으로는 자신만의 투자 철학을 세우라는 말이지요. 투자 철학을 세운다는 것은 곧 투자가의 정체성을 세우는 것이기 때문에 정말 중요하답니다."

"투자가의 철학과 정체성이라고? 머리가 좀 아파지려고 하네요."

"투자가의 정체성을 결정한다는 것은 곧 자신의 존재 방식을 선택한다는 의미입니다. 그리고 자신이 어떤 존재 방식을 가지고 있느냐에 따라 다른 종류의 선택과 행동을 취하게 되고, 결국 이 선택과 행동으로 인해, 투자 수익률이 결정되는 것이지요. 쉽게 말해서, 재웅이 어머님이 자신을 누구라고 생각하느냐가 재웅이 어머님의 선택과 행동하는 방식을 결정하게 되고, 그 선택과 행동이 투자의 결과를 좌우하게 된다는 의미입니다. 이해하기 쉽게 정리해 보면 다음과 같습니다."

투자가의 철학 → 투자가의 정체성 → 투자가의 선택과 행동 → 투자의 결과

"이렇게 정리해 주시니 이해가 좀 되네요. 연극에 비유해 보면 배우가 어떤 배역을 맡느냐에 따라 무대 위에서의 인생이 달라지듯이, 투자 철학이란 것은 곧 자신의 역할이 적힌 대본이고, 이 대본에 따라 투자라는 연기가 달라지고, 결국 투자 성과가 달라진다는 의미 아닐까요? 연극도 그렇지만 어떤 의미에서는 금융 투자가 우리 인생 투자와도 많이 닮아 있는 것 같네요. 마찬가지로 교육도 사람에 대한 투자라고 생각하면 주식 투자의 지혜를 교육 투자에도 적용해 보면 큰 도움이 될 것 같다는 생각까지 들어요."

"연극과 인생과 교육 투자라, 정말 멋진 비유네요. 재웅이 어머니 금융 투자에는 아직 서투르시지만, 응용력이 정말 뛰어나신 걸요? 제가 투자 코칭 대상 하나는 제대로 선택한 것 같네요."

"호호, 칭찬해 주시는 거죠? 기분이 좋아지는데요?"

"하하, 네. 아, 시간이 어느새 이렇게 되었네요. 고수 투자가란 '스스로의 투자 철학을 바탕으로 기회를 놓치지 않고 소신 있게 투자하는 사람'을 의미하고, 반대로 개미 투자가란 '투자 철학 없이 주변의 정보나 분위기에 이리저리 쓸려 다니는 사람'이라고 정리해 볼 수 있습니다. 일단 다음 시간까지 '나는 왜 투자하는가?'를 종이에 적어 보시고 이야기를 더 나눠 보는 것으로 하죠."

"네! 고수 투자가가 될 수 있다면, 종이에 적는 거 정도야 얼마든지 할 수 있지요. 다음번 통화 때까지 적어 보도록 하겠습니다. 정말 고맙습니다."

"네, 다음에 뵙겠습니다."

✦✦✦✦

당신은 투자가의 자격을 갖춘 교육 투자가인가?

대중 강연 시 다음과 같은 문답을 종종 주고받게 된다.

"여러분이 주식 투자를 한다고 가정해 봅시다. 그런데 만약 투자의 이유를 종이에 적지 않고 시작한다면, 여러분은 투자가가 아닙니다. 그렇다면 인생에서 가장 중요한 투자는 무엇이라고 생각하십니까?"

"자식 농사, 교육이요!"

"네, 저도 사람에게 투자하는 교육이야말로 인생 최고의 투자라고 믿습니다. 질문 하나 더 드리겠습니다. 여러분은 왜 그렇게 열심히 교육하시나요?"

"글쎄요. 남들 다 하는 일이기도 하고, 교육을 열심히 안 하면 아이들이 남들보다 뒤쳐질까 봐 염려되기도 하고……."

"좋습니다. 대부분의 개미 투자가들도 남들이 다 하는데 혼자만 뒤쳐질까 봐 혹은 막연한 경제적인 이익을 바라며 주식 투자를 합니다. 하지만 그것을 투자의 근본적인 이유라고는 할 수 없습니다. 왜 교육 투자를 하십니까?"

"……."

"아마 여러분은 자녀가 성공해서 행복하게 살기 바라는 마음으로 교육을 하시겠지요. 그러면 묻겠습니다. 요즘 아이들이 여러분의 어린 시절보다 행복해 보이나요?"

"아니요."

"교육 투자의 최종 목적이 결국 행복이라면, 요즘 아이들은 옛날에 비해서 훨씬 더 많은 노력을 투입하고 있는데, 더 불행해졌다는 의미이지요. 뭔가 이상하지 않나요?”

“…….”

앞서 언급했듯 고수 투자가와 개미 투자가를 구분하는 핵심은 바로 이 <u>투자 철학의 유무</u>이다. 개미 투자가들은 일확천금의 헛된 희망을 품고 여기저기 들려오는 소문에 이끌려 투자를 한다. 그리고 결국 뚜렷한 투자 철학 없이 무분별하게 투자한 대가로 손해를 보고 마는 경우가 대부분이다. 마찬가지로 교육 투자에 있어서도 아이를 교육시키는 이유가 무엇인지, 바라는 성공이 무엇인지, 행복이 무엇인지 구체적으로 생각해 보지 않는다. 그저 막연하게 우리 아들, 우리 딸이 남들이 좋다고 말하는 성공을 해 남부럽지 않게 살기 바란다. 그러면서 주변에서 좋다는 교육 프로그램이나 학원에 무조건 보내려 애를 쓰는 엄마들의 모습은 안타깝게도 주식 시장의 개미 투자가들과 많이 닮아 있다. 그렇다면 주식 고수 투자가들과 마찬가지로 성공한 교육 고수 투자가들도 자신만의 교육 철학이 있었을까?

그간 직접 만났던 교육 고수 투자가들도 주식 고수 투자가들처럼 자신만의 분명한 교육 투자 철학 아래 자녀를 교육하고 있었다. 교육 투자 고수의 한 명으로 손꼽을 수 있는 전혜성 박사는 자녀 교육에 대한 분명한 철학을 가지고 자녀들을 양육한 결과, 여섯 명의 자녀를 포함해 여덟 명의 가족 모두 열한 개의 최고 학위를 취득했다. 자녀들은 모두 미국 하버드와 예일 대학을 졸업했으며 1988년 미국 교육부에 의해 ‘동양계 미국인 가정교육 연구 대상’으로 선정되며 큰 화제를 모았다. 하버드 케네디 스쿨 재학 중 여름 방학 때 하버드 섬머 펀드(Harvard Summer Fund)를 지원받아 그 분이 설립한 동암 문화 연구소에서 인턴으로 일한 적이 있다. 이 기간은 그 분의 교육 철학을 몸소 듣고 경험할 수 있는 기회였다. 교육 고수 투자가에겐 어떠한 철학이 있었을까? 전혜성 박사는 자신의 교육 철학으로 '덕승재(德勝才)'를 꼽았다.

"저는 아이들을 키우면서 아이들에게 엘리트가 되어야 한다거나, 성공해야 한다고 강조한 적이 없습니다. 그 대신 어떤 일을 할 때 스스로 가장 행복할 수 있는지, 자신이 가진 능력을 남을 위해서도 나눌 수 있는지를 생각하라고 가르쳤습니다. 그 이유는 자신만의 개인적인 부귀영화가 아닌 타인을 위해 이바지하는 데서 기쁨을 찾고, 어쩔 수 없이 해야 하는 일이 아닌 스스로가 즐겁고 행복한 일을 찾기를 바라는 마음에서였습니다. 이와 같은 가르침을 몸소 전해 느끼게 해 주려고 어린 시절부터 온 가족이 둘러앉아 함께 공부하고 봉사 활동을 다니며 생활 속에서 있는 그대로 우리 부부의 삶으로 솔선수범하였습니다. 이러한 저희 부부의 삶을 통해서 자연스럽게 아이들은 혼자가 아니라 같이 나눌 때 인생의 가치가 제대로 빛난다는 사실을 깨닫게 된 것 같습니다."

이러한 전혜성 박사의 덕승재 교육 철학이 바탕이 되어, 자녀들은 부모의 바람대로 자신만의 이익이 아닌 사회적 공익을 위해 헌신하는 아이들로 훌륭하게 자랐다. 첫째 아들인 고경주 박사는 예방 의학을 위해 헌신하였다. 의학을 통한 인권 보장과 봉사의 덕승재는 매사추세츠 주 공중 보건 위원장과 하버드 대학 공중 보건 대학원 부학장을 거쳐, 오바마 내각의 보건복지부 차관보로 임명되는 원동력이 되었다. 둘째 딸인 고경은 박사 또한 부와 명성을 쥘 수 있는 변호사로 일했지만, 사회 약자들의 인권 문제나 빈민가 아이들의 변호를 할 때 힘이 나는 자신을 발견하고 국제법에서 비인기 영역이었던 아동 법 쪽으로 전공을 바꾸어 매진한 결과, 유색 인종 최초로 예일 대학 로스쿨 석좌 교수가 되었다. 셋째인 고홍주 박사 또한 예일 대학 법대생 시절, 아이티 난민들을 위해 미국 정부를 상대로 소송하여, 18개월의 소송 끝에 아이티 인 310명이 무사히 미국으로 입국할 수 있도록 도왔고, 이 경력을 인정받아 클린턴 정부의 국무부 인권 차관보를 거쳐 예일 대학 법대 학장을 역임하고, 오바마 정부의 법무부 법률 고문으로 일하고 있다.

교육 투자 철학을 정하는 데 있어 이와 같은 다른 교육 투자 고수들의 투자 철학을 벤치마킹하는 것도 좋은 방법이다. 다양한 교육 고수 투자가들의 투자 철학을 살펴보라. 그리고 나에게 맞는 모델을 찾고 모방하라. 하지만 교육 투자 철학이 꼭 거창할 필요는 없다. 평범한 엄마로서 쉽게 따라 하기 어려운 초고수 엄마 투자가들과 비교할 필요 없이, 자신의 마음속에 진정으로 원하고 바라는 바를 반영시킬 수 있는, 자기 자신만의 교육 투자 철학을 세우는 것이 중요하다.

필자가 운영하는 교육 연구소 프로그램에 두 자녀와 함께 꾸준히 참여한 한 학부모가 적어 준 글이 이를 잘 반영하고 있어 소개해 본다.

"나는 여전히 집에서 밥을 짓는다. 그러나 늘 반복되는 지루한 일상이 아니라 가족들을 향한 내 사랑의 일상이다. 나는 여전히 아이들을 위해서는 뭐든지 다 해 주고 싶지만, 아이들의 자유와 독립을 인정하고 점점 멀어지려 연습 중이다.

스스로 자라고 스스로 배우는 아이들이 열린 시각으로 세상을 바라보며 자신의 삶을 다른 이들과 더불어 아름답게 살아가기를 바라기 때문이다. 내가 이 수업을 듣는 이유이다."

주식 투자든, 교육 투자든 훌륭한 투자가들은 투자에 대한 자신만의 이유, 즉 철학을 바탕으로 한 뚜렷한 투자 목표가 있다. 실제로 만나 본 많은 부모들 중 교육 투자를 제대로 하고 있는 분들은 교육 투자에 대한 분명한 철학과 목표를 가지고 있거나, 적어도 그것을 찾기 위해 끊임없이 스스로 질문을 던지며 생각하고 있었다.

왜 교육 투자 고수들은 자신만의 교육 투자 철학을 세우는 것을 중시하는 것일까? 그 이유는 다음과 같다.

"철학이 없다면 선택이 너무 어렵다!"

왜 아이에게 투자하는지 교육 철학을 갖는 것은 아이에게 어떤 교육을 시킬지에 대한 의사 결정 기준이 된다. 즉, 부모의 교육 철학은 뚜렷한 교육의 목적을 갖게 해 주고, 그 목적은 아이 교육에 대한 방향을 제시해 준다. 교육 투자 이유가 무엇이든, 이유가 있다면 그 교육의 목적을 이룰 수 있는 의사 결정인지 아닌지 판단이 쉬워진다. 하지만 교육 투자의 이유가 없다면 기준 없이 남들 따라 아이를 교육시키게 되고, 이렇게 되면 자녀 교육이 방향성 없이 남의 말에 휘둘려 이리저리 떠돌다 원치 않는 엉뚱한 방향으로 갈 가능성이 높아진다. 그렇기에 먼저 교육 투자의 이유를 분명히 적어 봄으로써 투자의 목표,

즉 원하는 교육 투자의 최종 성과가 무엇인지를 명확히 하는 것이 중요하다.

금융 투자의 성과가 수익, 즉 돈이라면, 교육 투자의 성과는 무엇일까? 이에 대해 강연 중 주고받는 문답은 다음과 같다.

"저는 초 · 중 · 고등학교 학생, 학교 선생님, 학부모, 대학 교수, 기업 CEO에 이르기까지 수많은 청중을 만나게 됩니다. 그런데 한국 분들은 철수 놀이를 잘하지 못하시는 것 같습니다."

"철수 놀이요?"

"네, '철수 어디 살아요?'라고 묻는 놀이이지요. 여러분이 만약 철수네 집에 가고 싶어 한다고 가정해 보겠습니다. 제가 묻습니다. 철수 어디 살아요? 그러면 대부분 자신 있게 '영희네 집 앞집이요.'라고 답합니다. 그러면 제가 다시 묻습니다. '영희는 어디 살아요?' 그러면 조금은 인상을 찡그리며 답합니다. '명자네 옆집에요.' 그러면 제가 다시 묻습니다. '명자는 어디 살지요?' 그러면 대부분은 짜증을 내거나 화를 내며 '몰라요!'라고 답하곤 하지요. 이것이 철수 놀이입니다. 여러분은 어떠실지, 저와 함께 철수 놀이 한번 해 보시겠습니까?"

"네!"

"여러분은 왜 자녀 교육을 하십니까?(철수 어디 사나요?)"

"자녀들이 성공하기를 바라서입니다.(영희네 앞집에요.)"

"좋습니다. 그렇다면 성공은 무엇입니까? 왜 성공해야 하나요?(영희는 어디 살지요?)"

"음……성공의 정의는 잘 생각해 본 적이 없는 것 같고, 성공하면 행복할 수 있기 때문입니다(명자네 옆집에 삽니다)."

"좋습니다. 그렇다면 행복이란 무엇이지요?(명자는 어디 살지요?)"

"음……그냥 돈 벌어서 편하게 사는 거? 아…… 깊이 생각해 본 적이 없네요. 잘 모르겠어요."

위의 철수 놀이 문답을 살펴보면, 대부분의 학부모는 교육 투자의 성과는 성공과 행복이라는 의견에 동의하고 있다는 사실을 알 수 있다. 하지만 대부분 정작 철수가 어디에 사는지는 모르고 있었다. 그 이유는 '성공이란 무엇인가?' '행복이란 무엇인가?'를 스스로 질문하고 생각해 본 적이 없으며, 자신만의 성공과 행복의 기준을 정해 놓지 않았기 때문이다. 성공하고 싶고, 행복해지고 싶어 하지만(철수네 집에 가고 싶지만), 그것이 무엇인지(철수가 어디 사는지)는 모르면서 마치 일확천금을 꿈꾸는 개미 투자가처럼 막연한 바람만 가득하다.

따라서 투자의 첫 단계는 투자의 이유, 즉 자신이 원하는 투자의 최종 성과가 무엇인지를 명확히 정리하는 것이다. 물론 교육 투자 철학이 있다고 해서 항상 좋은 성과를 낼 수 있는 것은 아닐지도 모른다. 하지만 한 사람이 가지고 있는 교육 투자 철학에 따라 교육의 방향성이 달라지고, 그로 인한 선택의 결과도 달라진다. 아이가 진정 자기답게, 행복하게 살기 위해 기초가 되는 지혜들을 준비시켜 주고 싶은 엄마와, 단지 아이를 좋은 대학에 보내기만 하면 된다고 믿는 엄마는 교육 프로그램이나 학교 등을 택할 때 확연히 다른 의사 결정을 내리게 될 것이다. 결과적으로 엄마가 어떤 교육 투자 의사 결정을 하느냐는 아이들의 미래에 지대한 영향을 미칠 것이다. 물론 좋은 대학을 졸업하는 것이 다양한 기회 제공이라는 측면에서는 아이에게 유익한 길이 될 가능성이 높다. 하지만 문제는 과거와 달리 꼭 좋은 대학을 나왔다고 성공과 행복이 보장되지 않는 세상이 되었다는 것이다. 메가 스터디의 손주은 대표는 이러한 대한민국 교육 현실을 "대한민국은 경제적인 고도성장 시대를 지나 저성장 시대로 접어들었으며, 사회 계층 안정기에 접어듦에 따라 학력의 유용성이 떨어지고 있다. 공부를 잘한다고, 명문대를 졸업한다고 해서 중산층 이상으로 올라가기 어려운 현실이 되었고, 따라서 대학 잘 가는 건 경쟁력 요소의 하나는 될 수 있으나 과거만큼 큰 경쟁력이 되지 못하는 현실이 되었다. 대학 진학의 사회적 효용이 급감한 것이다. 냉정하게 판단해 보자. 특목고와 소위 말하는 스카이(서울, 연세, 고려대)를 졸업해도 별 볼일 있는가? 과거는 명문 대학 진학이 성공의 보증 수표 역할을 했지만 이제는 좋은 대학에 가도 옛날만큼 성공이 절대로 보장되지 않는다."라고 통찰력 있게 진단하고 있다.[2] 이제 교육은 단지 단기적인 학벌과 스펙 획득만이 아닌 아이 인생의 전반적인 행복을 고려한 장기 투자의 관점으로 바라봐야 한다. 어떤 부모도 자신의 아이가 일류 대학을 졸업하고도 불행하게 살다 삶을 마감하는 모습을 상상하고 싶지는 않을 것이다. 일류 대학에 보내려는 부모의 마음도 결국 그것이 아이의 성공과 행복으로 가는 디딤돌이라고 믿기 때문이 아닌가? 하지만 유명 인사들의 끊임없는 자살 소식과 OECD의 학생 행복도 조사에서 살펴볼 수 있는 대한민국 교육의 투자 성적표는 파산에 가까운 우리의 교육 투자 현실을 적나라하게 보여 주고 있다.

돈을 투자하는 금융 투자보다 더 중요한 투자는 바로 사람에게 하는 교육 투자이다. 단순히 돈을 벌 수 있는지 여부가 아니라 한 아이의 인생이 걸려 있기 때문이다. 돈을 투자하기 전에도 투자의 이유를 적어 보지 않았다면 투자가로서의 기본 자격을 갖추지 못한 것이다. 여러분은 어떠한가? 교육 투자가의 자격을 갖추고 있는가? 아이의 교육에 많은 시간과 에너지 그리고 돈을 투자하고 있는 당신은 왜 교육에 투자하고 있는가? 무엇을 교육 투자의 성과로 정의하고 있는가?

교육 철학이 막연하게 느껴질 수 있는 엄마들을 위해 필자가 운영하는 교육 연구소의 교육 투자 철학을 소개하면 다음과 같다.

- **교육 투자 철학** ― 교육은 삶의 가장 가치 있는 투자이다.
- **교육의 목적** ― 교육 참여자가 가장 자기다운 꿈과 비전을 가지고 가장 자기답게 자신의 잠재력을 최대한 발휘하면서 살 수 있도록 돕는다.
- **성공의 정의** ― 자신이 될 수 있는 최선의 존재가 되기 위해 최선을 다했다는 사실을 스스로 아는 데서 오는 마음의 뿌듯함과 평화로움이다.
- **행복의 정의** ― 자신이 진정으로 사랑하는 일에 몰입하며 자신을 있는 모습 그대로 사랑해 주는 화목한 가정과 돈독한 우정 어린 친구들과의 관계 속에서 살 때 느껴지는 충만함과 평안함이다.

교육 투자가 금융 투자보다 어려운 점은 더욱 많은 시간이 투입되어야 결과를 볼 수 있다는 사실이다. 교육 투자의 목적을 무엇으로 정하느냐가 그 오랜 시간 뒤에 나오는 결과에 지대한 영향을 미친다. 여러분의 자녀가 최종적으로 어떤 삶을 살기 원하는가? 여러분은 구체적으로 성공이 무엇이라고 생각하는가? 행복이 무엇이라고 생각하는가? 여러분의 교육 철학을 종이에 적어 보라.

명문 학교의 교육 철학

필립스 아카데미의 교육 철학

미국 최고의 명문 사립 학교로 손꼽히는 필립스 아카데미 앤도버와 엑시터는 "NON SIBI(Not for Self)"라는 라틴어 모토를 교육 철학으로 한다. '나 자신을 위해서가 아닌'이라는 뜻이다. 나 자신을 위해서가 아닌 사회와 국가에 널리 유익을 주는 인재 양성이라는 목적을 달성하기 위해 최고의 교육을 받도록 한다는 의미이다.

하버드 케네디 스쿨의 모토

UN 반기문 사무총장이 졸업한 하버드 케네디 스쿨은 세계 최고의 리더십 학교로 꼽힌다. 하버드 케네디 스쿨은 세상을 변화시킬 수 있는 최고의 자원은 바로 리더십이며, 이 리더십 교육을 통해 "세상을 더 나은 곳으로 만들자(Make the world a better place)."라는 교육 철학을 가지고 있다.

엄마 투자가 1단계 추천 도서 

『생의 목적을 아는 아이가 큰 사람으로 자란다』, 전혜성(센추리원, 2012)

『인생은 속도가 아니라 방향이다』, 임마누엘 페스트라이쉬(노마드북스, 2011)

『한국인의 교육 코드』, 마튼 메이어, 조제현 역(글로세움, 2011)

엄마 투자가 1단계 추천 사이트

사교육 걱정 없는 세상 http://www.noworry.kr

교육 투자 포인트와 실전 전략 실행 팁

교육 투자 포인트

무엇을 위해, 왜 교육에 투자하는지 명료하게 설명할 수 있어야 한다. 엄마의 교육 철학이 아이의 인생을 바꾼다.

개미 엄마 vs. 고수 엄마

개미 엄마	고수 엄마
자녀를 교육하는 이유에 대해 특별히 생각해 본 적이 없어 교육 투자 기준을 가지고 있지 않다. 결과적으로 주변의 말에 휘둘리며 줏대 없이 막연한 희망과 바람으로 자녀를 양육한다.	자녀를 교육하는 자신만의 이유와 의미를 바탕으로 분명한 교육 철학을 종이에 적고, 이를 기준 삼아 주변의 의견에 휩쓸리지 않고 소신 있게 자녀를 양육한다.

교육 투자 전략 워크북 — 나의 교육 철학 선언서 작성

집중하기 좋은 장소를 찾아 마음을 가다듬고 자신에게 다음 세 가지 질문을 차례로 던져 보자. 질문마다 충분한 시간을 두고 곰곰이 생각한 뒤에 글로 정리해 보는 것이 좋다. 한 질문이 끝나면 다음 질문으로 넘어가라. 완성된 나의 교육 투자 철학 선언서를 적어 눈에 자주 띄는 곳에 붙여 두자.

Q. 나는 왜 아이를 교육하는가?

A. 나 ________________이(가) 내 아이를 교육하는

근본적인 이유는 ________________________________

____

____

____ 때문이다.

Q. 나는 아이가 어떤 성공을 하기 바라는가?

A. 내가 생각하는 성공이란 ________________________

____

____

____ 이다.

Q. 나는 아이가 어떤 행복을 누리기 바라는가?

A. 내가 생각하는 행복이란 ________________________

____

____

____ 이다.

일찍부터 '시드 머니'를 모으라

따르릉.

"코치님, 잘 지내셨어요?"

"네, 재웅이 어머님도 잘 지내셨지요?"

"네, 반 토막 난 주가 때문에 우울한 마음 빼고는 그럭저럭요."

"너무 조급하게 생각하지 말고 차근차근 배워 가시는 게 좋아요. 그럼 우리 두 번째 투자 코칭을 시작해 볼까요? 시작하기 전에 숙제 점검 들어갑니다. 자신만의 투자 이유를 확실히 정해서 종이에 적으셨나요?"

"네, 확실히 정했어요. 지난번 전화 통화 후 저만의 투자 이유를 적기 위해 폭풍 검색을 해 보았어요. 제가 인터넷 알뜰 쇼핑으로 단련되어서 웹 서핑에는 일가견이 있거든요. 워런 버핏을 비롯해 존 템플턴, 짐 로저스, 피터 린치 등 투자 고수들의 투자 철학을 살펴보니, 역시 고수 투자가들이 다르긴 다르더라고요. 코치님의 조언과 고수 투자가들의 철학을 참조해서 저만의 투자 철학을 다음과 같은 세 가지로 정리했어요."

"열심히 생각해 보셨나 봐요. 잘하셨어요! 지금부터 재웅이 어머님이 정한 투자의 이유를 잊지 말고 냉장고 옆이나 침실 벽 등 눈에 잘 띄는 곳에 붙여 두고 꼭 기억해 두도록 하세요. 그러면 투자가 계획대로 되지 않거나 자신의 능력에 의심이 들 때, 혹은 주변에서 재웅이 어머님의 투자 결정에 회의적인 반응을 보일 때도 유용하게 활용할 수 있을 거예요. 불안과 유혹, 두려움과 같은 시련들을 극복하고 이겨 낼 수 있는 힘이 이 투자의 이유를 적은 종이에 담겨 있으니까요. 투자 의사 결정을 하거나 그만두고 싶을 때마다 종이를 꼭 살펴보고 크게 소리 내서 읽어 보세요. 분명 큰 도움을 받으실 거예요."

"네, 코치님, 꼭 명심하겠습니다! 그럼 저, 이제 개미 투자가 생활 청산하고 고수 투자가로서 첫발을 내딛게 된 건가요?"

"하하, 그럼요. 첫 번째 코칭에서는 투자 철학을 세우는 것에 대해 배웠고, 오늘은 투자를 실질적으로 가능하게 해 주는 시드 머니(Seed Money, 종잣돈)에 대해 이야기해 봐요."

“종잣돈? 투자를 위해 필요한 돈이요? 너무 당연한 이야기같이 들리는데 따로 배울 것이 있나요?”

“글쎄요. 어찌 보면 당연하지만, 저는 정말 중요하다고 생각한답니다. 그래서 한번 얘기해 보려고 해요. 재웅 어머님 이번에 투자할 때, 어떤 돈으로 얼마나 투자하셨어요?”

“네, 그게 아이들 교육비와 대학 등록금에 보태려고 저희 부부가 함께 먹을 것 안 먹고, 입을 것 안 입으면서 개미처럼 열심히 모아 놓은 돈인데, 이렇게 허망하게 한순간에 날아가 버릴 줄은 몰랐어요. 남편은 아직 모르고 있고요. 흑흑. 아, 죄송해요. 청승맞게 또 눈물을…… 제가 너무 주책을 부렸죠?”

“괜찮습니다. 얼마나 마음고생이 심하셨어요. 한데 제가 우려했던 대로 전형적인 개미 투자가처럼 종잣돈을 마련하셨네요.”

“네? 그게 무슨 말씀이세요? 시드 머니 마련에도 다른 비결이 있어요?”

“물론 있지요. 시드 머니, 즉 투자 자금을 마련하는 데도 원칙이 필요하답니다.”

“원칙? 투자 자금을 마련하는 데도 원칙이 있어야 한다고요? 음…… 하긴 생각해 보니 대박 난다고 하니 마음이 설레면서 자꾸 욕심이 나더라고요. 그래서 욕심껏 주식을 사고, 그러다 보니 얼마만큼 투자해야 하는지도 모르겠고 그랬던 것 같아요. 그 이유가 시드 머니 원칙이 없어서 그랬다는 말씀인가요?”

“네, 맞아요. 그런 면에서 정말 좋은 경험을 하셨네요.”

"좋은 경험이라고요? 코치님, 저 놀리시는 거 아니죠? 정말 마음이 많이 아프다고요."

"아니요. 놀리긴요. 진짜 좋은 경험이라고 생각해서 하는 말입니다. 사실 직접 체험해 보는 것만큼 좋은 배움이 없어요. 저는 투자에 들어가는 돈은 마음에 부담이 되면 안 된다고 생각합니다. 부담을 가지면 투자 의사 결정 시 마음의 동요가 생기게 되고, 그렇게 되면 효과적인 투자를 할 수가 없어요. 그래서 투자를 위한 투자 자금은 여윳돈, 즉 생활에 지장이 없는 돈으로 따로 모아 놓는 것이 중요해요. 적절한 투자 금액은 '주가와 상관없이 밤에 두 다리 쭉 뻗고 잘 수 있는가?'를 기준으로 생각해 보시면 됩니다."

"와, 마음에 와 닿는 기준이네요. 정말 잠이 다 안 오더라고요. 투자 액수가 부담되니깐 마음이 더 불안해지고, 다른 사람들 이야기에 귀가 얇아지기도 하고, 의사 결정 내리기가 더욱 어려웠던 것 같아요."

"네, 그래서 투자는 여유 자금으로 해야 함을 강조하는 거예요. 그리고 한 가지 더. 이것 역시 당연하게 들리시겠지만 투자는 타이밍이 정말 중요해요. 적시 투자는 마치 예술과도 같은데, 적시 투자의 가장 큰 비결은 바로 흔들림 없는 마음이랍니다. 여유 자금으로 투자하면 평정심을 유지할 수 있으니 적시에 투자할 수 있고, 이 적시 투자를 통해서 수익을 거두게 되기 때문에 투자는 여유 자금으로 해야 한다고 거듭 말씀드리는 거예요. 그래서 투자 자금은 일찍 모으면 모을 수록 유리하답니다. 워런 버핏 회장님도 투자 자금을 마련하기 위해 어린 시절부터 신문 배달 같은 아르바이트를 하셨다고 해요."

"하긴 어린 시절부터 미리미리 모아 놓으면 훨씬 마음에 여유가 생기겠네요. 저도 투자 통장을 따로 만들어서 수익의 일부를 일정하게 여유 자금으로 저축하고, 우리 두 아이에게도 투자 통장을 만들어 줘야겠어요. 제 주변의 엄마들에게도 알려 주고요. 시드 머니 저축뿐만 아니라 투자는 어릴 때부터 관심을 갖고 시작하는 것이 유리한 것 같아요. 이제 겨우 두 번째 투자 코칭을 받고 있지만 그동안 참 모르고 있었던 것이 많았구나 하는 생각이 들면서, 제가 이 나이에야 투자를 배우게 된 것이 참 아쉽다는 생각이 많이 들어요. 관심을 가지고 적극적으로 배우려고 하지 않는 한 배우기가 쉽지 않은 것 같아요. 학교에서도 잘 안 가르쳐 주는 것 같거든요. 경영학을 전공한 제 남편도 투자에 무지한 것을 보면……."

"네. 그렇지요. 말씀하신 것처럼 어릴 때부터 좋은 투자관을 갖고 세상을 바라보는 눈을 뜰 수 있으면 요즘 같은 경제 시대에 분명 더 유리하겠지요? 아무래도 상대적으로 더 오랜 시간을 훈련하게 될 테니까요. 투자는 어떤 면에서는 지식보다도 경험의 축적이 더 중요한 것 같아요. 워런 버핏 회장님은 열한 살 때부터 투자 활동을 시작해서 오십 년이 넘도록 자신의 투자금을 눈덩이처럼 굴려 오셨어요. 그렇게 오랫동안 눈덩이를 충실히 굴렸기에 오늘날 세계적인 거부가 되신 거죠. 버핏 회장님은 어린이와 청소년들 위한 재테크 교육 프로그램과 게임을 만들어 보급할 정도로 어린 시절의 경제 교육을 강조하신답니다."[3]

"아, 역시 투자 고수는 다르네요. 어린 시절부터 투자 수련을 그렇게 오랫동안 했으니 부자가 되는 것도 당연한 것 같아요. 전 그것도 모르고 그냥 적당히 아무렇게나 투자를 했네요. 비록 워런 버핏 회장님처럼 어린 시절부터 투자 교육을 제대로 못 받은 것이 아쉽긴 하지만 늦었다고 생각할 때가 가장 빠른 때라고 했으니깐, 오늘 당장 시드 머니 통장을 만들러 가야겠어요. 아무튼 워런 버핏 회장님이 열한 살 때부터 투자를 시작했다는 이야기를 들으니 제가 금융 교육을 받지 못한 것이 더 아쉬워지네요. 우리 어렸을 때는 '부르마블' 같은 게임을 하면 어린 애들이 돈놀이한다고 어른들한테 혼났거든요."

"정말 그땐 그랬죠. 그때는 어른들이 지금처럼 경제의 시대가 올 거라고 예상하지 못하셨을 테니까요."

"이제 100세 시대라고 하니 지금부터라도 부지런히 배워 봐야겠어요."

"긍정적인 자세 참 좋습니다! 그럼 오늘 투자 코칭은 여기까지 할요? 다음 통화할 때까지 잘 지내세요."

"네, 바쁘실 텐데 시간 내주셔서 정말 고맙습니다. Good bye!"

"하하, See you later!"

❖ ❖ ❖

시드 워드는 일찍부터 마음에 심어 줄수록 좋다

주식 투자에 있어서 시드 머니가 중요한 것처럼, 교육 투자에 있어서는 시드 워드(Seed Word)가 중요하다. 그런데 많은 엄마들이 아이가 어려서 기억할 수 없겠지 하고, 언행에 조심하지 않는 경우가 많다. 하지만 엄마가 무심코 한 말은 아이의 무의식 속에 잠재되어 있다 미래 행동에 영향을 끼친다. 학자들에 따르면 우리 두뇌의 75퍼센트 이상은 만 3세 이전에 발달한다고 한다. 이때 아이의 뇌 속에서 무수한 가지 돌기와 축삭 돌기, 그리고 그 사이를 연결하는 시냅스가 마치 거대한 숲처럼 서로 연결되며, 말 그대로 폭발적으로 성장한다. 시냅스가 $100,000,000,000^{10,000}$내지 $100,000,000,000^{15,000}$개로 늘어나는데 이는 천 억을 1만 번이나 1만 5000번 곱한 숫자이다. 이때 경험하는 자극들은 뇌에 프로그래밍되고 아이의 잠재의식에 자리 잡아 아이의 일생을 좌우하게 된다. 따라서 이 시기에 가장 친밀한 애착 관계를 형성하게 되는 엄마의 말이 아이의 일생에 지대한 영향을 주게 되는 것이다.[4] 심지어 태아에게까지 영향을 미친다는 것이 이미 첨단 기술을 통해 입증된 바 있다. 태아에게 시끄러운 소리와 아름다운 음악을 들려주고 울트라 사운드로 반응을 기록하면 각각 싫어하는 반응과 좋아하는 반응이 기록된다고 한다. 배 속의 아이에게 반복해서 들려주었던 음악은 아이가 좋아하는 음악이 되고, 자동차 경적 소리도 태아 때 들려주면 처음에는 놀라고 싫어하지만 자주 들려주면 놀라고 싫어하는 정도가 감소한다. 교육은 자궁에서부터 시작된다고 말한 심리학자 에릭슨의 이론이 실제로 증명된 것이다.

미숙아로 태어났지만 아홉 살 때 이미 6개 국어에 능통했으며, 열 살 때 라이프치히 대학 입학 자격 취득, 열세 살에 기센 대학 철학 박사, 열여섯 살에 하이델베르크 대학 법학 박사 학위를 받고 곧바로 베를린 대학 법대 교수로 임용되어 영재 교육의 롤모델로 손꼽히는 카를 비테 주니어 교수는 말문도 트이지 않았던 유아기에 아버지가 자신에게 했던 교육에 대해 다음과 같이 물었다고 한다.

"아버지, 그때는 제가 너무 어려서 아무것도 못 알아들었을 텐데, 교육 효과가 있긴 있었나요?

"당연히 효과가 있었지."

"네, 정말이요? 그때는 아무 말도 못 알아들을 정도로 어린 나이였잖아요."

"네 말대로 네가 많이 어리긴 했어도 매일 똑같은 말과 똑같은 행동을 반복해 주면 두뇌가 일정한 자극을 받아서 잠재의식 속에 그것을 인식할 수 있는 능력이 생기게 된단다. 그랬기 때문에 네가 말하기 시작한 순간부터 네 잠재의식이 반복적으로 들었던 말들을 자연스럽게 말하기 시작했던 것이란다."[5]

칼 비테 주니어 교수의 아버지는 잠재의식 속에 반복적으로 심어 주는 교육의 힘을 활용하여, 아들을 당대 최고의 석학으로 훌륭히 키워 냈다.

하버드 경영 대학원 학장을 역임한 킴 B. 클라크 박사의 어머니는 어린 시절부터 매일 아침 허리를 굽히고 아들의 눈을 똑바로 들여다보며 다음과 같이 말했다고 한다.

"오늘도 나가서 리더가 되어야 한다. 옳거나 그르다고 생각하는 것에 대해서는 절대로 물러서면 안 돼. 그리고 누구도 너를 함부로 대하도록 해서는 안 된다. 네가 누구인지 기억해라. 네가 한 약속과, 네 앞에 놓인 멋진 기회들, 그리고 더 나은 세상을 꿈꾸고 네 가슴속의 희망을 기억해라. 난 너를 믿으며, 네가 너 자신의 약속과 네게 주어진 기회, 그리고 세상을 변화시키겠다는 네 마음의 희망 속에 따라 살기를 바란다.”[6]

하지만 이런 이상적인 경우와는 다르게 우리는 부정적인 언어 환경 속에서 살아가는 경우가 비일비재하다. 행동 심리학자들의 추정에 따르면, 우리 머릿속에는 어릴 적 어른들로부터 주입받은 말들이 끊임없이 반복 재생되는 테이프처럼 돌아가고 있는데, 이를 검사하는 데도 자그마치 2만 5000시간이 걸린다고 한다. 한 연구에 의하면 초등학생이 성공적으로 과제를 수행하도록 북돋워 주기 위해서는 비난하거나 비판하는 말보다 칭찬하는 말을 네 배 더 많이 해 줘야 하며, 좋은 습관을 지니도록 하려면 여덟 배의 칭찬이 필요하다고 한다. 하지만 불행히도 현대의 우리 아이들은 하루 한 번의 칭찬에 20~30번의 비판을 받으며 살아가고 있다고 한다. 이렇게 어린 시절부터 끊임없이 들어 온 부정적인 말들이 우리의 생각과 사고의 습관을 형성하게 되고, 이로 말미암아 우리는 평생 부정적인 사고에 사로잡혀 살게 되는 것이다.

많은 부모들이 작은 실수 혹은 사고를 쳤거나, 아이의 성적이 떨어지거나 결과가 안 좋게 나왔을 때 야단을 친다. 어느 부모도 자신의 아이들이 잘못되길 바라지 않는다. 더 잘되라고 안타까운 마음에서 화를 내게 되고, 그 과정에서 부정적인 말들을 던진다. 주변에서 종종 듣는 엄마들의 부정적인 잔소리는 다음과 같다.

“네가 그럴 줄 알았어!”

"넌 왜 항상 그런 식이니?"

"내가 어쩌다 너를 낳아서 이 고생인지."

"도대체 누굴 닮아서 그래?"

"그것밖에 못해?"

"네가 잘하는 게 도대체 뭐야?"

"내가 누구 좋자고 이러는지 모르겠다."

"넌 왜 OO처럼 못하냐! OO의 반만 따라 해 봐라!"

"더도 덜도 말고 딱 너 같은 자식 낳아 키워 봐라. 그럼 내 마음 알 거다."

"어째 잠시 말썽 없이 잘한다 싶더니…… 네가 하는 짓이 다 그렇지 뭐."

"공부해라, 공부해서 남 주니?"

"이게 다 너를 위해 하는 소리 아니야!"

"이 성적에 잠이 오냐?"

하지만 이렇게 아이가 어릴 때부터 꾸준하게 듣는 부정적인 말들이 아이의 미래 인생에 진정으로 도움이 되고 있는 것일까? 대한민국에서 살아가는 우리들은 척박한 언어 환경에서 살고 있다. 어릴 때부터 시달려야 하는 성적에 대한 압박감, 사회에 만연한 부정적인 언어와 가치관, 자신의 존재를 낮추고 최대한 감정을 들키지 않아야 한다는 문화적 분위기 속에서 성장해야 하는 안타까운 현실이다.

투자에서 꾸준한 저축을 통해 시드 머니를 마련해야 하듯이 교육도 마찬가지이다. 어느 무엇도 갑자기 바뀌지는 않는다. 풍성한 교육 투자의 성과를 얻기 위해서는 어린 시절부터 꾸준히 건강한 자존감을 길러 줄 수 있는 칭찬과 사랑의 말인 시드 워드를 아이의 마음속에 저축해 주어야 한다. 그렇다면 교육의 투자 성과인 아이의 행복한 미래를 위한 시드 워드를 어떻게 효과적으로 심어 줄 수 있을까?

워런 버핏의 아버지인 하워드 버핏은 어린 시절부터 워런 버핏에게 "나는 네가 무엇을 하든 언제나 네 편이란다."라며 긍정적인 말을 자주 해 주었다고 한다. 그 시드 워드의 결과 버핏은 다음과 같은 확고한 자기 신념을 지닐 수 있게 되었다.

"나 자신을 의심해 본 적도 없고 낙담한 적도 없다. 그리고 예전부터 나는 내가 부자가 될 줄 알았다. 단 한순간도 그것을 의심해 본 적이 없다."

부모의 사랑에 힘입어 성장했기에 워런 버핏은 자신이 인생에서 깨달은 가장 큰 교훈은 조건 없는 사랑이 가진 힘이라고 말한다. 그는 조건 없는 사랑으로 교육하는 부모를 둔 자녀는 인생이라는 100미터 달리기 경주에서 이미 90미터쯤 앞에서 출발하는 것과 같다고 여긴다.[7] 실제 워런 버핏은 어린 시절 품행 불량 점수에서 기록을 세울 정도로 매우 반항적이어서 몇몇 교사는 워런 버핏이 비참한 실패자가 될 것이라는 예언까지 했다. 하지만 워런 버핏의 부모는 절대로 포기하지 않았다. 워런 버핏은 자신을 믿어 주는 부모가 있다는 건 참으로 멋진 일이라고 회고한다.

가까이에서 볼 수 있었던 고수 엄마 투자가로는 고(故) 강영우 박사의 아내인 석은옥 여사를 들 수 있다. 맹인으로 미 백악관 국가 장애

위원회 위원을 역임하셨던 강영우 박사는 필자를 로터리 장학생과 하버드 케네디 스쿨에 추천해 준 고마운 분이기도 하다. 한번은 석은옥 여사에게 두 아들 폴(한국명 진석, 안과 전문의. 30대 최초로 워싱턴 D.C. 안과 협회장을 역임, 슈퍼 닥터 2회 선정)과 크리스토퍼(한국명 진영, 백악관 입법 보좌관이자 오바마 대통령의 선임 법률 고문으로《내셔널 로 저널 *National Law Journal*》이 40세 미만의 소수 민족 최고 변호사 40인에 선정)를 세계적인 인재로 길러 낸 자녀 교육 성공의 비결을 물었다. 교육 전문가이기도 한 석은옥 여사는 "내 교육의 비결 중 하나가 있다면 두 아들에게 각각 애칭을 달아 준 것이지. 세 살 때 아버지처럼 앞을 못 보는 사람을 고쳐 주겠다고 말한 진석이는 '엄마의 희망(You're my Hope)'으로, 마음이 온유하고 배려심과 인정이 많은 데다 학교 성적도 늘 우수했던 진영이는 '엄마의 기쁨(You're my Joy)'으로 불렀어. 이런 애칭을 붙이고 자주 불러 주자 아이들은 정말 그 모습대로 자라 나 주는 것 같았어. 지금까지도 편지를 전할 때 두 아들은 마지막에 항상 '엄마의 희망으로부터(From your Hope)', '엄마의 기쁨으로부터(From your Joy)'라고 써 주어서 나를 참으로 기쁘게 해 주고 있지."라고 답해 주셨다.

이밖에도 강의할 때 이 책의 공동 필자인 김민기 상무의 이야기를 자주 한다. 그는 현재 세계 최고의 사회적 기업가 투자 기관인 아쇼카에서 최초의 한국인 디렉터로 일하고 있다. 대학 1학년 때부터 지금까지 20년 넘게 옆에서 지켜보았는데, 그에게는 다른 친구들과 뭔가 다른 측면이 있었다.

　김민기 상무는 항상 실질적인 목표와 계획을 세운다. 시나리오를 만들고 목표가 이루어진 모습을 상상하면서 혼자서 즐거워한다. 그렇게 그 모습을 마음에 그리면서 계획을 차근차근 실행해 나간다. 과정을 하나하나 자세히 살펴보면 그 나름대로는 고통스러운 일들도 있었지만, 어째서인지 주변 대부분의 사람들에게 그런 모습은 기억되지 않고, 모든 일을 쉽게 해내는 사람으로 기억된다. 이런 이미지 때문일까? 신기하게도 그와 함께 일하면 일이 잘될 것 같고, 원하는 것도 함께하면 이룰 수 있을 것 같다는 생각이 든다. 능력 여부를 떠나서 항상 주변 사람들에게 좋은 이미지를 유지하며 사회생활을 하고, 함께 일하는 사람들에게 인정받는다. 어려운 일이 생기면 고민을 좀 하기도 하지만, 오히려 그 어려움을 계기로 더 좋은 결과를 이끌어 내며 스스로 행복을 만들어 간다. 그런 그를 옆에서 지켜보면서 "우리 아이들이 김민기 상무처럼 자랄 수 있다면 좀 더 행복해하지 않을까?"라는 생각을 하게 되었다. 이런 의문을 가지고 함께 많은 대화를 나누며 그가 받은 교육이 다른 사람들이 받은 교육과 과연 어떤 점이 다른지 주의 깊게 관찰해 보았다. 비결은 바로 그의 어머니였다.

　"우리 어머니가 나를 혼낸 기억은 어린 시절 딱 한 번 어른들한테 예의 없게 굴어서 손들고 서 있던 기억 정도밖에 없어. 항상 어머니는 내가 뭘 하든, 그 결과가 좋든 나쁘든 '괜찮아, 우리 아들. 지금은 힘들어도 이것도 합력해서 선(善)을 이룰 거야.'라고 말씀해 주셨어. 그리고 새로운 사람들을 만날 때면 '너는 인복이 많은 아이니까 또 좋은 사람을 만나겠구나.'라는 얘기를 항상 해 주셨지. 실제로 내 인생을 돌아보면 참 좋은 사람들을 많이 만난 것 같아. 난 정말 인복이 많은 사람이지."

그의 어머니는 그가 꼬마였던 때부터 따뜻하게 보듬어 안아 주시면서 긍정과 사랑의 시드 워드를 심어 주셨다. 그리고 단순하지만 더 놀라운 반복의 힘이 하나 더 숨어 있었다. 바로 '승리의 V 인사'였다.

"언제 시작되었는지는 모르겠는데, 매일 아침 학교 갈 때부터 심지어 지금 나이가 들어서 부모님 댁을 다녀갈 때도 어머니는 항상 손가락으로 V자를 그리시면서 '우리 아들, 오늘도 승리!'라고 환하게 웃으며 나를 보내셔. 그 웃음을 보면 왠지 기분이 좋아져. 그렇게 매일 아침 20년이 넘게 희망찬 사랑의 메시지가 반복되었다면 내 삶에 분명히 좋은 영향이 있지 않았을까?"

어머니가 어린 시절부터 마음속에 꾸준히 저축한 시드 워드는 어떤 투자 성과로 나타났을까?

우리나라 경기가 IMF로 갑자기 어려워져 취업 대란이 시작되었을 시절, 김민기 상무도 회사 면접에서 많은 실패를 맛보아야만 했다. 하지만 낙담하지 않고 끝까지 도전하여 대한민국 증권업에서 최고라고 불리는 삼성증권 M&A팀에 입사했다. 또 이후 MBA를 준비한다고 결심하자마자 교통사고를 당해 시험 준비를 제대로 할 수 없어 MBA 합격이 불가능할 정도로 여겨지는 낮은 영어 점수를 받았다. 당연히 계속 여러 학교로부터 불합격 소식을 받아야 했다. 하지만 포기하지 않고 열심히 지원 서류를 보완하며 에세이를 제출했다. 그렇게 몇 개월 뒤, 소위 'Top 10 MBA'라는 듀크 MBA에 장학금까지 받으며 합격했다. 그러나 MBA 졸업 후에도 상황은 순탄치 않았다. 2008년 세계 경제 위기를 몰고 왔던 미국 금융 위기 상황으로 미국 사람들조차 열에 한 명이 취업을 못하고 있던 상황이었다. 하지만 유학 전에는 미국을 한 번도 가 보지 못했던 그가 MBA 졸업 후 인재 선발에 까다롭기로 유명한 아쇼카에 여덟 차례의 심층 인터뷰 끝에 취직하게 되었다. 더군다나 미국에서 살아 본 경험도 없고, 영어도 원어민 수준이 안 되었지만 취업한 지 1년도 채 안 되어 예외적으로 진급했고, 현재는 아쇼카 본사에서 글로벌 전략 담당 상무로 일하고 있다.

이렇게 그의 이야기를 들려주면 많은 사람들은 성공적인 결과에만 주목하는 경향이 있다. 물론 결과만 보면 별 고생 없이 평탄하게 잘 성장한 엘리트로 보일 수도 있고, 실제로 많은 사람들이 그를 그렇게 기억하고 있다. 하지만 가까운 친구로서 옆에서 본 진실은 그 역시 남들 못지않게 많은 좌절을 겪었고, 남이 가 보지 않은 길을 가야 한다는 부담 또한 참 크게 느꼈다는 것이다. 아마 다른 사람들 같으면 포기했을지 모르는 큰 부담과 좌절 속에서도 그는 웃음을 잃지 않았다. 오히려 그 상황을 어떻게 극복할까 고민하며 새로운 도전을 계속할 수 있는 어떤 힘이 있었다. 그것은 바로 '결국 다 잘될 거라는 결과적인 행복에 대한 믿음의 힘'이었다. 그리고 그 믿음은 그의 어머니가 매일 아침 반복하셨던 "아들 넌 결국 잘될 거야. 넌 인복이 많잖아. 지금은 힘들지 모르지만 모든 것은 합력하여 선을 이룬단다. 우리 아들, 오늘도 승리 V!"라고 어린 시절부터 장기간 저축해 둔 시드 워드에서 비롯된 것임을 알 수 있었다.

시드 워드가 줄 수 있는 가장 큰 유익은 무엇보다 자기 자신을 있는 그대로 좋아할 수 있는 자세를 심어 준다는 것이다. 이런 자세는 아이들이 삶을 살아가는 데 가장 소중한 자산이 되어 준다. 왜냐하면 자신을 제대로 알고 스스로를 있는 그대로 사랑하며 자랑스러워할 줄 아는 아이들은 결코 자기 부정에 빠지지 않기 때문이다. 따라서 엄마들은 아이들이 어렸을 때부터 자기 자신을 진심으로 사랑하고 용서할 수 있도록 긍정적인 시드 워드들을 심어 주는 데 심혈을 기울여야 한다.

몰입 이론의 주창자이자 긍정 심리학의 선구자인 칙센트미하이 교수도 어린 시절의 교육에 대해 다음과 같이 강조한다.

"인간의 감성은 매우 초기에 형성되기 시작합니다. 따라서 아이가 무엇을 어떤 감정으로 행하는가는 중요한 일입니다. 아이는 자기가 얼마나 대단한지 부모에게 보여 주기 위해서나, 스스로 기쁨을 느끼기 때문에 무언가를 하고, 그 일을 해야 한다고 생각하기 때문에 하기도 합니다. 부모는 이때 아이가 태어날 때부터 인격체로 진지하게 받아들여졌고, 무언가를 보여 주지 않아도 그들에게 소중한 존재라는 사실을 전해 주어야 합니다."[8]

오늘날 발달 심리학자들은 "세 살 버릇 여든까지 간다"는 우리 속담처럼 한 사람의 대부분 삶을 결정하는 프로그램 교육이 대체로 만 3세에 끝난다고 본다. 따라서 '취학 전 교육'이 가장 중요하다고 강조하는데, 특히 0~6세까지의 태도와 가치관 교육은 가정에서 부모와의 생활을 통해 배운다고 한다. 이 연구 결과는 삶의 시작이 얼마나 중요한지, 그리고 또래 집단을 이루는 나이가 되기 이전 부모의 역할이 얼마나 중요한지를 알려 준다.

어린 시절 긍정적인 시드 워드의 중요성을 알지 못해, 부정적인 시드 워드가 쌓인 결과 감정의 부채가 되어 자녀와 부모 관계가 악화되어 있는 경우가 있다. 예전에 필자가 운영하는 교육 프로그램에 참여했던 한 고등학교 남학생은 세 시간에 걸친 첫 면담에서 눈을 한 번도 제대로 맞추지 못했다. 아버지와의 좋지 못한 관계와 부모님에게 들었던 수많은 부정적인 말들로 상처받은 마음이 원인이었다. 학생의 어머니는 아들을 위해 전국을 돌며 좋다는 프로그램들을 전전하며 수천만 원의 비용을 아낌없이 투자했으나, 아들의 상태는 호전되지 않았다. 학교 교사이기도 했던 학생의 어머니는 바쁜 일정에도 불구하고 매주 강의와 독후감 과제로 이어지는 강도 높은 수업에 아들과 함께 참여하며 교육 과정을 끝까지 이수하였다. 마지막 소감 발표 시간에 학생의 어머니는 눈물을 흘리며 말했다.

"인간의 잠재의식에 엄청난 영향력을 미치는 말의 중요성을 이제야 알게 된 것이 참 안타깝습니다. 하지만 아들과 엄마가 같은 책을 읽고 같은 수업을 들으며, 대화와 토론을 나누는 가운데, 아들이 마음의 안정을 찾았습니다. 아이의 성적뿐 아니라 모자 관계가 놀라울 정도로 좋아졌습니다. 진정으로 감사합니다."

"신은 모든 곳에 있을 수 없기에 어머니를 만들었다."라는 말처럼 한 어머니의 아들을 위한 사랑의 마음과 용기, 희생에 가슴이 뭉클했던 경험이었다. 만약 이 학생의 부모가 어린 시절부터 사랑과 격려의 말로 아들의 가슴에 시드 워드를 꾸준히 심어 왔더라면 어땠을까?

이처럼 어린 시절이 굉장히 중요하다는 메시지를 들으면 '이미 내 아이는 나이가 들었는데 어떻게 하지? 나도 어린 시절 부모님께서 좋은 말씀을 해 주신 적이 없는데 어떻게 하지?' 같은 생각이 떠오를 수 있다. 이미 늦어 버린 때를 한탄하며 자포자기하는 마음이 생기거나 부모에 대한 원망의 마음이 들지도 모르겠다. 하지만 언제나 명심해야 하는 것은, 늦었다고 느낄 때가 가장 빠른 때라는 사실이다. 지금부터라도 시작하면 분명 현재보다 나은 풍요로운 미래를 희망할 수 있기 때문이다. 지금이라도 과거의 부정적 말들 대신 긍정적인 말들을 아이 혹은 나 자신에게 해 줄 수 있다면, 시간은 걸리겠지만 시작한 만큼 빨리 그 시드 워드 투자의 열매를 맛볼 수 있을 것이다.

여러분은 엄마 투자가로서 아이들의 마음속에 어떤 시드 워드를 저축하고 있고, 또 저축하려 하는가?

더불어 시드 워드뿐 아니라 실제 자녀가 스스로 독립할 수 있는 시드 머니를 준비해 주는 것도 중요하다. 워런 버핏이 투자를 시작하게 해준 시드 머니는 아버지가 하워드 호먼 버핏이 만들어 준 '20달러짜리 통장'이었다. 버핏이 태어난 1930년대는 미국의 대공황이 절정에 이르렀던 시기였다. 아버지 하워드 호먼 버핏 역시 대공황의 여파로 실업자 신세가 되고 만다. 생활고에 살림은 쪼들렸지만 그는 아들의 미래를 준비하는 마음으로 아들의 여섯 살 생일에 20달러가 든 통장을 생일 선물로 주었다.

여섯 살 때 처음 만들어 준 20달러짜리 통장은 5년 후에 120달러가 되었다. 버핏은 열한 살 때 이 돈으로 시티즈 서비스(Cities Service) 주식을 매매해 5달러를 벌었다. 그의 생애 첫 투자였다. 그 후로도 골프 공을 회수해서 재판매하는 아르바이트와 워싱턴 포스트 지국 몇 곳의 신문을 배달해 돈을 벌었다. 그가 처음으로 모은 재산 9,000달러는 대부분 신문 배달로 번 돈이었다. 버핏은 저축할 동안 자신을 위해서는 거의 아무것도 사지 않았다. 그가 보기에 쓰라고 있는 돈은 한 푼도 없었고, 모두 미래를 위해서 투자할 돈뿐이었다. 그래서 미국 젊은이들이 신발처럼 여기는 자동차도 없이 살았다. 자동차 값 때문이 아니라 그 돈이 20년 뒤에 갖게 될 가치 때문이었다. 워런 버핏은 저축으로 모은 시드 머니를 바탕으로 본격적인 주식 투자를 시작하게 된다. 워런 버핏이 첫 통장을 선물받은 후 오늘날 약 64조 원에 달하는 엄청난 부를 이룬 씨앗은 바로 여섯 살 때 바로 아버지 하워드 버핏에게 선물받은 20달러 통장이었다.

덴마크의 교육은 자립에 초점을 맞추고 있는데, 이를 가장 잘 나타내 주는 교육 방법 중 하나는 독립 통장이다. 이 통장은 말 그대로 부모로부터 독립하기 위한 통장을 의미한다. 덴마크 부모들은 아이가 태어나면 자녀의 이름으로 통장을 만들어 주는데, 부모가 통장을 채워 주기보다는 자녀 스스로 심부름이나 아르바이트를 통해 돈을 불려가도록 교육한다. 그러다가 자녀가 만 18세가 된 성인식에 부모는 자녀에게 스스로를 책임지고 독립할 수 있는 성인이 되었다는 의미로 보관하고 있던 독립 통장을 내준다. 그리고 자녀들은 실제 이 통장을 기반으로 부모로부터 독립하고 결혼 자금을 마련한다.

유대인들은 덴마크 인들보다 더 먼저 성인식을 치른다. 성인식 날 유대인 소년 소녀는 부모와 하객들로부터 세 가지 선물을 받는다. 유대인 성서인 토라, 시계, 그리고 축의금이다. 수백 명의 하객들은 보통 20~30만 원 정도의 축의금을 준비하고, 일가친지들은 더 큰 액수의 축의금을 준비한다. 성인식에서 모인 축의금은 모두 주인공의 몫으로 주어지는데, 그 액수는 수천만 원에서 많게는 수억 원에 달한다. 이 축의금은 부모의 간섭 없이 아이 스스로 주식과 채권, 정기 예금에 나누어 투자하고 관리하도록 한다. 다시 말해 유대인들은 성인식을 치르는 13세부터 실전 금융 투자 경험이 시작된다는 말이다.[9] 성인식의 축의금으로 투자한 돈은 보통 대학을 졸업하고 사회에 진출할 무렵에는 몇 배로 불어나 있다.

유대인들은 세 가지 나이의 균형을 맞추는 것을 중시한다. 육체 연령, 정신 연령, 돈 연령의 세 가지이다. 한 사람 안에서 이 세 가지 나이는 각각 차이가 나는데, 대개의 경우 정신 연령은 육체 연령에 비해 10년 늦게 성장한다고 여긴다. 일반적으로 사람들은 경제적 독립을 할 때부터 돈 연령이 시작된다고 보는데, 만약 스물다섯에 경제적 독립을 한다면 그때의 육체 연령은 25세, 정신 연령은 15세, 돈 연령은 0세가 된다. 즉 육체 나이와 돈 나이가 25년의 차이가 나게 되는 것이다.[10] 미국 인구 중 2퍼센트의 유대인들이 미국 국민 총생산(GDP)에서 차지하는 비율은 1조 65억 달러로 우리나라 국민 총생산의 두 배에 이른다. 미국 내 유대인 가구당 소득 역시 미국 전체 평균의 두 배 이상이다. 미국 최상위 부호 400가구 가운데 유대인의 비율은 23퍼센

트이며, 최상위 부자 40가구 가운데 40퍼센트가 유대인이다.《포천》
이 선정한 세계 100대 기업 소유주의 30~40퍼센트, 전 세계 백만장
자의 20퍼센트를 유대인이 차지한다.《포천》선정 500대 기업의 중
간 간부들 중 한국인의 비율은 0.3퍼센트에 지나지 않는데 반해 유대
인은 41.5퍼센트이다. 미국 100대 기업의 40퍼센트가 모두 유대인 소
유다. 세계 5대 메이저 식량 회사 중 세 개, 세계 7대 슈퍼 메이저 석
유 회사 중 여섯 개가 유대인 소유다.[11] 이와 같이 세계 경제와 금융
을 주름잡는 유대인들은 이 세 가지 연령이 일치하도록 어린 시절부
터 교육을 받는 것이다.

캥거루 족, 헬리콥터 족 등 성인이 되어서도 부모로부터 경제적으로
도, 정신적으로 독립하지 못하는 한국의 많은 젊은이들이 사회적으로
문제가 되고 있는 것을 볼 때, 시드 워드와 더불어 미래의 독립을 준비
하는 시드 머니 통장을 준비시키는 것도 지혜로운 교육 방법이다.

엄마 투자가 2단계 추천 도서 

『해피라이프』, 석은옥(문학동네, 2011)

『비폭력대화』, 마셜 B. 로젠버그, 캐서린 한 역(한국NVC센터, 2011)

『청소년을 위한 비폭력 대화』, 김미경(우리학교, 2013)

『아이는 사춘기 엄마는 성장기』, 이윤정(한겨레에듀, 2010)

『복수당하는 부모들』, 전성수(베다니출판사, 2011)

『열두 살에 부자가 된 키라』, 보도 섀퍼, 김준광 역(을파소, 2001)

『유대인 하브루타 경제교육』, 전성수 · 양동일(매일경제신문, 2014)

한국 비폭력 대화 센터 http://www.krnvc.org

교육 투자 포인트와 실전 전략 실행 팁

교육 투자 포인트

가능한 한 어린 시절부터 긍정적인 시드 워드를 아이의 가슴에 심어 주라.

개미 엄마 vs. 고수 엄마

개미 엄마	고수 엄마
자녀의 마음속에 어린 시절부터 부정적인 말로 마이너스 시드 워드(부채)를 쌓는다.	자녀의 마음속에 어린 시절부터 꾸준히 사랑과 격려의 플러스 시드 워드(자산)를 충분히 저축해 놓는다.

교육 투자 전략 워크북 ─ 내 아이의 마음속에 시드 워드 심어 주기

1. 내가 아이에게 의식적으로, 무의식적으로 심어 주고 있는 시드 워드를 적어 보자.
2. 아이에게 어떤 말이 가장 듣고 싶은지 물어보고 아이가 잠들 무렵이나 잠들었을 때, 사랑과 칭찬의 시드 워드를 속삭여 주자.
3. '승리의 V자'처럼 내 아이에게 해 줄 축복의 앵커링을 구상해 보자.
4. 내 아이를 위한 독립 통장을 만들어 주자.

<table>
<tr><td>😄 긍정적인 말</td><td>😖 부정적인 말</td></tr>
</table>

'투자 원칙'을 세우라

"코치님, 안녕하세요?"

"네, 재웅이 어머님. 안녕하셨죠?"

"정말 세상 참 좋아진 것 같아요. 이렇게 인터넷 전화가 생겨서 미국과도 옆집처럼 전화하는 세상이 되다니요. 제 어린 시절엔 꿈도 못 꾸던 일인데요."

"네, 말씀하신 대로 세상이 정말 빠르게 변하고 있지요? 앞으로 재웅이와 현지는 우리가 상상하지도 못했던 세상에서 살아가게 될 겁니다."

"그러니까 제가 좀 더 지혜로운 엄마가 되어야 할 텐데요. 애들 교육 때문에 남의 말 들어 가며 무리해서 이사까지 했는데, 잘하고 있는지 정말 모르겠어요. 어리석은 엄마 때문에 애들이 손해를 보면 안 될 텐데…… 애들 교육 자금까지 주식 투자로 까먹고. 휴……."

"참 마음이 복잡하실 거 같네요. 하지만 이런 말이 있어요. '열 사람이 투자하면 일곱 사람은 손실을 보고, 두 사람이 본전을 유지하고, 한 사람만이 이익을 본다.' 또 한 조사에 따르면 실제 투자하는 사람들의 84퍼센트 정도가 손해를 본다고 해요. 그만큼 투자가 만만한 활동이 아니라는 의미지요. 재웅이 어머니만 그러신 것은 아니니까 힘내세요. 이번 일을 계기로 투자에 대해 하나 더 배워 보도록 해요. 질문으로 오늘의 투자 코칭 시작해 볼까요?"

"네, 그렇게 말씀해 주시니 감사해요."

"재웅 어머님, 주식 투자할 때 원칙에 대해 생각해 보신 적이 있나요? 예를 들면 언제 주식을 사고, 언제 주식을 팔고 하는 기준이 있으시냐는 의미예요."

"원칙이요? 투자하는 데 그런 것이 또 있어야 하나요? 투자라는 게 정말 생각할 게 많네요. 한 번도 생각해 본 적이 없는데…… 혹시 코치님은 어떤 원칙을 세우셨는지 말씀해 주실 수 있으세요?"

"하하, 또 질문을 제게 돌리시네요. 저는 먼저 가능하면 제가 생각하기에 최저 가격이 되었을 때 주식을 사려고 합니다. 다음으로 만약 제가 매수한 주가가 30퍼센트 이상 하락하면 그 주식은 우선 매도하는 원칙이 있습니다. 왜냐하면 그 주식을 분석했을 때 무엇인가 놓치고 있는 부분이 있었기 때문에 그 책임을 진다는 측면도 있고, 주식 시장이 이론적으로 움직이지 않는 측면도 많아서 제가 예상한 대로 시장이 움직이지 않을 때가 많거든요. 그럴 경우 제가 비이성적이 되어 판단력을 잃었을 때 추가 손실을 막아 주는 안전망의 역할을 하는 원칙이지요. 반대로 주가가 개별적으로 정한 목표 수익인 20퍼센트 이상 상승할 경우도 제가 분석할 때와 특별히 달라진 점이 없으면 그 시점에서 매도하는 원칙을 가지고 있답니다."

"그런데 주가가 떨어질 때 손실을 피하기 위한 안전망으로 원칙을 세운 건 이해가 되는데, 반대로 주가가 오를 땐 수익이 20퍼센트보다 더 올라가 버리는 경우 매도하는 것은 너무 아깝지 않나요?"

"물론 저도 아깝죠. 하지만 제가 분석한 수익 이상을 바라는 것은 욕심이라고 생각합니다. 마치 제 것이 아닌 돈에 탐욕을 가지는 느낌이라고 할까요? 그리고 실제로 이유 없이 주가가 올라가는 경우는 갑자기 다시 주가가 떨어져서 오히려 손해를 보는 경우가 많아요. 이 원칙이 돈에 대한 욕심 때문에 손해 보는 것을 막아 주는 든든한 안전장치라고 할 수 있지요."

"아, 그렇군요. 듣고 보니 일리가 있어요. 돈이 사람의 판단력을 흐리게 만들기 때문에 코치님의 판단이 흐려질 경우를 대비해 원칙을 세우신다는 말씀이시죠?"

"대화할 때마다 느끼는 건데, 재웅이 어머니는 핵심을 빨리 파악하는 능력이 있으시네요. 재웅이와 현지가 똘똘하다고 생각했는데, 다 엄마 닮아서 그런 건가 봐요."

"아이, 뭘요. 호호, 그래도 코치님이 칭찬해 주시니 기분은 좋은 걸요?"

"제가 명색이 워런 버핏 회장님으로부터 직접 훈련받은 가치 투자가인데 아무렴 손해 보는 일을 하겠어요? 재웅이 어머니 안에 숨겨진 잠재력과 가치를 보고 투자 코칭을 결정했지요."

"호호, 정말이요? 제가 가치 투자 대상이 된 건가요?"

"네! 제가 투자에 있어서 가장 중요하게 생각한 것 중 하나가 바로 장기적으로 주식 투자를 즐기면서 수익을 올릴 수 있는 투자의 원칙을 마련하는 것이었답니다. 이를 통해 자칫하면 대박을 꿈꾸며 도박이나 투기가 될 가능성을 근원적으로 방지하는 것이지요. 한 번의 수익보다 저만의 투자 원칙을 지켜, 장기적으로는 큰 손해로부터 저를 보호하는 것이 더 중요하기 때문이에요. 어찌 보면 미련해 보일지 모르지만 결국 더 큰 이익을 주는 것임을 확신하기 때문에 이 원칙들은 반드시 지킨답니다. 재웅이 어머니 혹시 개미지옥이라는 말 들어 보신 적 있으신가요?"

"개미귀신이 개미 지나다니는 길목에 개미의 체액을 빨아 먹기 위해 파 놓은 함정이요?"

"네, 개미 투자가들도 빠지기 쉬운 개미지옥 함정들이 있답니다. 대표적인 것으로는 우리가 인간이기 때문에 필연적으로 가질 수밖에 없는 두려움, 탐욕, 무지, 근거 없는 희망 등이 있지요. 바로 이런 함정들에 빠지지 않기 위해 원칙이라는 안전망이 반드시 필요하답니다."

"그런 거군요. 그런데 전 그런 원칙도 없이 주식 투자에 멋도 모르고 뛰어들었으니……. 그냥 주가가 떨어지면 안절부절못하고, 계속 다시 오를 거라고 자기 위안을 하면서 그 주식들을 꼭 쥐고 있었으니 돈을 잃는 게 당연하네요……."

"너무 자책하지 않으셔도 돼요. 다 배워 가는 과정이고, 또 전화위복이란 말이 있잖아요? 이번 경험을 계기로 우리가 투자 코칭을 시작하게 되었고, 재웅이 어머니도 원칙의 중요성을 온몸으로 느끼셨으니 앞으로는 개미들이 하는 '투기'가 아닌 진정한 '투자'를 하는 데 좀 더 가까워지지 않을까요? 그러면 손해도 많이 줄 거고요."

"그렇게 생각하면 될까요?"

"위로가 될지 모르겠지만 워런 버핏 회장님께서 들려주신 이야기

하나 해드릴게요. 아이작 뉴턴 아시지요? 그 유명한 천재도 주식 투자에서 수십억 원을 잃은 적이 있다고 해요."

"뭐라고요? 천재 뉴턴도 주식을 해서 막대한 손해를 봤다고요? 그런데 뉴턴은 물리학자 아닌가요?"

"맞아요. 만유인력의 법칙을 발견한 천재 물리학자 뉴턴은 영국 조폐국 국장으로 일할 만큼 경제에도 해박했답니다. 그런데 뉴턴도 남해 주식 사건(South Sea Bubble, 1720년 발생한 사우스시 회사의 주가 조작 사건으로, 영국 경제에 큰 혼란을 초래했다.)으로 전 재산의 약 90퍼센트에 가까운 2만 파운드가량에 달하는 돈을 잃었습니다. 현재 가치로 추정해 보면 400~500만 달러로, 우리 돈 44~45억 원에 달하는 막대한 금액을 잃은 것이지요. 그러면서 다음과 같이 유명한 말을 남겼답니다. '나는 기묘한 별들의 움직임을 계산할 수 있지만 인간 군중의 광기는 도저히 예상할 수 없다(I can calculate the motions of erratic stars, but not the madness of the multitude).' 뉴턴은 그 시대 최고의 지성으로 인간의 광기마저 정확히 계산해서 투자에 성공할 수 있다고 생각했지만, 결국 자기 자신 안의 광기를 다스리지 못해 투자에 실패한 것이지요. 이 이야기를 하던 버핏 회장님은 특유의 장난기 어린 미소를 지으며 '세상에서 가장 똑똑한 뉴턴도 주식 시장에서 실패했습니다. 이로써 뛰어난 두뇌가 결코 부의 축적에 있어 필수 조건이 아님을 알 수 있습니다. 그러니 우리도 힘내 봅시다!'라고 한마디 위트 있게 덧붙이셨어요."

"세상에, 수십억 원이나 되는 돈을 잃었다니 뉴턴도 엄청나게 속이

쓰렸겠어요. 뉴턴에겐 미안하지만 조금은 위안이 되기도 하네요. 다른 사람들은 다 잘하고 있는데, 나만 제대로 못해서 뒤처지고 바보가 된 것 같아서 위축되었거든요."

"그래요. 천재 뉴턴도 물리학에는 정통했을지 모르지만 정작 인간의 심리에 무지했기 때문에, 경제적으로는 파산하고 만 것이지요. 그래서 투자 공부에 있어서 인간 심리, 특히 감정에 대해 이해하는 것이 중요하답니다. 소위 투자의 대가라 불리는 사람들 대부분은 심리학의 대가라 할 수 있을 만큼 자신과 군중의 심리에 정통해 있습니다. 결국 주식 시장을 움직이는 것은 인간이고, 인간을 움직이는 것은 바로 감정이기 때문이지요. 혹시 행동 경제학이라고 들어 보셨나요?"

"행동 경제학이요?"

"네, 영어로는 'Behavioral economics'라고 하는데, 심리학자였던 대니얼 카너먼 교수가 2002년 노벨 경제학상을 수상하면서 널리 알려지기 시작한 개념이에요. 경제 심리학이라고 이해하면 되지요. 기존의 경제학 이론이 인간을 이성적이고 합리적인 존재로 가정한데 반해, 행동 경제학은 인간은 제한적인 합리성을 지닌 비이성적인 존재라고 가정하고 경제를 바라보는 거예요. 쉽게 말해 인간은 항상 이성적으로 판단하는 로봇과 같은 존재가 아니라는 의미죠. 요즘은 뇌 과학의 발달로 인간의 두뇌 변화 관찰을 기반으로 한 신경 경제학까지 대두된 상황이랍니다."

"휴…… 투자 공부는 경제만 알면 되는 줄 알았는데 그게 아니네요. 심리학에 뇌 과학까지……."

"네, 고수 투자가의 길이 결코 만만치는 않지요? 투자에서 인간 심리에 대한 관심은 정말 중요해요. 하지만 인간 심리를 공부하기 위해 꼭 심리학 서적을 읽을 필요는 없어요. 명작 소설도 큰 도움이 된답니다."

"소설도 투자에 도움이 된다고요?"

"네, 훌륭한 소설은 인간의 심리를 잘 묘사해 놓기 때문에, 세월의 검증을 받은 고전들을 인간의 심리에 초점을 맞추어 읽어 본다면 투자에 도움이 되실 거예요."

"아, 저 책 읽는 것은 별로여도 소설은 좋아하는 편인데, 소설로 투자 공부를 할 수 있다니 희소식인걸요?"

"하지만 사실 투자에 있어서 더 중요한 것은 심리학 공부도 뇌 과학도 아니에요. 그 공부들을 하는 궁극적 목적이 바로 자신 안의 비이성적인 감정이나 군중 심리에 휩쓸리지 않기 위해서인데, 사실 복잡한 심리학을 잘 몰라도 이러한 부정적인 본능에 휩쓸리지 않을 수 있답니다."

"그래요? 그게 뭐지요?"

"아까 제가 투자 원칙이 있느냐고 물었지요? 투자 원칙을 세우고 그것을 지키면서 투자하면 자기 안의 불안이나 초조, 두려움이나 탐욕과 같은 비이성적인 본능에 휩쓸릴 걱정을 하지 않아도 됩니다. 그래서 무엇보다 자신의 심리에 대해 많이 성찰해 보고, 의사 결정 시 합리적인 판단을 내리는 데 필요한 원칙들을 세우는 일이 필요하지요. 그래야만 군중 심리에 휩쓸리지 않고 차분히 안정된 마음으로 제대로 된 의사 결정을 할 수 있으니까요."

"아, 그래서 원칙이 그토록 중요하다고 말씀하신 거네요. 제 내면의 감정들을 잘 살펴보고 투자 원칙들에 대해 생각해 보도록 할게요. 심리학은 원래 제가 대학 때 부전공으로 선택할 정도로 관심 있던 분야라서 재미있게 공부할 수 있을 것 같아요."

"워런 버핏 회장님께서는 건전한 원칙이 서 있으면 어떤 어려움도 헤쳐 나갈 수 있다고 강조하셨어요. 버핏 회장님은 자신이 세운 투자 원칙 덕분에 지금까지 좋은 시기, 나쁜 시기를 모두 헤쳐 나왔던 경험 때문에 어떤 경우에도 걱정하지 않는다고 하셨어요. 본인의 투자 원칙이 반드시 효과를 거둘 것을 확신하기 때문이지요. 버핏 회장님의 주식 투자 원칙을 열 가지로 요약하여 소개해 보면 다음과 같습니다."

워런 버핏의 투자 십계명

1. 절대 돈을 잃지 않는다.

2. 제1원칙을 절대 잊지 않는다.

3. 절대로 감정적으로 주식을 거래하지 않는다.

4. 모두가 두려워할 때는 욕심내고, 모두가 욕심을 낼 때는 신중을 기한다.

5. 귀는 열어 두되, 다른 투자가나 투자 전문 기관의 예측에 지나치게 신경 쓰지 않는다.

6. 다른 사람의 기준에 따르는 외부적 평가표가 아닌 스스로가 세운 내부적 평가표를 기준으로 의사 결정한다.

7. 실수와 실패에서 배우고 이를 반복하지 않는다.

8. 자신의 능력 범위 안에서 이해할 수 있는 곳에만 투자한다.

9. 주가 시세에 현혹되지 말고 투자의 큰 그림을 본다.

10. 투자 대상의 단기적 주가보다 장기적 미래 가치에 주목한다.

"1단계의 투자 철학은 왜 투자해야 하는지 투자 목적을 분명히 하는 것이고, 3단계의 투자 원칙은 자신이 세운 투자 목적을 이루기 위해 어떤 규칙을 지켜야 하는지를 뜻합니다. 다시 말해 투자를 게임으로 생각한다면, 투자 원칙이란 게임의 룰을 의미하는 것이지요."

"이렇게 설명해 주시니 투자 철학과 투자 원칙이 확실히 이해되네요."

"회장님은 자신이 세운 원칙에서 벗어나면 단돈 2달러 내기에도 응하지 않으세요. 아무리 작은 것이라도 정당한 원칙에서 벗어나면 나중에 큰일에서도 그렇게 할 가능성이 많기 때문이라고 하시면서요."

"와, 정말 철저히 원칙을 지키나 봐요."

"네, 버핏 회장님이 어느 정도로 원칙을 소중히 여기냐면, 자신의 투자 원칙을 지키기 위해서 금융의 중심지인 뉴욕이 아닌, 네브래스카 주 동쪽 끝에 위치한 작은 소도시인 오마하에 살고 있답니다."

"네? 세계적인 갑부 회장님이 원칙을 지키기 위해 그런 한적한 시골 마을에 사신다고요? 왜 그러신데요? 저 같으면 뉴욕에서 오페라나 뮤지컬도 보고 근사한 레스토랑에서 고급 와인도 마셔 가면서 멋들어지게 살 것 같은데요."

"하하, 회장님은 1958년에 구입한 50년 넘은 집에서 살고, 중고차를 손수 몰고 다니며, 햄버거와 콜라를 즐기는 소박한 삶을 사세요. 사실 일상적인 삶의 모습은 저희와 별다를 바 없으시지요. 버핏 회장님이 오마하를 선택한 이유는 미국 주식 시장의 중심부인 뉴욕은 막연한 희망과 공포, 탐욕 같은 인간의 광기와 군중 심리가 영향을 미치는 곳이기 때문에 스스로 깊게 생각하거나, 자신이 세운 투자 원칙을 지키기 어렵다고 판단하셨기 때문이래요.”

“와, 세계적인 갑부 회장님이 진짜 우리랑 사는 게 비슷하네요?”

“하지만 자신이 좋아하는 일을 하면서 자신의 소신대로 삶을 소박하게 즐기며 사는 회장님을 보면서 정말 멋진 분이란 생각을 종종 하지요. 저에게도 시간 날 때마다 ‘어떻게 하면 인생을 잘 살 수 있을지 깊이 고민하고 자신이 하는 일을 사랑하세요!’라고 귀에 못이 박이게 말씀하신답니다.”

“진짜 괴짜 부자시네요.”

“네, 정말 그렇지요? 하지만 멋진 괴짜이신 것만은 분명해요. 그러면 오늘 코칭을 마무리해 볼까요? 다음번 과제로 자신만의 투자 원칙들을 생각해 보세요. 자신만의 투자 원칙을 세워 두면 우리 마음을 수시로 들었다 놓았다 하는 막연한 희망이나 기대, 또는 두려움, 불안, 초조함 같은 비이성적인 본능에 지배당하지 않고 자신이 정한 투자의 목표를 성취할 수 있을 테니까요. 참, 그리고 제가 요즘 바쁜 시즌이라서 당분간은 통화가 어려울 것 같아요. 그동안 시간을 가지고 찬찬히 한번 생각해 보세요. 그럼, 다음에 또 통화하도록 할까요?”

“네, 오늘도 참 많은 것을 배운 것 같아 마음이 뿌듯하네요. 주식에서 손해 본 마음도 조금은 치유가 된 것 같기도 하고요. 정말 고맙습니다, 코치님! 그런데 당분간 통화가 어렵다니 벌써 좀 서운한 마음이 드는 것 같아요."

"네, 가능한 한 빨리 급한 일정을 끝내도록 해 보겠습니다. 다음에 또 통화해요."

✦✦✦

원칙은 비이성적 본능에서 교육 투자를 보호한다

개미 투자가들이 두려움, 불안, 초조, 혹은 막연한 희망이나 탐욕이라는 비이성적 본능의 파도에 휩쓸려 허우적거리는 모습은, 뚜렷한 교육 철학이나 원칙 없이 주변에서 들려오는 여러 소리들 속에서 이리저리 흔들리며 자녀를 교육하고 있는 한국의 엄마들과 유사해 보인다. 그러나 급변화, 불확실, 불안정이라는 단어들로 묘사할 수 있는 21세기 무한 경쟁 시대에 미래에 대한 두려움과 불안함, 주변 사람들과의 경쟁에 뒤질지 모른다는 초조함, 자녀에 대한 죄책감과 스스로에 대한 무기력함과 같은 감정의 해일에 휩쓸려서는 제대로 된 교육 투자를 결정할 수 없다. 그뿐만 아니라 성적만을 강요한 무리한 교육으로 자녀와의 갈등이 증폭된 결과 소중한 사랑의 관계마저 금이 갈 수도 있다. 사실 특별한 훈련을 받지 않은 평범한 사람들의 경우는 의사 결정에 있어서 합리적인 이성보다는 비이성적인 본능에 휩쓸리기 쉽다. 더군다나 과거 감정을 억압하는 유교적 문화권에서 교육받아 온 학부모들은 스스로의 감정을 다루는 데 미숙한 경우가 대부분이며, 그러한 부모들 밑에서 자라는 학생들 또한 스스로의 감정을 성찰하고 다루는 일에 서툴기 마련이다.

앞선 이야기를 통해 알 수 있듯이 비이성적인 본능의 파도에 휩쓸려 잘못된 투자 결정을 내리지 않기 위해서는 인간의 감정에 대해 성찰하고 자신만의 교육 투자 원칙을 정하는 것이 중요하다. 이를 통해 비이성적인 감정이나 군중 심리라는 인간적인 본능에 휩쓸리는 상황을 방지할 수 있기 때문이다.

먼저 우리 안의 비이성적인 감정들을 다스릴 수 있는 감정의 연금술에 대해 알아보도록 하자. 미리암 그린스팬 박사는 여성주의 심리학의 창시자로 심리학계에서 프로이트와 융에 버금갈 정도로 칭송받는 저명한 여성 심리학자다. 그녀는 자신의 첫아이를 잃은 깊은 슬픔과, 두 번째 아이의 신체적 장애를 극복해 낸 삶의 고통에 대한 실제 체험에 근거하여 우리 마음속의 어두운 감정들에 대한 새로운 관점을 발전시켰다. 그린스팬 박사에 따르면 우리가 느끼는 어두운 감정들의 목적은 우리를 비참하게 하거나, 분노하게 하거나, 수치감을 느끼게 하거나, 약하게 만들고 패배시키려는 것이 아니라고 주장한다. 오히려 우리에게 우리 자신과 타인, 더 나아가 세상에 대한 사랑으로 마음을 열도록 가르치고, 우리가 성장하고 변화할 수 있도록 돕는 것을 목적으로 한다고 한다. 미리암 박사는 30여 년에 걸친 심리학, 생태학 그리고 영성에 대한 연구를 대표하는 저서인 『감정 공부』에서 어둠의 감정을 다루는 법에 대해 다음과 같이 설명하고 있다.

"깊은 슬픔, 절망, 그리고 두려움은 가장 기본적인 인간 감정이다.

이러한 감정들 없이는 완전한 인간일 수 없고, 살아가기도 힘들다.

깊은 슬픔은 우리가 외롭지 않기 때문에 일어나며 우리의 영혼을 치유하고 새롭게 하는 것을 가능하게 한다.

절망은 우리에게 명백한 혼돈 또는 의미 없음의 한가운데에서 의미를 찾을 것을 부탁한다. 괴로움 속에서 삶의 의미를 만들어 내는 것은 불행 속에서 살아남고 불행을 초월할 수 있는 인간 능력의 기초를 이룬다.

두려움은 우리에게 우리의 생존을, 자기 보호 본능을 넘어 타인들의 생존까지 보호하라고 일깨워 준다. 그들에게 귀 기울이는 법을 알 때, 우리는 우리의 자각 능력을 보호대로 삼아, 마치 파도를 타듯, 그 감정에 올라탈 수 있다. 그때 감정 에너지가 흐르고, 마음속에 숨겨져 있던 문이 열린다. 그리고 무엇인가가 변한다. 고통이 고귀한 영적인 힘으로 바뀌는 변화가 일어나게 된다. 이것이 바로 도처에 널려 있는 흔하디흔한 것들이 어느 고귀한 것으로 변화하는 감정의 연금술이다. 고통스럽지만, 그 한가운데서 성스러운 힘을 찾아내는 것, 이것이 어둠의 감정의 연금술이다. 이 연금술을 통해, 깊은 슬픔은 우리가 잃어 온 것들에 대한 슬픔으로부터 아직 남아 있는 것들에 대한 감사로 우리를 옮겨 준다. 부서지기 쉬운 삶에 대한 두려움은 열려 있는 충만한 삶의 환희로 승화된다."[12]

마치 고대의 연금술사들이 모든 것을 있는 그대로 솥 안에 집어넣고, 어떤 것도 버리거나 바꾸려고 하지 않듯이, 우리가 부정적으로 낙인찍고 있는 어둠의 감정들도 우리의 성장과 치료에 필요하다고 바라보는 관점이 바로 '감정의 연금술'의 핵심이다. 하지만 불행하게도 우리는 어둠의 감정들을 건설적으로 활용하기보다는 그것들을 피하고 억누르는 것이 더 낫다고 가르치는 문화 속에서 자라 왔다. 그렇다면 과연 우리는 어둠의 감정을 어떻게 다루어야 할까?

시카고 대학 심리학과의 유진 T. 젠들린 교수는 인간의 감정에 대해 다음과 같이 말한다.

"인정이나 공감을 받지 못하면, 감정은 변하지 않고 그 상태에 머물러 버린다. 반대로 감정을 인정하고 소중히 여기면 저절로 좋은 상태로 변화한다. 감정을 어루만진다는 건 있는 그대로 인정해 주는 것을 의미한다. 어떤 감정이 떠오르면, '그래, 난 어떤 감정이든 느낄 수 있어. 내 안에 있는 감정을 소중히 여길 거야. 참거나 무시하지 않고, 있는 모습 그대로 인정해 줄 거야. 감정아, 실컷 이야기해 보렴. 내가 언제나 곁에서 귀 기울이며 함께할 테니.'라고 말하며 함께해 주어야 한다."[13]

즉 감정은 판단하고 분석해야 하는 것이 아니라 있는 그대로를 받아들이고 공감해야 하는 것이다. 마치 엄마가 아이를 품에 안고 달래듯 말이다. 다음과 같은 방식으로 자신의 감정을 따뜻하고 포근하게 안아 줘 보라.

위의 감정 안아 주기 기법은 수많은 마음 수련법이나 명상법을 통해 오랜 기간 실험을 거쳐 그 효과가 증명된 방법이므로 자신의 감정을 다스리는 데 활용해 보면 큰 도움이 될 것이다.

다음으로 비이성적인 본능을 효과적으로 다스리기 위해서는 교육 투자 원칙을 정하는 것이 중요하다. 인간이라면 누구나 막연한 희망, 탐욕, 두려움 등의 감정을 가진다. 하지만 이러한 인간의 공통적인 감정들이 모여 형성하는 군중 심리에 저항하기란 쉬운 일이 아니다. 인간은 본능적으로 고독과 외로움을 두려워하기 때문이다. 우리의 경험을 돌아보면 모두가 진실이라고 말할 때 혼자 틀렸다고 말하기가 얼마나 어려운지를 알 수 있다. 맞으면 다행이겠지만 만에 하나 자신의 의견이 틀렸을 경우, 주위 사람들의 비난과 비판을 상상하는 것만으로도 두려움에 휩싸이기 마련이다. 자연적으로 교육 투자 의사 결정에 있어서도 이성적이고 합리적인 의사 결정보다는 주변 엄마들이 전해 주는 소문에 귀가 솔깃하여 두려움, 불안, 욕심, 질투, 시기심과 같은 비이성적인 본능과 군중 심리에 휩싸이게 되는 것이 인지상정이다. 따라서 금융 투자의 원칙이 감정적 동요에서부터 우리를 보호해 주는 안전망이 되어 주듯 교육 투자에 있어서도 자신만의 원칙은 심적 동요로부터 스스로가 세운 교육 철학을 지켜 나갈 수 있도록 돕는 튼튼한 안전망이 되어 줄 것이다. 교육 투자 원칙을 세우는 것이 막연하게 느껴질 독자들이 참조할 수 있도록 필자가 운영하는 교육 연구소의 교육 원칙을 소개하면 다음과 같다.

교육 투자 십계명

1. 진정성을 기반으로 교육한다.

2. 학생의 자발적 선택과 책임을 전제로 교육한다.

3. 표층 지식 교육이 아닌 심층 지혜 교육에 초점을 맞춘다.

4. 변화하는 새 시대에 적합한 미래 지향 교육을 추구한다.

5. 단기적 관점의 성과주의가 아닌 장기적 관점으로 학생 잠재력과 내면 가치에 집중한다.

6. 외부적 주입보다는 내면의 힘을 이끌어 내는 교육을 추구한다. 외부에서 주입된 꿈이 아닌 자신 내면에서 우러난 비전을 따라 살도록 돕는다.

7. 인생에서 불가피하게 마주치게 되는 실수와 실패를 건강하게 수용하도록 교육한다.

8. '학생 — 학부모 — 교사'를 포함한 통합 교육을 추구한다.

9. '멘토 ─ 지혜 교육 콘텐츠 ─ 교육 공동체'의 삼위일체 시스템 주도 교육을 추구한다.

10. 교육 참여 학생과 학부모의 시간적, 재정적 에너지를 낭비하지 않는다. 이를 위해 철저한 인터뷰를 통해 효과적으로 교육할 수 있는 학생들을 신중히 선발한다.

이러한 교육 원칙은 필자가 교육 투자를 해 나가는 데 있어 내면적 평가표로, 외부적인 의견에 휩쓸려 줏대 없이 쓸려가지 않고 교육해 나갈 수 있는 든든한 닻이 되고 있다. 마찬가지로 자녀를 교육하기 위해 꼭 지켜야 할 자신만의 교육 투자 원칙을 정하고 이를 확고하게 지켜나갈 때, 부정적으로 휩쓸리기 쉬운 비이성적인 본능이나 군중 심리로부터 자신을 지키고, 아이의 행복한 미래를 위한 가치 있는 투자를 소신 있게 해 나갈 수 있을 것이다.

엄마 투자가 3단계 추천 도서 

『마더 쇼크』, EBS 『마더 쇼크』 제작팀(중앙북스, 2012)
『좋은 부모의 시작은 자기 치유다』, 비벌리 엔젤, 조수진 역(책으로여는세상, 2009)
『내 아이를 위한 감정 코칭』, 존 가트맨, 최성애, 조벽(한국경제신문사, 2011)
『청소년을 위한 감정 코칭』, 최성애, 조벽(해냄, 2012)
『감정 공부』, 미리암 그린스팬, 이종복 역(뜰, 2008)
『놓아 버림』, 데이비드 호킨스, 박찬준 역(판미동, 2013)

엄마 투자가 3단계 추천 사이트

감정 코칭 카페 http://cafe.naver.com/hecoaching

교육 투자 포인트와 실전 전략 실행 팁

교육 투자 포인트

비이성적인 본능이나 군중 심리에 휩쓸리지 않도록 인간의 심리를 이해하고 교육 투자 원칙을 세우라.

개미 엄마 vs. 고수 엄마

🐜 개미 엄마	🎓 고수 엄마
내면적 성찰이나 교육 투자를 위해 세워 놓은 원칙이 없어 두려움, 불안, 초조함에 자주 휩쓸린다. 그 결과 아이의 재능이나 개성에 대한 고려 없이 자녀를 학원과 과외로 전전하게 함으로써, 아이를 감정적으로 소진시키고 자녀와의 관계까지 악화시키고 만다.	내면적 성찰을 통한 인간 심리에 대한 이해와 자신만의 교육 원칙에 근거하여 내면의 비이성적 본능과 주변의 군중 심리에 휩쓸리지 않고 자신이 세운 교육 목적을 향해 교육 원칙을 지키며 일관성 있게 교육한다.

교육 투자 전략 워크북 — 투자 원칙 정하기

교육 투자에 있어 내면의 비이성적 본능과 주변의 군중 심리에 휘둘리지 않기 위한 나만의 교육 투자 원칙을 적어 보자.

1. ___________________________________

   ____

2. ___________________________________

   ____

3. ___________________________________

   ____

4. ___________________________________

   ____

5. ___________________________________

   ____

6. ___________________________________

   ____

7. ___________________________________

   ____

8. ___________________________________

   ____

9. ___________________________________

   ____

10. ___________________________________

   ____

엄마 투자가 4단계
'자신의 머리'로 생각하라

"안녕하세요, 코치님"

"네, 재웅이 어머님, 꽤 오랜만이지요? 잘 지내셨나요?"

"아……네, 코치님."

"그런데 목소리가 힘이 없으세요. 혹시 그동안 무슨 일 있으셨어요?"

"네…… 그게 말이죠. 아, 이걸 어쩌나. 코치님께 죄송해서 말도 잘 못하겠어요."

"재웅이 어머니, 제가 투자 코치 맞지요? 투자 코치에게 투자에 관한 말을 못하시면 어떻게 하시겠어요?"

"코치님, 정말 죄송해요. 그런데 혼내시면 안 돼요. 그동안 코치님이랑 통화도 안 하고 하니깐 마음이 막 불안해지더라고요. 남편 몰래 투자한 원금도 빨리 찾고 싶은 조바심 때문에 코치님께 상의도 안 드리고 주식 두 개를 질렀어요. 그런데 그중 하나는 주가가 3분의 1이 되고, 다른 하나는 회사가 부도나 버리고 말았네요. 그동안 투자의 철학과 원칙을 그렇게나 강조해 주셨는데요. 다행히 첫 주식에서 큰 손해를 본 바람에 새가슴이 되어서 다른 주식에는 돈을 조금만 투자해서 손해가 크지는 않지만 정말 면목이 없네요……. 하루라도 빨리 잃은 돈을 되찾아야 한다는 마음에 쫓기다 보니……."

"흐음…… 그 주식들은 왜 매수하셨어요?"

"네, 그게 말이죠. 하나는 증권 방송에서 애널리스트가 저평가되었
다고 강력히 추천하기에 샀고요. 다른 하나는 앞으로 대체 에너지 사
업이 뜬다는 경제 신문 기사를 보고 투자했는데, 회사가 상장 폐지되
어 버리는 바람에 투자한 전액 다 날아가고 말았어요. 휴……. 전문
애널리스트 의견이고 또 신문 기사라서 믿고 샀는데 정말 배신감 느
껴요."

"그랬군요. 또 좋은 경험하셨네요. 재웅이 어머니의 행동은 개미 투
자가들이 가장 많이 범하는 실수 중 하나예요."

"아, 제가 또 어리석은 개미 투자가 짓을 한 건가요?"

"재웅이 어머니, 투자에 있어서는 전문가의 말이라고 해서 무조건
믿어서는 안 된답니다. 투자란 어떤 특정 기술처럼 과거의 경험과 지
식을 반복한다고 항상 동일한 결과가 나오는 분야가 아니기 때문이에
요. 미래를 예측하는 분야니까 변수도 많을 수밖에 없어요. 그래서 주
식 전문가의 의견이나 텔레비전, 신문에 난 기사 내용이라고 무턱대
고 믿으면 큰 손해를 볼 수 있어요."

"그게 무슨 소리지요? 전 그래도 전문가라고 불리는 애널리스트의
분석과 텔레비전이나 신문에 난 기사는 신뢰할 수 있을 거라고 철석
같이 믿고 산 건데……."

"물론 전문가들이 일반 사람보다는 시장을 읽는 눈이나 회사를 분
석하는 눈이 더 나을 수 있겠지요. 하지만 애널리스트나 신문 기자도

결국 사람이잖아요. 따라서 모든 것을 다 알 수도 없고, 각자가 기타 정치적인 상황이나 사회 분위기에 따라서 투자 대상을 바라보는 관점이 다를 수밖에 없어요. 엄마들이 내일 아이에게 일어날 일을 예측할 때, 아이가 아침밥을 먹고 학교에 가겠구나 하는 대략적인 큰 그림은 어느 정도 예상할 수 있겠지요. 하지만 아침밥을 먹다 갑자기 체해서 학교를 결석하게 될지, 수업 시간에 발표를 잘해서 선생님한테 칭찬을 듣게 될지 혹은 친구와 싸우게 될지 등 세부적인 사항은 알 수 없잖아요. 마찬가지로 주식 관련 전문가나 기자들도 자기 나름대로 최선을 다해 주식 투자 종목을 추천해 보지만 그것은 단지 본인의 예상일 뿐, 틀릴 수도 있음을 전제로 해야 합니다. 즉, 투자할 때 그런 정보들을 참조는 해도 의사 결정의 기준으로 삼아서는 안 된다는 의미예요."

"하긴 그분들도 사람이니까 미래를 다 맞출 수는 없겠네요."

"전문가로 불리는 경제학자나 대학 교수 혹은 애널리스트들이 주가를 가장 잘 예측할 수 있다면 모두 투자의 대가였을 텐데 실상은 그렇지 않다는 점을 생각해 보시면 돼요. 전문가들의 이야기라고 해서 무턱대고 신뢰했다가는 이번처럼 낭패하기 십상이지요. 몸소 경험해 보셨으니 확실히 아시겠지요? 지난번에 언급한 천재 뉴턴이 파산한 사실에서 알 수 있듯이 역사상 학자나 이론가들이 시장에서 성공한 경우는 매우 드물답니다. 워런 버핏 회장님이 제게 들려주신 가장 유명한 전문가들의 실패 사례는 롱텀캐피털매니지먼트(LTCM)였어요. LTCM은 하버드와 MIT 출신의 박사들, 노벨 경제학상 수상자를 비롯해 각 분야의 내로라하는 16명의 천재들과 첨단 컴퓨터 프로그램으로 무장한, 한마디로 투자 드림 팀이었어요. 이 투자 드림 팀은 세상의 어떤 기관에서 일하는 팀들보다 뛰어난 아이큐를 자랑했을 뿐 아니라, 그들의 전문 경험을 모두 합치면 무려 350년에서 400년 정도나 되었을 거라고 해요. 하지만 천재적인 두뇌와 풍부한 경험은 물론 탄탄한 자본까지 있었는데도 LTCM은 마이너스 92퍼센트의 엄청난 손실을 내고 파산하고 말았답니다. 워런 버핏 회장님은 그 특유의 유머 감각으로 '만약 제가 이들에 관한 책을 쓴다면 제목은『왜 똑똑한 사람들은 바보 같은 짓을 할까?』가 될 것입니다. 제 파트너는 그것은 제 자서전 제목이 될 것이라고 하지만요, 하하!'라며 너털웃음을 터트리시더군요."

"진짜요? 그런 대단한 사람들도 파산했다고요? 세상에 믿을 전문가가 없네요. 전 그것도 모르고 무작정 전문가 의견이라고 솔깃해서 투자하고 말았으니. 가슴이 너무 쓰리네요. 그러면 전문가 말도 마음 놓고 믿으면 안 되고 텔레비전이나 신문 기사도 믿으면 안 된다면, 도대체 어떻게 해야 하죠?"

"투자를 위해서는 그 사람들이 무슨 이야기를 하고 있는지 이해할 수 있는 <u>자신만의 관점</u>이 있어야 해요."

"자신만의 관점이요?"

"네. 재웅이 어머니 자신만의 관점이요. 다른 말로는 다른 사람들의 의견이나 대중 매체에 휘둘리지 않고 스스로 생각하는 힘을 기르는 것이 필요하다는 의미예요. 지금까지 얘기한 것처럼 전문가가 언급했거나 언론에서 다룬 의견이라고 무조건 따르는 것은 무엇보다 위험하다는 것을 이해하는 것이 첫걸음이고요. 버핏 회장님께서도 남을 따라 하기보다는 스스로 내린 결정을 토대로 행동하는 것이 매우 중요하다고 강조하세요. 남들이 내 의견에 동의해 줄 때가 옳은 것이 아니라, 스스로가 파악한 사실과 추론이 정확해야 자신의 의견이 옳은 것이라고 종종 말씀하신답니다.”

“아, 그러면 저만의 관점을 어떻게 해야 가질 수 있을까요?”

“사실 자신만의 관점을 갖는다는 것이 말처럼 쉬운 일은 아니에요. 투자 자체에 관한 공부와 더불어 철학과 역사 같은 인문학 공부도 필요할 수 있기 때문이죠. 요새 한국에서도 인문학 공부가 유행이던데요? 인문학 공부가 스스로 사고하는 힘과 맥락에 맞춰 사고할 수 있는 힘을 길러 주기 때문이랍니다. 하지만 무엇보다 중요한 것은 다른 사람들의 이야기나 의견에 ‘왜 이 사람들은 이런 생각을 할까?’라는 질문을 가지는 것입니다.”

“왜라고 물어보는 질문이요?”

“네, 관점 변화의 시작은 질문을 다르게 가지는 것에서 시작됩니다. 왜라고 묻기 시작하면 투자를 바라보는 태도도 달라지고, 그 답을 찾기 위해 공부를 하면 또 다른 지식도 얻게 되고, 그 경험이 쌓이다 보면 결국 자신만의 관점을 가질 수 있게 되는 것이죠. 일단 그냥 단순히 ‘왜?’라는 질문을 하는 것만으로도 최소한 전문가나 주식을 추천하는 사람들에 대한 무조건적인 믿음은 방지할 수 있으니까 이번처럼 손해 볼 일은 없겠죠? 정리해 보면 질문은 투자가로 하여금 생각하게 만들고, 질문에 대한 자신만의 답은 생각을 행동으로 옮기게 만듭니다. 투자의 성과는 사실 올바른 투자 종목을 찾는 것이라기보다 올바른 질문에 대한 올바른 답을 갖고 있느냐에 달려 있다고 해도 과언이 아닙니다. 역발상 투자가의 대가로 손꼽히는 데이비드 드레먼은 자신이 탁월한 투자가가 될 수 있었던 비결로 늘 보이는 현상을 그대로 받아들이기보다는 의심하고 질문하며 정확한 조사에 근거해서 판단하도록 했던 그의 아버지의 교육에 있었다고 말했답니다."

"모르고 있었던 것들이 참 많네요. 그런데 공부할 것이 너무 많은 것 같아서 해낼 수 있을지 점점 자신이 없어져요."

"네, 그러니까 처음부터 너무 무리하지 마시고 편하게 느껴지고 관심 있는 분야부터 조금씩 시작해 보는 것이 중요해요. 마치 시드 머니를 꾸준히 저축하는 것처럼요."

"네, 모든 것이 그렇듯이 고수 투자가의 천 리 길도 한 걸음부터 시작하는 것일 테니 힘내 볼게요."

"그리고 이번 기회에 꼭 잊지 말고 가슴에 새겨 두셔야 할 것은 아무리 투자의 철학과 원칙을 세우더라도 그것을 지킨다는 것이 얼마나 어려운 일인지 아는 것이에요."

"네, 코치님. 거기에 대해서는 정말 할 말이 없습니다."

"그렇다고 너무 심한 자책은 금물입니다. 그만큼 우리는 불안과 군중 심리에 휩쓸리기 쉬운 존재이기 때문에 누구나 겪기 쉬운 시행착오로 생각하시고 여유로운 마음을 가지는 것 또한 중요해요."

"정말 경험해 보니 무슨 말씀인지 마음에 와 닿아요. 오늘 코칭의 핵심은 '묻지 마 투자가 아니라 물어봐 투자를 하라.'로 정리해 볼 수 있을까요?"

"하하, 정말 멋진 정리인데요?"

"코치님의 가르침 가슴 깊이 새겨 둘게요. 그리고 코치와 코칭의 중요성도 깨닫게 되었어요. 코칭 좀 안 받았다고 이렇게 흔들리다니."

"아이가 걸음마를 배울 때, 스스로 걸을 수 있을 때까지 엄마가 손을 잡아 주는 기간이 필요하듯이 제대된 방식으로 스스로 투자를 할 수 있을 때까지는 코치의 존재가 큰 도움이 될 거라 생각합니다."

"제 투자 걸음마를 도와주셔서 감사합니다. 코치님!"

"힘내시고, 다음에 또 통화하도록 해요!"

❖ ❖ ❖

질문하는 힘, 생각하는 능력

강연과 교육을 통해 각계각층의 많은 사람들을 만나며 스스로 생각하는 사람들이 얼마나 적은지를 알고 놀랄 때가 있다. 특히 많은 엄마들이 대중 매체를 통해 쉽게 주어지는 정보들이나 주변의 통념들을 아무 의심 없이 받아들이고 그것에 쉽게 적응해 버리는 모습을 볼 수 있다. 도대체 왜 그럴까? 아무런 질문이나 의견 없이 들은 대로 따르는 게 훨씬 쉽고 안전하기 때문이다. 하지만 정말 그럴까? 예전에 한 유명 대중 매체와 인터뷰를 하고 매우 놀란 경험이 있다. 분명 하지 않은 말인데 필자의 말처럼 기사화되었던 것이다. 이 경험을 통하여 대중 매체가 전하는 정보나 이 사회에서 널리 인정받는 상식이 모두 진실이 아닐 수도, 의외로 허점이 많을 수도 있다는 사실을 깨닫게 되었다. 우리가 쉽게 접하는 텔레비전이나 인터넷 혹은 신문이 전하는 정보들을 검증하지 않고 따르는 것은 대세를 따른다는 느낌 때문에 안전하게 느껴지기 쉽다. 하지만 근거가 없는 사실이거나 실제와 다른 잘못된 정보일 경우도 있기 때문에 자신이 듣거나 읽는 내용들을 스스로 심사숙고하지 않은 채 무턱대고 받아들이는 것은 위험한 일이다. 따라서 명확한 교육 투자 결정을 위해서는 들려오는 소문을 그대로 믿지 말고, 어떤 정보든 그 출처와 근원을 조사해 보고, 신뢰할 수 있는지를 스스로 평가하고 판단하는 태도가 매우 중요하다.

그렇다면 어떻게 스스로 판단할 수 있는 힘을 기를 수 있을까? 스스로 생각하는 능력을 터득하는 최고의 방법은 무엇이라는 식으로 답하기는 쉽지 않다. 하지만 그런 능력을 기르기 위해 가장 기본적이고 중요한 것이 무엇인지는 금방 답할 수 있다. 바로 <u>스스로 질문해 보는 것이다</u>. 많은 사업가, 예술가 혹은 발명가 들은 남들이 묻지 않는 질문을 스스로에게 하며 다양한 아이디어를 얻는다. 스스로 하는 질문이 창의력의 기본이 되는 것이다. 이러한 창의력은 남들이 보지 못하는 것을 보게 도와줘 투자에 있어서도 나만의 관점을 키워 준다. 이 방법이 시간이 오래 걸린다고 생각하면 많은 사람들이 절대적으로 진실이라 생각하는 상식들이 실은 틀렸다고 판명되는 경우를 자세히 살펴보는 방법을 병행하면 도움이 된다. 실제로 어떤 일이 일어났는지 차근차근 살펴보고, 다수의 의견에 따르지 않았던 사람들이 가졌던 시각은 과연 어떤 것이었나를 조사해 보고, 무엇이 진실인지 꼭 스스로 확인하도록 하라. 주식 시장이 거품 상태였던 기간에는 주가가 현상 유지를 할 거라는 게 모든 사람들의 생각이었다. 하지만 그 기간이 지난 뒤 어떤 일이 벌어졌는지, 어떻게 소수의 사람들만이 이득을 챙겼는지 곰곰이 생각해 보는 것이 큰 도움이 된다.

유대 민족은 인구 1500만 명으로 전 세계 인구의 0.2퍼센트밖에 안 되지만 역대 노벨 수상자의 30퍼센트, 미국 아이비리그 학생의 25퍼센트, 세계 억만장자의 30퍼센트를 차지한다. 하버드 재학생 비율만 봐도 한·중·일 동북아 아시아계 학생 비율이 4.25퍼센트인데 비하여 유대 민족은 30퍼센트에 가까울 정도로 탁월한 교육 투자 성과를 내고 있다. 필자가 하버드 케네디 스쿨에서 수학할 때 지도 교수는 유대인이었다. 낸시 캐츠 교수는 하버드 학부를 최우등으로 졸업할 정도로 뛰어난 분이셨는데, 하루는 개인 면담 시간에 이런 질문을 한 적이 있다.

"교수님, 어떻게 그렇게 공부를 잘하셨어요?"

"난 게으른 편인데, 아마도 어린 시절 아버지가 랍비셔서 유대 회당인 시나고그에 자주 가서 받았던 교육 때문에 남들보다 성과가 잘나는 편인 거 같아요."

"어떤 교육을 받으셨는데요?"

"유대 성서인 토라 한 구절에 대한 여러 랍비들의 다양한 해석을 보여 준 후, 아직 어린아이였던 우리들에게 왜 각 랍비들이 그렇게 해석했을까를 질문하고 각자 자신의 의견을 말하고 토론하도록 교육받았죠."

그 답변을 듣는 순간, 획일화된 하나의 정답을 찾고, 권위자의 의견을 무조건 따르도록 한국에서 교육받아 온 스스로를 돌아볼 수밖에 없었다. 유대인들의 창의성과 독특한 관점이 어디에서 비롯되는지를 깨달을 수 있는 기회였다.

또 미국 대통령 오바마 선거 캠프의 고문이었던 마셜 갠즈 교수로부터 '도덕적 리더십(Moral Leadership)'이라는 수업을 들은 적이 있는데, 그분 또한 유대인이었다. 그는 이 수업을 저명한 유대인 랍비 힐렐을 기념하여 세워진 하버드 힐렐 센터의 대표이셨던 버나드 스타인버그 교수와 함께 팀 티칭으로 수업을 진행했다. 그때 처음으로 유대인의 '하브루타(Chevruta)' 교육법을 직접 경험하게 되었다. 하브루타라는 용어는 유대감 혹은 동료애를 의미하며, 친구를 뜻하는 '하베르(Chaver)'에서 유래되었다고 한다. 쉽게 설명하면 두세 명 혹은 학급 전체가 주어진 텍스트의 의미에 대해 각자의 질문을 가지고 함께 논의하고 토론하여 이해하는 방식이다.

"나의 의견과 주장은 무엇인가?"

"과연 내 생각은 바른 생각인가?"

"내 생각이 옳다고 주장하는 근거는 무엇인가?

"내가 전제하고 있는 가정은 무엇이며 신뢰할 만한 것인가?"

"다르게 바라볼 수는 없는가?"

"더 좋은 방안은 없을까?"

"이외의 다른 대안은 무엇인가?"

"기존의 생각과 달리 생각해 볼 여지는 없는가?"

위와 같은 질문을 스스로와 상대방에게 묻고 각자의 의견을 교환하는 과정을 통해 참여자들은 자연스럽게 자신의 관점을 주장하고 방어하는 기회를 가지게 된다. 동시에 각 참여자들의 관점을 다각도로 살펴봄으로써 깊은 사유에 이를 수 있고, 이를 바탕으로 자신만의 관점을 확립하는 데 큰 도움을 받을 수 있다. 질문과 토론 중심의 하브루타 방식은 어떤 사실이나 주어진 텍스트에 대해 개인적인 편견과 독단을 버리고 접근하게 해 줌으로써 비판적 사고력과 더불어 다양성과 창의성을 키워 주는 훌륭한 교습 방법임을 몸소 체험할 수 있었던 기회였다.

하브루타 방법에서도 알 수 있듯이 자기만의 관점을 가질 수 있는 가장 핵심 능력은 다름 아닌 '질문'하는 능력이다.

1944년도에 노벨 물리학상을 받은 유대인 이시도르 라비 박사는 인터뷰에서 자신의 모든 성공을 어머니의 질문 덕으로 돌렸다.

"학교가 끝나서 집에 가면 다른 어머니들은 한결같이 '오늘 학교에서 무얼 배웠니?'라고 물었습니다. 하지만 제 어머니는 그 대신 '오늘은 학교에서 무엇을 질문했니?'라고 물으셨습니다."[14]

강연을 하면서 다음과 같은 질문을 할 때가 있다.

"인생을 살아가면서 내 인생을 결정하는 가장 중요한 것이 무엇이라고 생각하시나요?"

이 질문에 관해 그동안 만나 온 수천 명의 청중들은 꿈, 가치관, 열정, 가족, 돈 등과 같은 대답을 한다. 물론 모두 일리가 있는 이야기들이다. 하지만 인생을 결정하는 가장 중요한 것은 바로 '질문'이라고 생각한다. 우리는 무의식적으로 끊임없이 스스로에게 질문하면서 살아가는 존재이기 때문이다. 예를 들면 '오늘은 뭐할까?' '뭐 먹을까?' '내년엔 어디 학교에 진학할까?' '어떻게 하면 더 편하게 살 수 있을까?' 등등이다. 우리들은 자기 스스로에게 이러한 질문들을 던지며, 그 질문들에 대한 답을 찾아가는 존재이다. 불가의 스님들은 '화두'를 붙잡고 그 화두를 평생 스스로에게 물어 가며 진리를 추구해 나가기도 한다. 마찬가지로 부자가 되고 싶은 사람은 '어떻게 하면 돈을 많이 벌 수 있을까?'를 스스로에게 끊임없이 물을 것이고, 지위를 원하는 사람은 '어떻게 하면 높은 자리에 오를 수 있을까?'를 물을 것이다. 그리고 이렇게 자기 스스로에게 자주 하는 질문에 따라 한 사람이 어떻게 살아갈지가 결정된다.

자랑스러운 한국인 중 한 명으로 세계 무역 센터 부총재인 이희돈 박사는 옥스포드 종신 교수이면서 노벨 재단의 이사이기도 하다. 이희돈 박사는 노벨상을 1회 이상 수상한 노벨상 수상자들만 참여할 수 있는 파티에 참석한 적이 있다고 한다. 노벨 수상자들의 대화를 경청하던 이희돈 박사는 노벨 수상자들의 질문이 일반인들의 질문과 다르다는 사실을 깨달았다. 노벨 수상자들은 적어도 30년 후의 일을 마치 오늘날의 일처럼 질문하고 답변하고 있었던 것이다. 일본의 빌 게이츠라 불리는 소프트 뱅크 손정의 대표는 300년 후의 세상에 관해 질문한다고 한다. 내가 하는 질문의 시간과 공간 범위는 얼마나 되는지 한번 생각해 보자.

실제 질문의 수준에는 다음과 같은 세 가지 단계가 있다.

첫째, 질문이 없는, 노예의 수준이다. 노예에게는 질문이 필요 없기 때문이다. 노예는 자신의 생각을 가질 필요가 없으며 따라서 질문 또한 가질 필요가 없다. 예를 들어 주인이 노예에게 '물 한잔 떠오라!'라고 명령했다고 하자. 노예는 '네!'라고 말하면 될 뿐, '왜요?'라고 절대 질문할 수 없다.

둘째, 평범한 질문을 하는 수준이다. 평범한 질문은 '무엇을(What)?' '어떻게(How)?'를 주로 묻는 수준이다. 자신을 한번 돌아보자. '오늘 무엇을 어떻게 할까?'를 주로 물으며 살고 있지 않은가? 이런 평범한 질문을 하는 경우는 다음과 같이 살아가게 될 가능성이 농후하다.

'나는 남들 보기에 번듯한 대학에 입학하기 위해 초·중·고등학교에서 하기 싫은 공부를 억지로 하느라 죽을 지경이었다. 그 후 나는 남들 보기에 번듯한 직장을 얻기 위해 스펙을 준비하고 대학(원) 과정을 마치느라 죽을 지경이었다. 그 후 나는 남들 보기에 번듯한 결혼을 하고 애들을 낳아 번듯하게 교육하느라 죽을 지경이었다. 그 후 나는 남들 보기에 번듯하게 승진하고, 잘리지 않기 위해 일하느라고 죽을 지경이었다. 지금도 나는 죽을 지경이다. 갑작스레 내가 왜 이렇게 죽도록 살아왔는지 내 삶의 의미에 대한 회의 때문에 너무나 허탈하고 공허하기 때문이다.'

1단계에서 살펴보았듯이 '내가 생각하는 성공이란 무엇인가?' '내가 진정으로 원하는 것은 무엇인가?' '내가 생각하는 행복이란 무엇인가?'와 같은 질문들을 통해서 자신만의 성공관과 행복관을 정립하지 않는다면, 위의 이야기처럼 인생의 방향성 없이 자신의 삶을 한 번도 살아보지 못한 채, 남들 하는 대로 따라 살다가는 인생이 되기 쉽다.

셋째, 좋은 질문을 하는 수준이다. 그렇다면 좋은 질문이란 무엇일까? 산업화 시대에는 위에서 내려오는 지시들을 잘 따르는 개미와 같은 산업화 일꾼이 필요했기 때문에 노하우(knowhow)에 대한 답이 중요한 시대였다. 따라서 '무엇을 어떻게?'라는 질문이 중요했고, 그에 대한 답이 중요했다. 그간 수많은 청중들을 만나면서 공통적으로 관찰할 수 있던 현상은 학부모, 교사 들이 문제의 본질을 깊이 생각하기보다는 모두 빠른 답에 집착하는 태도였다. 왜 그러한지 곰곰이 생각해 본 결과 학창 시절 빠르게 답을 골라내지 못하면 좋은 성적을 받지 못하고, 결과적으로 입시 경쟁에서 뒤지게 되어, 사회에서의 경쟁에서도 도태되고 말았던 경쟁 위주의 환경 속에서 형성된 두려움과 불안함 때문이라는 사실을 알게 되었다.

좋은 답을 얻기 위해서는 무엇보다 좋은 질문이 우선되어야 한다. 세계 3대 경영학자 중 한 명으로 손꼽히는 오마에 겐이치는 모든 문제의 핵심 원인을 파악하는 것이 문제 해결 과정 중 가장 큰 비중을 차지한다고 말한다. 예를 한번 들어 보자. 요즘 크게 문제가 되고 있는 학교 폭력에 관해서 많은 해결책들이 논의되고 있다. 하지만 우리는 정작 '학교 폭력의 근본적인 원인이 무엇인가?'에 대해 깊이 생각해 보고 질문을 던져 본 적이 있는가? 이 문제에 대해 "학교 폭력 예방과 대처 강의를 한다." "체육 시간을 늘린다." "빵 셔틀 신고 제도를 만든다."라는 식의 대증적인 답들과 대처 방안들이 대부분이다. 근본적인 원인에 대해 고민하지 않았기 때문에 근원적인 해결책을 찾지 못하고 있는 것이다. 질문에 대한 숙고 없이 빠른 해답만을 찾는 식의 태도로는 절대 답을 찾을 수 없다.

　그렇다면 어떤 질문이 좋은 질문일까?

　어떻게(How)에 앞서 왜(Why)를 물어야 한다. '왜 공부하는가?' '왜 일하는가?'에 대해 깊이 생각해 본 적이 있는가? 물론 쉽게 답할 수 없는 질문일 수도 있지만 이에 대해 숙고해 본 사람과 아닌 사람의 차이는 참으로 크다고 할 수 있을 것이다. 자신이 하고 있는 행동의 이유를 아는 사람과 모르는 사람은 삶에 임하는 태도 자체가 달라지기 때문이다. 지금까지 대한민국은 제한된 자원을 최대로 활용하기 위해 먼저 앞선 사례들 중 가장 뛰어난 사례를 모방해서 따라잡는 빠른 추격자 전략으로 기적적인 산업 발전을 이루었다. 이 방식으로 삼성 전자는 세계 최고의 전자 회사로 손꼽히던 소니를 앞서 나가기 시작했다. 따라잡을 추격자가 있을 경우에는 선두 주자의 방법을 연구하면 되기 때문에 '어떻게(How)'에 초점을 둔 질문이 중요하다. 하지만 자신이 선두가 되었을 경우에는 방법론적 질문에 앞서 '왜(Why) 하는가?'라는 방향성에 중점을 맞춘 질문이 중요해지게 되는 것이다.

　아인슈타인은 "문제에 대한 해결책은 그 문제가 발생했을 때와 동일한 이해력 수준에서는 절대 나오지 않는다. 같은 행동을 반복하면서 다른 결과를 나오기를 바라는 것을 광기라 한다."라고 말했다. 이를 응용하여 "문제가 발생했을 때의 질문 수준으로는 발생한 문제를 절대 풀 수 없다. 같은 질문을 반복하면서 다른 답이 나오기를 바라는 것이 바로 광기이다."라고 말하고 싶다. 영화 「올드보이」의 클라이맥스 장면이 떠오르는가? 주인공을 가둔 이가 15년간 영문도 모른 채

간혀 있던 주인공에게 던지는 대사이다.

"당신의 진짜 실수는 대답을 못 찾은 게 아니야. 자꾸 틀린 질문만 하니까 맞는 대답이 나올 리 없잖아."[15]

갇혀 있던 이유에만 집착하며 헤매던 주인공에게 문제 해결의 실마리를 찾을 수 있는 힌트가 되었던 말이다. 올바른 문제 해결의 핵심은 바로 '올바른 질문'에 달려 있음을 잘 보여 주는 장면이다.

그렇다면 왜 좋은 질문이 좋은 답을 이끌어 낼 수 있는가에 대해 생각해 보자. 예를 들어 우리가 새 신발을 샀다고 가정해 보자. 새 신발을 산 날부터 우리는 평소에는 신경 쓰지 않던 다른 사람들의 신발에 자연스럽게 관심을 가지게 된다. 새 신발뿐 아니라 새로운 장신구를 사거나 새 옷을 사거나 새 차를 산 경우에도 마찬가지로 자신이 관심을 가지게 된 관련된 사물이나 사건들, 사람들이 눈에 띄기 시작한다. 자신이 가진 질문들을 끈기 있게 던질 때 관련 힌트들이 하나둘 눈에 띄고, 그러한 힌트들이 한쪽에서 다른 편으로 건너가게 만드는 징검다리의 역할을 해 결국에는 답에 이르도록 한다. 필자의 경우도 하버드 케네디 스쿨에 지원하면서 주변에 하버드에 유학했던 이들이 없어서 참 막막하였다. 하지만 '나는 왜 하버드에 지원하고자 하는가?'라는 질문에 우선순위를 두고 '하버드에 가려면 무엇을 준비해야 하는가?' '어떻게 준비해야 하는가?'라고 순차적으로 꾸준히 질문한 결과 마치 하나씩 물 위로 드러나는 징검다리의 돌들처럼 질문을 통해 힌트들이 다가왔고, 많은 사람들의 도움으로 하버드 케네디 스쿨에 합격할 수 있었다.

요약하면, <u>성공적인 교육 투자를 위해서는 엄마가 먼저 질문을 통해서 자신만의 관점을 키울 수 있어야 한다.</u> 그뿐만 아니라 우리 자녀들이 스스로 생각할 수 있는 판단력과 통찰력을 길러 주기 위해서도 좋은 질문들을 던지고, 이를 바탕으로 함께 토론하는 것이 중요하다. 이를 통해 아이들은 자신만의 머리로 생각하고 자신만의 관점으로 세상을 바라볼 수 있게 되기 때문이다. 아무리 부모이지만 자식을 대신해서 인생을 어떻게 살 것인지 생각해 줄 수는 없는 법이다. 아이들이 어떻게 살아갈지를 스스로 결정하고, 미래를 직접 계획하며, 혼자 힘으로 길을 발견할 수 있도록 도와야 한다. 결코 다른 누구의 꿈을 위해서, 부모의 꿈을 위해서 살아서는 안 된다. 가장 만족스러운 삶의 방식이란 자기 자신의 꿈을 향해 열심히 노력하며 살아가는 것이기 때문이다. 진정으로 아이를 사랑한다면 엄마는 아이가 엄마 자신이 이루지 못한 꿈을 대신 살아 주길 바라서는 안 된다. 부모의 욕망에서 비롯된 꿈을 억지로 주입하는 것은 아이에게 비전과 희망의 꿈이 아닌 절망과 낙담의 악몽이 될 수 있기 때문에 매우 주의해야 한다. 깊은 사랑에 바탕을 둔 교육 투자는 아이 스스로가 가장 자신답게 타고난 재능을 꽃피우며, 자기만의 인생을 충만하고 행복하게 살아가도록 돕는 것이다.

엄마 투자가 4단계 추천 도서 

『부모라면 유대인처럼 하브루타로 교육하라』, 전성수(예담friend, 2012)

『딸에게 전하는 12가지 부의 비법』, 짐 로저스, 성귀수 역(중앙북스, 2007)

『공부의 신들도 모르는 문제 해결의 기술』, 와타나베 겐스케, 이수경 역(삼성출판사, 2008)

교육 투자 포인트와 실전 전략 실행 팁

교육 투자 포인트

스스로의 머리로 생각하라. 내 아이에게 장기적으로 좋은 교육이 될지 스스로 질문하고 답하는 가운데 형성된 자신만의 관점을 가지고 교육 투자 의사 결정을 하라.

개미 엄마 vs. 고수 엄마

개미 엄마	고수 엄마
스스로 묻고 답을 찾는 과정 없이 다른 사람들의 답에만 의존한다. 주변 엄마들, 신문이나 TV, 인터넷의 정보를 생각 없이 받아들이며, 자녀의 고유한 특징을 고려하지 않은 채 대세를 따라 줏대 없이 교육한다.	스스로 묻고 답함으로써 자신만의 뚜렷한 관점과 기준을 가지고 주변 엄마들이나 TV나 신문 혹은 인터넷에서 얻게 되는 정보를 검증하며, 자녀에게 가장 적합한 교육 환경을 제공하도록 노력한다.

교육 투자 전략 워크북 — 5 Why 기법

이번 단계에서 소개하고자 하는 경영 전략은 경영 컨설턴트들이 즐겨 사용하는 '5 Why 질문법'이다. 이는 도요타 자동차의 도요타 사기치가 개발한 컨설팅 기법으로, 해결해야 할 문제가 주어지면 '왜 이 문제가 생겼는가', '그 원인은 왜 발생했는가'를 다섯 번 연속해 질문하는 것이 핵심이다. 질문을 통해 문제의 궁극적인 원인을 찾고 해결책도 발견하는 방법이다. 다섯 번에 걸친 '왜?'라는 질문의 반복은 자동차 생산에 대한 도요타의 기본자세를 잘 보여 준다. 켄터키 주 조지타운에 있는 도요타 공장 정문 위에는 "뭔가 잘못된 것이 있으면 왜 그렇게 되었는지 다섯 번 질문하자."라고 적혀 있다고 한다.

마찬가지로 교육 투자 결정에 있어서도 자신만의 독립적인 생각을 가지고 소신 있는 교육 투자 결정을 하거나 정보의 신뢰성을 확인할 수 있도록 5 Why 기법을 활용해 보자.

> **옆집 엄마가 추천한 OO교육이 정말 내 아이에게 필요할까?**
> **그 정보를 확실히 믿을 수 있을까?**

왜? ____

____

왜? ____

____

왜? ____

____

왜? ____

____

왜? ____

____

엄마 투자가 5단계
실수와 실패를 '자산화' 하라

"안녕하세요, 코치님. 저 재웅이 엄마예요."

"네. 잘 지내셨죠?"

"코치님, 오늘은 코치님께 마음 코칭을 먼저 부탁드려도 될까요?"

"네? 갑자기 마음 코칭이라니요?"

"저한테 주식을 추천해 주었던 친구가 영희인데요. 주식을 잃은 게 영희 탓인 양 원망하는 마음이 들어서요. 그래도 친구 딴에는 도와주겠다고 한 것이기는 한데, 그래도 자꾸 탓하는 마음이 생겨서 괴로워요. 어떻게 하면 좋을까요?"

"아, 네. 우선 질문을 하나 드려 볼게요. 그 주식은 왜 사셨어요?"

"영희가 추천해 주어서 샀어요."

"네, 그런데 친구가 추천을 해서 누가 산 것이지요?"

"그건 제가……. 영희가 추천했지만 결국 제가 샀죠."

"만약에 친구 말대로 주식이 올라서 큰 수익이 생겼다면 얻은 수익을 친구에게 주려고 하셨어요?"

"아니요, 그건 아니지요. 작은 선물 정도야 할 수는 있겠지만, 제 돈 들인 거고, 제가 마음고생 한 건데 번 돈도 제 것이지요. 당연한 것 아닌가요?"

"네. 당연하지요. 그렇다면 반대로 재웅 어머니가 돈을 투자해서 주가가 떨어졌을 경우 그 손해는 누구의 책임이 되는 것일까요?"

"음…… 제 책임인 것 같아요. 아니, 결국 제 책임이지요."

"인정하기 싫으시겠지만 투자로 손실이 발생했을 때도, 이익을 봤을 때도 자신의 의사 결정으로 벌어진 일이니 철저히 스스로가 책임져야 합니다. 코칭 시작하시기 전에 저에게 해 주셨던 세 가지 약속 중 두 번째 약속 기억나세요?"

"두 번째 약속이요? 아! 네. 제가 한 투자에 선택에 대해서 스스로 100퍼센트 책임지기요."

"다시 한 번 강조하지만 투자하면서 자신의 선택에 책임지는 것은 정말 중요합니다. 그래야만 남 탓하는데 시간을 허비하지 않고, 자신이 왜 손실을 봤는지 고민하고 분석해서 다음 기회에 그 실수를 되풀이하지 않을 수 있기 때문이지요. 투자를 하는 많은 사람들은 손실이 나면 남을 탓하고, 또 다른 사람을 찾아 그 사람의 추천에 의지하고, 또 손해를 보면 다른 사람을 찾고는 합니다. 이렇게 개미 투자가들은 다른 사람들에게 기대고 싶은 유혹을 뿌리치지 못하고 계속 남들의 의견을 따라다니게 됩니다. 하지만 이런 패턴이 계속 반복되면 장기적으로 손해를 볼 확률은 커질 수밖에 없고, 그러다 보면 주식을 추천해 준 주변의 모든 사람들이 나쁜 사람들이 되어 인간관계도 안 좋아지고 말겠지요? 스스로 책임지지 않는다면 이런 악순환이 계속됩니다. 그래서 이런 악순환을 막아 주는 것이 바로 '내가 한 투자 선택은 100퍼센트 내가 책임진다.'라는 원칙이랍니다. 책임 의식이 생기면 어떻게 의사 결정을 할지 많이 신중해지게 되거든요. 그리고 이 원칙이 바로 자신의 생각과 감정에 책임지고, 올바르게 판단할 수 있는 든든한 기반이 되어 주죠.”

“코치님 말을 듣고 보니 진짜, 저 개미 중에서도 왕초보 개미라는 사실을 다시 한 번 확인하게 되네요. 그런데 막상 제 돈이 직접 관련되니 감정 다스리기가 정말 쉽지 않아요.”

“그렇지요? 그래서 제가 처음부터 투자의 이유와 원칙이 중요하다고 그렇게 여러 번 강조한 거예요. 제가 말씀드린 관점으로 바라보면 친구 분도 재웅 어머니께 투자에 대한 태도를 바꿀 좋은 배움의 기회를 주었다고 생각해 볼 수 있지 않을까요? 하하.”

“그렇긴 하네요. 아직까지 좀 씁쓸하긴 하지만요. 정말 잘되면 내 탓, 안 되면 조상 탓하고 싶은 게 사람 마음인가 봐요.”

“하지만 이번 실패로 하나의 실험을 했다고 생각하고, 그 실험에서 얻은 교훈으로 다음을 준비하면 되는 거니까 너무 자책하거나 실망하지 마세요.”

“그렇게 말씀해 주시니 참 감사해요.”

“그러면 재웅이 어머니, 그동안 투자의 원칙은 좀 생각해 보셨나요?”

“네, 지금까지 코치님과 대화하면서 많이 정리가 되었어요. 제 투자의 원칙을 아우르는 주제는 ‘절대로 개미 투자가가 되지 않겠다!’가 좋겠어요. 일확천금을 기대하는 허황된 마음으로 주식 시장에 뛰어들어 높은 가격으로 매수했다가 군중 심리에 따라 두려움과 불안에 휩싸여 낮은 가격에 팔고 나오는 개미 투자가는 절대로, 절대로 되고 싶지 않네요."

"그것도 좋은 생각인데요? 그러면 '절대 개미 투자가는 되지 말자.'를 적용할 수 있는 구체적인 원칙들을 찾아보면 좋을 것 같아요. 재웅 어머니를 심리적인 동요로부터 보호해 줄 어떤 원칙들이 있는지 한번 생각해 보셔요. 예를 들면, '손절매를 어느 시점에서 해야 하는가?'도 그중 하나가 될 수 있겠지요. 만약 그 원칙을 가지고 있었다면 아마 지금만큼 큰 손해를 보지 않았을 테니까요."

"손절매요?"

"영어로는 'Stop-loss'라고 하는데, 말 그대로 손해를 멈춘다 혹은 손해를 잘라낸다는 뜻이에요. 지난 세 번째 코칭 시간에 제가 매수했던 주식이 30퍼센트가 떨어지면 우선적으로 매도한다고 했던 이야기 기억나시죠? 다시 말해 더 큰 손해가 발생하기 전에 손해를 방지하는 것을 의미해요. 그리고 손절매는 실패를 다루는 법과도 관련이 있어요."

"손절매가 실패를 다루는 법과 관련이 있다고요?"

"네, 투자가들은 누구나 실패의 경험이 있어요. 투자의 초절정 고수 워런 버핏 회장님도 실패를 많이 하셨거든요. 제가 하루는 '회장님, 지금까지 해 왔던 실패에 대해 이야기해 주실 수 있나요?' 하고 묻자 '질문에 답하기 전에 먼저 확인할 것이 있네. 자네 시간이 충분히 있나? 내가 실패한 사례를 이야기하려면 며칠이고 계속해야 하기 때문이라네. 대표적인 사례로 하버드 경영 대학원에 불합격한 일, 자네가 지금 일하고 있는 버크셔 해서웨이를 인수했던 일 등 그 수를 헤아릴 수가 없지.'라고 웃으며 말씀하신 적이 있어요. 그 정도로 투자가에게 실수와 실패란 자연스러운 것이랍니다. 따라서 투자가는 결코 실수와 실패를 두려움의 대상으로 여겨서는 안 된답니다."

"버크셔 해세웨이가 실패였다고요?"

"네, 사실 버크셔 해서웨이는 지금에야 세계적인 투자 회사로 우뚝 섰지만, 워런 버핏 회장님이 인수할 때만 해도 이미 사양 산업이었던 섬유 회사를 인수한 거라서 큰 손해를 보셨거든요. 그 회사 이름을 지금의 투자 회사에 그대로 가져온 것이지요. 버크셔 해서웨이란 이름을 그대로 쓴 것은 결코 같은 실패를 결코 반복하지 않겠다는 버핏 회장님 자신의 결심 때문이었다고 하시더군요."

"그렇군요. 천재 뉴턴도 그랬다고 했는데, 투자의 신으로까지 칭송받는 워런 버핏 회장님도 실패를 하시네요. 하물며 저 같은 범인은 말할 것도 없겠지요?"

"그럼요. 누구나 실수나 실패하기 마련이지요. 주식 투자에서도 마찬가지이고요. 물론 주식의 경우에는 자신과는 상관없는 거시적인 흐름에 따라 손실이 나타나는 경우도 있지만, 만약 자신의 실수로 손실이 발생했을 경우에는 그 사실을 겸허히 인정하고 재빨리 손을 털고 나오는 것이 중요해요. 손절매를 통해 장기적으로는 추가 손실을 막을 수 있기 때문이지요. 하지만 손절매를 함으로써 손실을 최소화할 수 있다는 것을 알면서도 막상 실행에 옮기기는 쉬운 일이 아니랍니다. 손해를 싫어하는 사람의 본능 때문인데요, 그렇기 때문에 얼마만큼 손해를 보았을 때 손절매 할 것인지, 반대로 얼마나 수익이 났을 때 주식을 매도할 것인지를 구체적인 숫자로 정해 놓는 것이 매우 중요해요. 3단계에서 배운 원칙의 중요성 기억하시죠?"

"정말 그렇겠어요. 저는 아무래도 초보니간 코치님처럼 손절매는 30퍼센트, 목표 수익률은 20퍼센트로 따라해 보면 어떨까 싶네요. 이상하게 돈이 개입되면 이성적인 판단이 정말 힘들어지더라고요."

"그러니까 사람이지요. 그래서 제가 투자가에게 손절매와 목표 수익률에 대한 원칙들을 비롯해 투자 원칙들의 중요성을 이토록 강조하는 것이기도 해요. 그리고 투자 원칙들을 정하기 위해 어느 정도는 이번 일과 같은 작은 실수와 실패들은 필수적입니다. 그래야 자신만의 투자 원칙을 확실히 만들 수 있을 테니까요. 처음에는 누군가를 따라서 시작해 보는 것도 괜찮지만 궁극적으로는 자신에게 맞는 투자 전략을 계발해야 합니다. 그래서 전설적인 개인 투자가 제시 리버모어는 주식 시장에서 반드시 돈을 잃어 봐야 한다고 했습니다. 그래야 교훈을 제대로 배워 자신에게 적용할 수 있기 때문이라고요. 그런 의미에서 재웅이 어머니는 투자 공부 제대로 시작하셨다고 할 수 있지요?"

"코치님, 또 놀리시는 거예요?"

"하하, 이제 저희가 좀 친해진 것 같나요? 제 이야기는 시행착오를 겪을 때 단순히 실수나 실패라고 생각하지 말고, 최종 성공을 위한 '실험'이라고 생각해 보면 좋겠다는 의미입니다. 저는 그렇게 생각하면서 실수와 실패들을 받아들이거든요. 그러니까 얼마간의 실수와 실패는 본래 투자에 포함돼 있는 비용이라고 생각하고 너무 실망하지 않으셨으면 좋겠어요."

"실수와 실패가 실험이고, 원래 투자에 포함되어 있는 비용이라고요? 물론 그렇긴 하겠지만……. 그런데 그동안 실수를 하거나 실패해 본 경험들을 뒤돌아보면 감정적으론 꼭 유쾌하지 않은 경우가 많은 것 같아요. 아니 솔직히 참담할 때도 많고요."

"누구나 실수나 실패를 싫어하기 마련이죠. 하지만 아기가 걸음마를 배우기 위해서 수도 없이 넘어지는 경험을 하듯이 초보 투자가 역시 실패와 시행착오는 필수 불가결하답니다. 세계적인 베스트셀러 작가 로버트 기요사키란 인물에 대해 혹시 들어 보신 적이 있으신가요?"

"기요사키요? 네, 남편 서재에서 『부자 아빠 가난한 아빠』란 책 표지를 본 적이 있는 것 같아요"

"네, 맞아요. 로버트 기요사키를 가르친 부자 아빠는 어린 시절부터 로버트 기요사키에게 실수나 실패 후에 무엇을 배울 수 있는가에 초점을 맞추도록 가르쳤다고 해요. 부자 아빠는 실수나 실패를 피하는 방법이 아닌, 실수와 실패를 통해 배우고 성장하도록 격려했다고 하더라고요. 이런 배움의 차이가 일반적인 학교 교육과 실제 세상에서 필요한 교육과의 차이라고 가르쳤답니다. 그래서 로버트 기요사키는 어릴 때부터 자신의 실수와 실패들을 통해 많은 실험을 했고, 그 실험들에서 얻은 교훈을 통해 큰 부자가 되었습니다. 그 교훈들을 정리한 것이 바로 『부자 아빠 가난한 아빠』 시리즈가 되었고, 지금까지 세계적으로 3000만 권 넘게 판매되는 세계적인 베스트셀러가 되었답니다."

"아, 로버트 기요사키도 많은 실수와 실패를 경험한 사람이었군요."

"실수와 실패가 주는 유익이 한 가지 더 있습니다."

"네, 또 다른 이익이요?"

"실수와 실패는 우리를 좌절시키는 것이 아니라 오히려 우리의 투자 철학과 원칙을 시험하는 좋은 기회를 제공해 주기도 합니다. 대부분의 개미 투자가들은 자신만의 철학과 원칙을 기껏 만들어 놓고서도 조금만 어려운 상황이 닥치면 그것을 지키지 않는 경우가 비일비재하거든요. 재웅이 어머님도 지난번에 경험해 보셔서 무슨 말인지 잘 이해하실 거라고 생각해요. 정말 어려운 상황 속에서도 자신의 투자 철학과 원칙을 지킬 수 있느냐가 바로 고수 투자가가 되느냐 개미 투자가가 되느냐를 결정하게 되지요. 자신의 투자 철학과 원칙이 실수와 실패라는 정련 과정을 겪을 때까지는 제대로 증명된 투자 방법을 가지고 있다고 할 수 없어요. 그렇다고 무작정 남들의 투자 철학을 따라 한다고 되는 것도 아니고요. 구구절절한 사랑 노래를 들어도 오직 직접 사랑을 경험해 본 사람이 그 노래에 깊이 공감할 수 있듯이, 실수와 실패를 통해 자기만의 투자 철학과 원칙을 개발할 때만이 진정 자기만의 투자 철학과 원칙을 가졌다고 말할 수 있어요. 그런 관점에서 실수와 실패는 투자에 필수적인 요소일 수밖에 없습니다."

"참 깊이 있는 말이네요. 오늘 친구에게 감사의 문자라도 보내야겠어요. 친구 덕분에 코치님이랑 이렇게 대화도 하고 배울 수 있었으니 투자 손실을 투자 코칭의 수업료로 생각하면 그렇게 아깝지만은 않네요. 수업료가 좀 비싼 측면이 있긴 하지만요……."

"하하, 긍정적인 태도가 참 멋지신 걸요? 그럼, 다음에 또 연락하기로 할까요?"

"네 오늘도 소중한 시간 투자해 주셔서 감사합니다, 코치님!"

"네, 다음에 뵈어요."

❖ ❖ ❖

실패와 실수를 인생의 자산으로

대한민국에서 교육을 받으며 배우는 데 참으로 많은 시간이 필요했던 것은 바로 실수와 실패를 자산화 하는 법이었다. 지난 세월을 돌이켜 보면 실수에 대한 후회와 실패에 대한 두려움에 사로잡혀 참 많은 에너지와 시간들을 낭비했음을 고백하지 않을 수 없다.

발표 중심의 토론 수업이 많았던 하버드 케네디 스쿨에서의 첫 학기 기억이 떠오른다. 한 학기 동안 수업 시간에 단 한마디도 입을 떼기가 어려워 식은땀이 흐르던 기억이다. 동양의 학습 문화는 "벼는 익을수록 고개를 숙인다." "빈 수레가 요란하다."는 말에서 보는 것처럼 침묵을 중시하는데 반해, 서양의 학습 문화는 '모르면 침묵한다.'는 정반대의 논리가 작동하고 있었다. 그 논리를 머리로는 알겠는데, 한국에서만 교육받고 자라서 원어민이 아니라는 부담감과 그로 말미암아 스마트한 원어민 영어를 구사하는 동기들이나 교수님 앞에서 혹시나 망신을 당하지 않을까 하는 두려움으로 인해, 수업 시간에 전형적인 동양의 조용한 학생으로 존재해야 했다. 첫 겨울 방학 리더십 수업 시간에 처음으로 입을 떼기 시작해, 함께 수업을 들었던 동료 모두로부터 멋진 답변이라고 박수갈채를 받았던 경험 이후로 조금씩 나아지기 시작했지만, 실수와 실패의 두려움을 넘어서는 일은 졸업 때까지 계속해야만 하는 도전이었다.

유학 생활의 경험을 통해 왜 이토록 실수와 실패를 두려워하는가에 대해 생각해 볼 기회가 있었다. 그 결과 어린 시절부터 학교에서 교육받은 습관 때문에 그렇다는 사실을 깨달았다. 그간 수많은 강의를 진행하면서 전전긍긍하던 유학 시절의 모습을 초등학생, 중학생, 고등학생, 대학생, 학부모, 교사와 교수에 이르기까지 다양한 청중으로부터 공통적으로 발견할 때가 종종 있다. 앉은 자리에서는 혼자 답을 잘하지만, 막상 마이크를 주고 발표하도록 하면 대부분의 청중들은 불편한 심경을 느끼는 경우가 대부분이다. '답이 틀리면 어떻게 하지?' '내가 이렇게 말하면 어떻게 보일까?' 하고 생각하며 실수와 실패에 대한 두려움에 사로잡히기 때문이다. 성적이 우수한 학생들이 많다는 한 학교에서 강의를 진행했던 기억이 난다. 머리 좋은 학생들이 많았던 만큼 강의 후 많은 질문을 받게 되었는데, 적지 않은 수가 "꿈이 있지만 실패할까 두려워요. 실패하면 어떻게 해야 하죠?" 혹은 "제가 원하는 꿈을 이루려면 시험을 잘 봐야 하는데요. 만약 시험을 망치면 어떻게 하죠?"와 같이 실패에 대한 두려움과 관련된 질문을 했다. 입시 위주의 교육 과정 속에 빠르게 정답을 찾아야 하는 교육 환경과 패자 부활전의 기회가 적은 사회적 환경의 영향이 강하기 때문이라고 생각되었다. 하지만 이는 단지 한국에 국한된 문제로 보이지만은 않는다. 성공한 사업가이자 부자 연구가로 유명한 혼다 켄에 의하면 캐나다의 백만장자 부모들은 현재의 학교 교육이 인간의 창의성을 빼앗고, 아이에게 득이 될 게 없다고 판단하여 자신들이 직접 가르친다고 한다. 그들의 성공은 '실패를 두려워하지 않는 용기, 창의성, 행동력, 원활한 인간관계'가 있었기에 가능했는데, 지금의 학교에서는 그 특질을 모조리 빼앗아 버린다고 생각하기 때문이라고 말한다.[16]

우리는 실수와 실패를 통해 배운다. 필자는 대학 입시에 실패한 경험, 미군 복무 지원 영어 시험에서 실패했던 경험, 유학 시 하버드 외의 학교들에 지원해서 실패한 경험 등 수많은 실패들을 경험하고서야 겨우 실수와 실패를 부채화 하지 않고 자산으로 만드는 노하우를 터득할 수 있었다. 무엇보다 실수와 실패가 주는 큰 이익은 나 자신에 대해 알 수 있는 기회를 제공한다는 것이다. 상황이 좋거나 성공할 때에는 절대 알 수 없는 자신의 장점과 약점 그리고 역경을 이겨 낼 수 있는 용기에 대해 알게 된다. 고수 투자가들은 실수와 실패를 자산화 하는 법을 일찌감치 체화한 사람들이다. 이들의 방법을 정리해 보면 다음과 같다.

먼저, 고수 투자가들은 실수를 인생에서 불가피한 것으로 받아들일 줄 안다. 실수를 하지 않고는 결코 어떤 의사 결정도 내릴 수 없기 때문이다. 만약 아무런 실수도 저지르지 않을 수 있는 유일한 방법이 있다면 그것은 아예 처음부터 도전하지 않는 것이다. 그러나 이것이야말로 아마도 가장 큰 실수가 아닐까? 도전하지 않고는 결코 성취할 수 없는 법이다. 실수에 대한 두려움은 우리의 재능과 열정, 가능성을 꽁꽁 묶는 두꺼운 쇠사슬이다. 고수 투자가들은 실수를 저지르는 자신에게 관용을 베푸는 법과 자신의 실수를 책임지는 태도를 일찌감치 몸에 익힌다.

둘째, 고수 투자가들은 실수와 실패를 개미 투자가들과는 다르게 정의한다. 워런 버핏은 "실패는 당신이 그것을 어떻게 정의하느냐에 달려 있습니다. 인생에 많은 실패를 겪게 되지만, 그것이 꼭 실패라고는 할 수는 없습니다. 나는 뒤는 돌아보지 않습니다. 그 대신 내 주변의 상황에서 배우려고 노력합니다. 하지만 이미 결정을 내린 것에 대해서는 후회하지 않습니다. 그런 것은 전혀 생각하지 않지요. 여러분은 실수를 자주 저지를 수 있어요. 좋은 소식은 여러분은 앞으로 많은 실수를 하겠지만, 여전히 잘할 거라는 거예요. 희망적인 이야기이죠?"[17] 라고 말한다. 인생과 마찬가지로 투자에 있어서 실수와 실패란 자연스러운 산물이다. 투자 고수들은 실수와 실패를 성공으로 가는 디딤돌로 정의한다.

셋째, 고수 투자가들은 실수와 실패를 자산화 한다. 고수 투자가들은 자신이 저지른 실수나 실패를 이해하는 것은 자신의 성공을 분석해 보는 것보다 투자가에게 더 큰 도움이 된다고 믿는다. 왜냐하면 이 실수를 통해 성공할 때는 결코 깨달을 수 없는 자기 자신의 강점과 약점을 파악하게 되고 이를 바탕으로 자신의 한계와 사고 습관을 파악할 수 있음은 물론, 겸손한 마음 자세를 얻을 수 있기 때문이다. 따라서 일시적인 실수와 실패를 경험했다고 결코 낙담해서는 안 된다. 그렇다고 해서 균형을 잃고 손실을 한꺼번에 만회하기 위해 더 큰 위험을 무릅써서는 절대 안 된다. 중요한 것은 시도하는 과정에 있어 얼마나 많은 손실을 입었느냐보다 무엇을 얼마나 많이 배웠느냐이다. 어쩌다 운 좋게 실수를 하지 않고 승승장구했다가 나중에 치명적인 실패를 입고 재기 불능이 되는 경우도 많다. 실패 없는 성공의 경험은 우리로 하여금 쉽게 자만하게 만들고, 자만심은 욕망을 부추기고, 욕망은 미래에 대한 근거 없는 낙관주의와 확신으로 돌변해 돌이킬 수 없는 실패를 초래한다.

따라서 우리는 실수와 실패를 했을 때, 자신을 성찰해 볼 기회로 삼아 '해야 할 것'과 '하지 말아야 할 것'을 철저히 파악해야 한다. 이로부터 실패를 가능한 한 반복하지 않고 성공을 반복할 수 있는 효과적인 투자 마인드를 단련할 기회를 가질 수 있다. 이와 같이 투자 고수들은 실수와 실패를 자신을 비난하거나 후회하고 두려워하는 마음의 부채로 만들지 않고, 다음의 발전과 더 큰 성장과 성공을 위한 마음의 자산으로 활용한다. 실수와 실패는 유용한 자산이다.

인생의 원리와 교육 투자의 원리 또한 크게 다르지 않다. 옳은 선택 몇 개만으로도 충분히 인생에서 성공할 수 있다. 몇 번 잘못된 선택을 내렸다고 인생에서 실패하는 것은 아니다. 잘못된 결정을 여러 번 계속해서 내릴 때에만 실패했다고 말할 수 있다. 요컨대 실수를 전혀 하지 않는 것이 중요한 것이 아니라 큰 실수를 너무 '많이' 하지 않는 것이 더 중요하다.

그래서 필자는 교육 프로그램 첫 오리엔테이션 시간에는 꼭 "수업 시간에는 어떤 질문도 괜찮고, 고의적인 장난이 아니라면 자신이 생각하는 어떤 답을 해도 좋습니다. 우리가 함께하는 이 시공간은 실수와 실패를 실험해 볼 수 있는 안전한 장소입니다."라고 말하고 교육 과정에 체계적인 용서와 회복 탄력성과 같은 실패 활용에 대한 강의를 포함시킨다. 실전 인터뷰 시뮬레이션 교육을 통해서 일부러 실패와 일시적인 좌절감을 맛보게 하기도 한다. 왜냐하면 실수와 실패를 손절매 하기 위한 최고의 방법이 바로 용서이며, 일시적인 실수와 실패에도 다시 일어설 수 있는 회복 탄력성이 인생살이에 반드시 필요한 삶의 기술이기 때문이다. 실수와 실패에 관한 수많은 교훈 중 실수와 실패를 극복하는 데 큰 힘이 되어주었던 구절들을 소개해 보면 다음과 같다.

첫 번째는 헬렌 켈러의 말이다.

"행복의 문 하나가 닫히면 다른 행복의 문 하나가 열린다. 하지만 우리는 종종 닫힌 문만 바라보다가 이미 열린 다른 행복의 문은 보지 못한다."

또 다른 한마디는 사이토 히토리가 한 이야기다.

"흔히 사람들은 혹시 실패하지 않을까 하는 불안함 때문에 눈꼬리를 치켜뜨고 화를 낸다. 절대 실패하지 않는다고 반드시 일이 잘 풀릴 거라고 생각하면 화를 내고 싶은 마음이 들지 않는다. 어차피 일은 잘 풀릴 것이기 때문에 화를 낼 필요가 없다. 일이 잘될 것인지 불안해하는 사람이나, 혹시 실패할지 모른다고 생각하는 사람이 매일 엄청난 에너지를 들여가며 쓸데없이 화를 낸다."[18]

구체적으로 실수와 실패를 자산화 하기 위해서는 실패 일지를 적는 것이 유익하다. 성공한 이유를 파악하여 자신감을 가지고 반복하고, 실패한 이유를 분석하여 그 실패의 원인을 반복하지 않기 위해서는 이를 기록으로 남기는 것이 큰 도움이 되기 때문이다.

실수와 실패를 자산화 하는 구체적 노하우는 다음과 같다.

실패 일지 기록하기

1단계 — 실수와 실패를 인정하고 결과에 대한 책임을 받아들인다.

실수와 실패를 정면으로 대면하며 내 마음에 느껴지는 감정들을 알아차리고 있는 그대로 느껴본 후, 결과에 대해 내가 책임져야 할 부분을 철저히 책임진다.

2단계 — 스스로를 용서한다.

나는 나 자신을 기꺼이 용서할 만큼 충분히 나를 사랑하는가? 실수를 저지르거나 실패한 자신을 용서한다.

스탠포드 대학에서 용서 프로젝트를 이끌고 있는 프레드 러스킨 교수는 용서를 일상생활에 적용할 수 있도록 실용적인 용서법인 'HEAL 기법'을 개발했는데 이를 간단히 소개하면 다음과 같다.

- H(Hope) — 희망문 쓰기. 애초에 원했던 상황, 즉 자신이 원하는 방향으로 일이 풀렸다면 어떻게 되었을지 적는다.
- E(Educate) — 교육문 쓰기. 인생에서 자기가 원하는 것을 모두 다 이루면서 살 수 없다는 진리를 마음으로부터 받아들인다.

- A(Affirm) ─ 긍정문 쓰기. 문제가 생겼을 때, 애초에 자신이 가졌던 좋은 의도를 기억해 내고 긍정한다. 긍정문 쓰기는 상처받은 경험 때문에 마음 한구석으로 밀려나 있던 인생의 목표가 다시 우리 마음속에 떠오르도록 도와준다.

- L(Long-Term) ─ 다짐문 쓰기. 장기적인 안목과 계획을 세우고 'HEAL 기법'을 연습하겠다는 결심을 한다. 모든 다짐문은 "나는 앞으로 오랫동안 나의 좋은 취지를 따르고 'HEAL 기법'을 실천하겠다고 다짐한다."는 말로 끝낸다.[19]

3단계 ─ 실패 일지를 작성해 실패를 배움으로 전환하는 단계로 나아간다. 나는 이 경험으로부터 무엇을 배웠는가? 다음부터 무엇을 하지 않아야 하는가? 다음부터 무엇을 해야 하는가? 실수와 실패를 통해 알게 된 나의 성격은 무엇인가? 성공을 위한 나의 특성과 자질은 무엇인가? 실수와 실패를 일으키는 나의 특성과 자질은 무엇인가? 나의 강점은? 역경 앞에서의 용기를 가지는 정도는?

중국의 고사 새옹지마의 교훈처럼 인생이란 행불행과 실패와 성공으로 점철된 것이다. 문제는 거기서 멈출 것인가, 다음 단계로 나아갈 것인가이다. 이는 사람을 키워 가는 교육 투자에 있어서도 마찬가지이다. 실수와 실패가 부채가 아닌 자산이라는 사실을 아이에게 알려주어야 한다. 실수와 실패로 자신감을 잃고 좌절하는 식으로 부채화하기보다는 실수와 실패를 다가올 성공을 위한 자산으로 여길 줄 아는 지혜가 중요하다는 의미이다.

엄마 투자가 5단계 추천 도서 

『실패의 전문가들』, 정유리, 정지영(샘터, 2012)

『아이의 회복 탄력성』, 디디에 플뢰, 박주영 역(글담, 2012)

『회복 탄력성』, 김주환(위즈덤하우스, 2011)

『용서』, 프레드 러스킨, 장현숙 역(알에이치코리아, 2014)

『질문에 답할 수 있다면 내 삶은 괜찮은 것이다』, 데비 포드, 한정은 역(위즈덤하우스, 2011)

교육 투자 포인트와 실전 전략 실행 팁

교육 투자 포인트

실수와 실패를 자산화 하라.

개미 엄마 vs. 고수 엄마

개미 엄마	고수 엄마
실수와 실패에 자신감을 잃고, 배움을 얻지 않아 이를 부채화 하고 실수와 실패를 곱씹으며 자신과 아이를 비난하며 이를 반복하는 악순환에 빠져든다.	실수하거나 실패한 자녀에게 괜찮다는 말을 해 주며 '어떤 것을 배웠니?' '다음에는 어떻게 하는 것이 좋을까?' 등의 질문으로 실수와 실패의 원인을 파악하도록 격려함으로써 실수와 실패를 자산화 하여, 아이가 성공을 반복하는 선순환 구조를 구축할 수 있도록 돕는다.

교육 투자 전략 워크북 ― 시나리오 기법

5단계에서는 미래의 실수와 실패에 대한 불안한 마음을 다스릴 수 있도록 도움을 주는 시나리오 경영 기법에 대해 소개해 본다.

시나리오 경영 기법은 급변하는 환경과 불확실성으로 인해 곤란을 겪고 있는 기업들을 위해 개발된 것으로 미래의 위기 상황이나 변화에 매우 탄력적으로 대응할 수 있는 경영 기법을 의미한다. 즉 '만약 이런 일이 일어난다면 어떻게 할 것인가?'라는 질문으로 다양한 상황을 설정하고 그에 맞는 대응책을 미리 준비해 놓는다는 의미이다. 지혜로운 토끼는 세 개의 굴을 준비해 놓는다는 의미의 '교토삼굴'이라는 중국 고사가 시나리오 기법을 잘 표현해 준다.

세계적인 정유 기업 로열 더치 쉘은 시나리오 경영 기법을 가장 잘 활용한 사례로 손꼽힌다. 로열 더치 쉘은 유가가 안정되어 있던 시기인 1968년, 미국의 석유 비축량이 바닥을 보이고 석유 산유국들이 서방 세계의 이스라엘 지원에 대한 반발로 정치적 결속을 할 수 있다는 변수를 가지고 '에너지 위기 시나리오'를 작성했다. 이 시나리오를 바탕으로 1973년 중동 전쟁이 발발하면서 에너지 위기가 닥쳐왔을 때, 미래 상황을 대비했던 로열 더치 쉘은 갑작스러운 환경 변화에 유연하게 대처함으로써 업계 최하위에서 단숨에 업계 2위로 올라서는 성과를 이루어 냈다.

쉬운 예를 하나 들어 보겠다. 만약 일기 예보를 들을 수 없는 상황에 처해 있는 A가 있다고 가정하고 A가 외출을 위해 준비해야 한다면 다음과 같은 세 가지 시나리오를 가정해 볼 수 있을 것이다.

제1 시나리오: 날씨가 좋을 경우 ― 평상복으로 나간다.

제2 시나리오: 날씨가 좋지 않을 경우 ― 우산과 우비를 준비한다.

제3 시나리오: 예상치 못한 상황이 발생할 경우 ― 소나기, 태풍 등 예측하지 못한 날씨 변화도 있을 수 있다고 생각하고 마음의 준비를 한다.

만약 이런 시나리오에 대한 대비 없이 무작정 날씨가 좋을 경우만 가정하고 외출을 했다가는 비가 오거나, 눈이 오거나 아니면 갑작스러운 우박을 마주치게 된다면 큰 낭패를 당하겠지만, 각 시나리오에 대비해 준비하고 있다면 어떤 경우라도 침착히 대응할 수 있을 것이다. 마찬가지로 교육 투자 상황에 있어서도 시나리오 기법을 적용해 볼 수 있다. 수능 시험의 예를 들어 보자. 물론 대부분의 경우는 준비한 만큼 결과가 나오지만, 인생사란 정말 알 수 없는 것이 아닌가? 그런 경우 다음과 같은 세 가지 시나리오를 가정해 볼 수 있다.

제1 시나리오: 원래 실력만큼 점수를 받는 경우 — 원하는 대학에 지원한다.

제2 시나리오: 실력보다 낮은 점수를 받는 경우 — 재수를 하거나 점수에 맞는 대학에 진학한다.

제3 시나리오: 예기치 못한 상황이 발생하는 경우 — 예를 들어 유학의 기회가 주어지게 되는 경우 상황에 맞추어 유연하게 대안을 찾아본다.

다른 예로 외교관의 꿈을 가진 학생이 세울 수 있는 시나리오는 다음과 같다.

제1 시나리오: 외무 고시에 합격 — 외교관이 된다.

제2 시나리오: 외무 고시에 불합격 — 다시 도전하거나 외교관이 되고자 하는 근원적인 이유를 생각해 본다. 만약 국제 평화에 기여하고 싶다는 열정이 외교관이 되고자 하는 근본 동기라면, 외교관 외에 UN과 같은 국제기구나 월드 비전과 같은 국제 구호 단체에서 일하는 방법을 찾아본다.

제3 시나리오: 삶 가운데 예기치 못한 일이 발생 — 각 상황에 맞추어 유연하게 제3의 대안을 고민해 본다.

초조하고 불안할 때, 각 시나리오의 상황이 발생할 경우 어떤 행동 계획을 실천할 것인지를 적어 보면, 마음이 한결 가벼워짐을 경험할 수 있다. 또한 시나리오 기법은 각 상황이 발생할 경우, 보다 침착하게 실질적인 문제 해결책을 신속하게 행동으로 옮길 수 있도록 돕는 실용적인 행동 지침이 된다. 그뿐만 아니라 자신의 실수나 실패에 낙망하지 않고, 새로운 희망을 가지고 다시 도전하는 데 큰 도움이 되어 줄 것이다.

직접 작성하고 실제로 경험해 보도록 하자.

시나리오 플래닝

당면 문제: ____

____

____

제1 시나리오 행동 계획: ________________________

____

____

제2 시나리오 행동 계획: ________________________

____

____

제3 시나리오 행동 계획: ________________________

____

____

'블루 오션 투자 전략가'가 되라

"코치님, 안녕하세요!"

"재웅이 어머님, 오늘 목소리가 굉장히 밝으시네요? 뭐 좋은 일 있으신가요?"

"네, 폭락했던 주가가 많이 올랐거든요. 그래서 그런지 기분이 좋네요. 주가에 따라 마음이 왔다 갔다 하지 않고 큰 그림을 보려고 노력 중이지만, 저도 사람인지라. 호호."

"하하, 이유가 무엇이 되었든 재웅이 어머니 기분이 좋다니 저도 기분 좋아지는데요? 그럼 오늘 투자 코칭 진도 나가볼까요?"

"좋아요! 오늘은 어떤 주제죠?"

"지금까지 투자의 이유와 원칙 그리고 투자에 대한 관점 및 자세 등 투자 마인드에 대해 이야기 나눴고, 또 오늘은 의욕도 충만하시니 제대로 진도 나가볼까요? 오늘은 주식 종목 선택을 주제로 해 볼까 해요."

"아, 드디어 종목을 선택할 수 있는 거예요? 저번에 말씀드렸듯이 성급히 저 혼자 선택해 보겠다고 골랐던 주식들에서 손해 보고, 어떤 종목을 선택해야 하나 정말 궁금했거든요."

"음……할 이야기가 많은데 어떤 것부터 시작할까요?"

“전 절대 개미 투자가는 안 될 거니까요, 기초부터 가르쳐 주셔요!”

“좋습니다. 기초부터 차근차근히 배우겠다는 자세는 정말 마음에 드네요. 그럼 기본부터 시작해 볼까요? 혹시 펀더멘털(Fundamental)이란 말 들어 보셨나요?”

“네? 펀더멘털이요? 기초라는 뜻 아닌가요? 투자에서 사용되는 의미는 좀 다른 것 같은 느낌이 드는데, 잘은 모르겠어요.”

“네, 맞아요. 같은 맥락입니다. 단지 투자에서의 펀더멘털이란 한 회사의 기초 체력이라고 이해하시면 돼요. 회사의 기본적인 목적은 이익 창출이고 그 이익에 대한 권리가 주식인 것이지요. 이익이 많을수록 주주에게 이익이 많이 돌아가니까 이익이 많이 나는 회사의 주가가 당연히 올라가겠지요?”

“그러니까 펀더멘털은 회사가 성과를 잘 낼 수 있는 바탕이 되는 회사의 기초 체력 같은 거라는 말씀이시죠?”

“네, 맞습니다. 한 회사가 매출을 얼마나 증가시킬 수 있는지, 그리고 이익을 얼마나 잘 낼 수 있는지, 부채에 대한 부담을 충분히 감당해 낼 수 있는지 등 그 회사가 이익을 창출하는 데 필요한 사업 구조, 경영 방식, 그리고 성장성 등을 아울러서 펀더멘털이라고 이해하시면 됩니다.”

“흠, 생각보다 엄청 대단한 얘기는 아니네요?”

“네, 대단한 얘기는 아니지만 투자에 있어서는 매우 중요합니다. 펀더멘털을 분석하기 위해서는 회사의 재무 구조뿐만 아니라 그 산업의 흐름도 이해해야 하고, 경우에 따라서는 경영자들의 경영 스타일도 이해해야 하기 때문이죠. 특히 재무 분석의 경우는 이해하기 위한 노력도 필요하다 보니 시간도 오래 걸리게 되고요."

"그래서 그렇게 재무 분석에 대한 책이 많은가 봐요. 저도 지난번 서점에 갔을 때, 투자 서적 코너에서 재무 분석에 관한 책이 눈에 띄어서 몇 권 살펴보았는데요. 솔직히 말씀드리자면 이런 책들은 제발 읽을 일이 없기를 바랐어요. 전 숫자만 봐도 눈이 핑핑 도는 것 같거든요. 제가 학창 시절 이후 수학이란 말만 들어도 경기를 일으키는 체질이 되어서요."

"하하, '고통 없이 얻는 것도 없다(No Pains, No Gains).'는 말 들어 보셨지요? 세상에 공짜는 없다고 필요한 노력 없이 거저 얻을 수 있는 것들은 많이 없는 것 같아요. 많은 개미 투자가들이 저지르는 실수가 바로 투자 공부에 시간을 투자하지 않고 일확천금을 바라는 조급한 마음으로 투자를 하는 거니까요. 재웅이 어머니 주식 투자하실 때, 텔레비전이나 냉장고 살 때, 비교 검색하고 생각하는 시간만큼이라도 시간을 투자하시고 주식을 매수하셨나요?"

"아니요, 부끄럽게도 그렇지가 않네요. 휴, 어렵겠지만 수익을 원한다면 공부를 하긴 해야겠네요."

"사실 진정한 투자의 고수들은 돈을 투자하는 것보다 시간을 투자한답니다."

"돈보다 시간을 투자한다고요?"

"네, 워런 버핏 회장님께서도 투자에 관한 독서에 정말 많은 시간을 투자하셨다고 말씀하셨어요. 회장님께서는 투자의 매력에 빠져 워싱턴에 있는 국회 도서관에서 투자에 관한 책을 전부 읽었다고 하시더라고요. MBA 과정에서 공부할 때는 이미 교수들보다 재무 교과서를 많이 읽어서 교과서 내용에 대해서는 교수들보다 더 잘 알고 있었다고 해요. 많은 사람들이 워런 버핏 회장님을 그냥 천재 투자가로만 생각하지만, 사실 노력도 많이 한 분이세요."

"아, 워런 버핏 회장님은 같은 천재 투자가는 노력보다는 태생적으로 투자에 능한 사람일 거라고 저도 모르게 생각하고 있었는데, 노력하는 천재셨군요."

"그런데 놓치지 말아야 할 점 하나는 워런 버핏 회장님이 노력하는 과정을 좋아했다는 사실이에요. '내가 원하는 건 돈이 아닙니다. 돈 버는 재미와 돈이 불어나는 것을 바라보는 재미가 더 중요하지요. 물론 투자 수익을 즐길 수도 있어야겠지만 나는 여러분이 투자 수익보다 투자 과정을 더 즐기게 되기를 바랍니다. 돈이란 내가 하고 싶은 일을 하면 자연스럽게 따라오는 부산물일 뿐입니다.'라고 종종 말씀하시면서 저희도 회장님처럼 투자 자체를 사랑해서 그 과정에 쏟아붓는 노력과 시간을 즐기기를 바란다고 당부하셔요. 사실 제가 워런 버핏 회장님과 일하기로 마음먹었던 이유도 MBA 재학 시절 학교를 방문했던 워런 버핏 회장님이 강연 중에 했던 말씀 때문이었어요. 회장님은 강연에서 '여러분과 나에게 차이가 있다면, 나는 매일 아침 내가 하고 싶은 일을 할 수 있는 기회를 가진다는 것입니다. 그것도 하루도 빠짐없이 말입니다. 돈보다 자신이 좋아하는 일을 하세요. 돈을 많이 벌어줄 것 같은 일을 하지 말고, 자신이 좋아하는 일을 해야 합니다.'[20]라는 말씀에 감동을 받았지요."

"자신이 좋아하는 일을 해야 한다. 생각해 보면 전 요리를 좋아하는 편인데요. 사실 요리라는 게 준비해야 할 것들이 많아서 번거롭기도 하지만, 정말 좋아하는 일을 한다고 생각하니깐 그 과정 중 부딪히는 어려움들을 쉽게 넘어갈 수 있는 것 같아요. 그래서 오늘 투자 코칭 메시지는 재무 분석을 공부하라인가요?"

"아니요, 그것도 중요한 메시지이겠지만 그건 저 없이 재웅 어머니 혼자서도 찾아서 공부하실 수 있는 거니까 본론은 아니에요."

"그러면 어떤 것이지요?"

"네, 바로 투자의 차별화예요."

"투자의 차별화? 그게 무슨 말인가요?

"종목 선정을 위해서는 투자할 회사의 펀더멘털을 검토함으로써 회사의 강점과 약점을 파악하고, 이를 바탕으로 회사의 미래 계획 실현 가능 여부를 통찰하는 것이 중요하죠. 그렇지만 이런 회사들에 투자한다고 다 투자 수익을 낼 수 있는 것도 아니랍니다."

"그게 무슨 뜻이지요? 그냥 분석해서 재무적으로 건강한 회사를 찾으면 되는 거 아닌가요?"

"물론 재무적으로 건강한 회사에 투자하는 것은 당연한 일이지만, 책에서 얻기 어려운 중요한 것 한 가지가 더 있어요. 바로 '차별화된 관점'입니다. 다시 말하면 남들과 다르게 회사를 바라봄으로써 남들이 잘 모르는 미래 성장 가능성인 '포텐셜'을 찾아내서 그 회사의 잠재적 가능성에 투자한다는 의미입니다. 예를 들어, 최초의 검색 포털 회사가 설립되었을 때를 가정해 보지요. 일반인들은 그냥 새로운 인터넷 기업이 나왔다고 생각하고 별다른 주의를 기울이지 않은 채, 다른 전자 회사나 통신 회사 혹은 유명한 회사의 주식만 바라보고 투자할 것입니다. 하지만 미래 사회의 트렌드에 대해 고민해 보았던 사람들은 미래에 최소한 모든 사람들이 하루에 한 번은 인터넷 검색을 하는 시대가 오게 될 거라고 예상할 수 있었겠지요? 그리고 이들은 다른 사람들이 관심을 가지기 전에 먼저 검색 포털 회사들을 분석해 보고, 그중 가장 튼튼하고 미래 성장 가능성이 높은 회사를 선택해서 투자할 것입니다. 즉, 다수의 개미 투자가들이 관심을 두지 않는 투자 종목에 관심을 가지고 사람들의 관심 영역에서 벗어나 있기 때문에 실제 가치에 비해 주식 가격이 낮게 형성된 저평가 주식을 찾아내 투자할 것입니다. '야한 생각을 하면 머리가 자라나요?'라고 광고를 시작했던 네이버의 초기 시절을 떠올려 보면 이해에 도움이 되실 거예요."

"아, 그때 그 광고 기억나네요. 코치님이 말씀하시는 요지는 현재 시점에서 남들이 관심 없는 비인기 주식의 미래 성장 가능성을 바라볼 줄 아는 차별화된 안목을 가지는 것이 중요하다는 뜻이지요?"

"네, 맞습니다. 역시 재웅이 어머니는 이해가 빠르셔서 코칭이 재미있네요. 워런 버핏 회장님을 비롯해서 존 템플턴, 짐 로저스 같은 투자의 대가들은 입을 모아 그들의 투자가 성공적이었던 이유는 남들이 보지 못하는 기업의 가치를 미리 파악할 수 있는 통찰력 덕분이었다고 합니다. 경쟁이 치열한 레드 오션에서는 큰 수익을 내기 어렵기 때문에, 블루 오션(차별화로 인해 경쟁이 없는 상황)에서 투자의 기회를 포착할 수 있어야 한다는 의미이지요."

"아, 그렇군요. 그런데 펀더멘털 분석이나 저평가 주식을 고르는 법을 어떻게 배울 수 있을까요? 너무 복잡하고 어렵지 않을까요? 아까 말씀드렸듯이 전 수학이란 말만 들어도 속이 울렁거리거든요. 사실 어렸을 땐 산수는 잘했고 중학교 때까지는 수학을 괜찮게 했었는데, 제대로 이해도 못하면서 지겹도록 풀어야 하는 수학 참고서와 싫어하는 수학 선생님 때문에 정떨어져 버렸거든요."

"한국 학생치고 수학을 좋아하는 학생들이 많지 않은 것을 보면 우리나라 수학 교육 방식에 문제가 있는 것 같아요. 그런데 재웅이 어머니 말씀을 들으니 워런 버핏 회장님께서 하셨던 인상 깊은 말씀이 기억이나요."

"어떤 말씀을 하셨지요?"

"'위대한 투자가가 되기 위해 대단한 수학 실력이 필요했다면 아마 나는 신문 배달이나 했을 것입니다. 투자를 위해서는 더하기, 빼기, 곱하기, 나누기의 사칙 연산과 확률만 계산할 수 있으면 충분합니다.'라고 하신 적이 있어요. 저도 이 말에 동의해요. 실제 제가 버크셔 해서웨이에 오기 전 투자 은행가로 일했을 때, 3조 원 규모의 인수 합병을 진행한 경험이 있었거든요. 그때를 생각해 보면 기업 가치 평가할 때 모델의 규모가 크긴 했지만, 구체적으로 보면 정말 덧셈, 뺄셈, 곱셈, 나눗셈 이상의 기술은 필요 없었어요."

"사칙 연산이라……그거는 산수잖아요?"

"네, 수학에 대한 두려움이 있다고 산수를 못하는 것은 아니니까 재웅이 어머니도 힘내세요. 투자가가 되기 위해서는 수학보다는 산수가 필요하니까요. 초등학교 때 산수는 잘했다고 하셨지요? 그러면 투자가가 되기 위한 충분한 자질을 갖추신 것입니다. 단지 재무 분석 용어들을 배우는 데는 시간이 걸릴 거예요. 하지만 다른 것들도 마찬가지 아닐까 싶어요. 새로 게임을 하려고 해도 게임 용어와 룰을 알아야 할 수 있는 것처럼요. 이것도 안 하면 투자는 당연히 제대로 할 수 없겠지요? 시간이 걸리겠지만, 그것도 투자랍니다. 풍요로운 인생을 위한 시간 투자!"

"네, 고수 투자가가 되기 위한 통과 의례라면 도전해 봐야겠어요."

"참, 블루 오션 전략에 대해 들어 보신 적 있으세요?"

"블루 오션 전략이요? 남편 서재에서 파란 표지를 본 적이 있는 것 같은데요. 책을 보진 않아서 내용은 잘 몰라요."

"어려운 개념은 아니에요. 한마디로 '경쟁을 넘어서 창조하라(Create beyond Competition).'가 블루 오션 전략의 핵심이지요. 투자에서 블루 오션 전략을 적용해 본다면 간단하게 인기를 좇지 말고 자신만의 관점으로 남들이 보지 못하는 차별화된 종목을 찾으라는 정도로만 기억하시면 될 거예요."

"관점의 차별화를 통한 종목 선택이라. 블루 오션 전략을 투자에 어떻게 적용해 보면 좋을까요?"

"남들이 보지 못하는 미래 가치를 알아볼 수 있는 차별화된 관점이 저절로 얻어지는 것은 아니니까, 투자 초기에는 재웅이 어머니께서 편안하게 느끼거나 가장 좋아하고 잘 아는 분야에서부터 연습해 보시는 것이 좋습니다. 예를 들어, 자주 들르는 은행이 있다면 그 은행의 주식을 사는 것일 수도 있고, 좋아하는 옷 브랜드가 있다면 그 회사의 주식을 열 주 정도 사 보는 식으로 말이지요. 왜냐하면 투자를 배워 가는 과정에서의 어려움을 극복하고 지속하려면 자신이 편안하게 느끼거나 관심 있는 분야를 선택함으로써 내면에서 흘러나오는 즐거움과 열정의 에너지를 활용하는 것이 유리하기 때문이지요."

"제가 좋아하는 분야요? 음, 전 커피에 관심이 있는 편이니까 그쪽 관련 종목들을 보면 될까요? 제가 아버님 카페를 좋아하는 이유도 사장님의 커피 로스팅과 핸드 드립 솜씨에 반해서거든요."

"네, 바로 그거예요. 자신이 가장 관심 있고 잘 알 수 있는 분야를 선정하고, 그와 관련된 재미있는 일화나 역사, 유통 구조 등 다양한 배경지식들을 즐겁게 쌓아 가면서 그것에 관련된 어떤 주식들이 상장되어 있는지 등을 살펴보는 것으로부터 시작하는 것이 제일 좋습니다."

"그런데 커피 분야에서 저평가 주식을 찾는 것이 쉬울까요? 커피 업계에는 오래된 회사들이 많아서 사람들이 너무 잘 아는 것 같은데요."

"그 부분이 쉽지는 않을 수 있는데요. 다른 관점으로 생각해 보면 사람들이 주식으로 몰려드는 강세장을 레드 오션으로 보고, 사람들이 주식 시장에서 관심을 돌리는 약세장을 블루 오션 타이밍으로 생각해 보는 방법도 있어요. 기업의 기초 체력인 펀더멘털과 관계없이 주가가 변동할 때가 좋은 타이밍이거든요. 경기 침체기에는 주가가 전반적으로 하락하기 마련이니까요. 워런 버핏 회장님은 이 블루 오션 전략으로 연애에 성공하셨다는 이야기를 해 주셨어요. 학창 시절 인기가 많은 여학생이 있었는데, 워런 버핏 회장님도 이 여학생을 마음으로 흠모하고 있었다고 해요. 하지만 섣불리 다가서지 않고 인내심 있게 기다리다가 이 여학생이 실연을 당해 외로워할 때 그녀에게 다가가 데이트에 성공했다고 하시더군요. 언제나 유머가 넘치시는 버핏 회장님은 재미있는 예로 투자를 설명해 주시곤 해요."

"호호, 정말 데이트 이야기로 해 주시니깐 무슨 뜻인지 쏙쏙 들어오네요. 결국 경기가 상승과 하락을 반복하니깐, 그때 경기의 파도를 타고 블루 오션에서 고기를 낚아 보라는 이야기로 이해하면 되는 거지요?"

"네, 맞습니다. 그리고 커피 업계도 급격한 시대 변화로 말미암아 계속 변화에 적응하며 새로운 시도를 하기 때문에 그 시도들을 눈여겨보면서 미래에 더욱 성장 가능성이 있는 회사를 찾아보는 것도 좋은 방법이 될 수 있겠지요."

"네, 한번 시작해 볼게요. 와, 오늘도 시간이 벌써 이렇게 되었네요. 오랜 시간 고맙습니다."

"저도 아버지 단골손님을 위한 선물을 드릴 수 있어 감사하네요. 재웅이 어머니께서 워낙 감사하는 마음을 잘 표현해 주셔서 저도 참 뿌듯해요. 아마 재웅이와 현지가 엄마처럼 감사하는 마음을 가지고 살면 분명 대한민국의 멋진 인재로 성장할 겁니다."

"칭찬 선물까지 정말 감사합니다! 주가가 오른 것만큼이나 기분이 좋은 걸요? 오늘 축하 선물 톡톡히 받았네요. 정말 고맙습니다!"

"Good Luck!"

❖ ❖ ❖

차별화에서 답을 찾으라

워런 버핏은 투자에 있어서 가장 큰 위험을 알아보고 싶으면 거울을 보라고 말했다. 교육 투자에 있어서도 가장 큰 위험은 무엇보다 우리 자신을 제대로 파악하지 못하는 데서 시작된다. 다시 말해 나 자신에 대한 이해가 우리의 성공과 실패를 결정하는 첫 번째 요인이 되는 것이다. 고수 투자가는 자신의 강점이 무엇인지, 자신의 약점이 무엇인지, 성공할 때는 어떻게 반응하는지, 실패할 때는 어떻게 반응하는지를 관찰하여 자기 자신의 사고 패턴, 감정 패턴, 행동 패턴을 파악한다. 즉 고수 투자가의 성공적인 투자 비결은 사고 습관과 감정 반응 패턴을 철저히 파악하여 의사 결정에서의 실수를 줄이고 성공적인 의사 결정을 습관화해 나가는 데 있는 것이다. 마찬가지로 교육 투자에 있어서도 교육 투자가 자신과 투자 대상인 자녀의 장단점에 관해 꼼꼼이 파악하고, 이를 바탕으로 자신을 차별화해 나가는 것이 중요하다.

나를 파악하기 위해 가장 중요한 질문은 '나는 누구인가?'이다. 혹시 질문이 너무 추상적으로 들릴지도 모르겠다. 하지만 실질적으로 이 질문은 입학 사정관제와 수시 면접을 비롯한 모든 면접에 핵심이 되는 질문이다.

하버드 케네디 스쿨에서 입학 사정 위원으로 일하는 동안, 전 세계의 리더들이 제출하는 지원 에세이들을 살펴볼 기회가 있었다. 이 과정에서 입학 사정관제와 면접의 핵심이 되는 질문들이 무엇인지를 자연스럽게 깨달았는데, 그것은 다름 아닌 다음 두 가지 질문이었다.

"당신은 누구입니까?"
"당신의 차별점은 무엇입니까? 왜 하버드는 수많은 인재들 중에서 당신을 뽑아야 합니까?"

실제 하버드 케네디 스쿨에 지원했다가 합격 미확정 대기자였던 한 학생이 상담을 요청해 온 적이 있었다. 그 학생의 이야기를 40여 분 동안 귀 기울여 들은 후에 다음과 같이 물었다.

"학생, 제가 학생의 이야기를 40분 동안 들었는데, 아직도 학생이 누구인지, 왜 학생을 선발해야 하는지 이유를 알 수가 없습니다. 입학 사정 위원들은 전 세계에서 몰려드는 여러 개의 에세이를 보아야 하기 때문에 심적, 시간적 여유가 많이 없습니다. 학생이 누구인지, 그리고 왜 학생을 선발해야 하는지 1분 안에 정리해 보십시오."라고 조언해 주었다. 굉장히 적극적이었던 이 학생은 위의 두 가지 질문에 대한 답을 정리하여 하버드로 직접 찾아가서 입학 담당자들을 만나 자신을 소개한 결과, 합격했다는 반가운 소식을 들려주었다. 또 한 경우는 국내의 특목고에 진학을 앞둔 학생이었다. 면접 전날 급하게 코칭을 부탁하기에 예외 없이 하버드 케네디 스쿨을 지원했던 학생에게 물었던 것과 똑같은 질문을 던졌다. 하지만 단순한 두 가지 질문에 관해 답하지 못하는 학생에게 질문들에 대해 깊이 고민해 보라고 조언을 해주었다. 그런데 이 학생과 학부모는 지난 면접 문제들을 분석해 보니 "나는 누구인가와 왜 그 명문 학교에서 나를 뽑아야 하나요?"라는 필자의 질문들이 기존의 기출 문제들과 동떨어진 질문이라고 생각하여 그다지 신뢰가 가지는 않았다고 한다. 그래도 받았던 질문들이라 자연스럽게 한번 생각해 보고 갔는데, 놀랍게도 면접관은 몇 개의 단어들을 학생에게 보여 주며 그 단어들로 '자신이 누구인지' 설명해 보라는 질문을 했다. 미리 생각해 보았던 학생은 당황하지 않고 침착하게 면접에 임한 결과 당당히 합격했다는 소식을 전해 주었다. 수년간 국내외 명문 대학과 석 · 박사 과정, 명문고 진학을 위해 에세이와 자기소개 면접에 대해 상담을 의뢰하는 학생들에게 위 두 가지 질문을 준비시킨 결과 적지 않은 합격 소식을 전해 들을 수 있었다.

정리해 보면 입학 사정관제의 핵심은 바로 '나는 누구인가? 나는 무엇이 다른가?'라는 질문으로 귀결된다고 할 수 있다. '당신은 과거에 어떻게 살아왔는가? 현재 어디에 도달해 있는가? 어떤 미래를 향해 나가는가?'가 명확히 정리된 에세이가 최고의 에세이며, 면접시험을 위한 최고의 답이 된다. 결국 지원자가 어떤 사람인지를 지원자의 과거, 현재, 미래 이야기를 통해 자기 정체감(Identity)과 차별성을 보여 주는 것이 핵심이다. 이와 같이 '나는 누구인가?'라는 질문으로 자기 지식(Self - Knowledge), 즉 자신의 핵심 역량과 강 · 약점을 명확히 파악하고, 이를 기반으로 "나는 다른 지원자들과 무엇이 다른가?"라는 질문으로 자신만의 차별성을 준비했을 때, 높은 합격률이라는 성과를 거둘 수 있다.

이와 같은 실제 경험을 기반으로 필자는 진로 설계, 입학 사정관제와 면접을 동시에 준비시키는 비전 지능(VQ) 교육 프로그램을 진행할 때, 무엇보다 '나 자신이 누구인가?'에 대한 뚜렷한 자아 정체감을 정리하도록 코칭하고, 자기 분석 지식을 기반으로 "최고의 학생(Best Student)이 되기 보다 독특한 학생(Unique Student)이 되라."라고 조언하고 실천에 옮기도록 과제를 내준다.

한 예로 비전 지능(VQ) 프로그램을 수강하던 규환이는 교육 과정을 통하여 공연 산업에 열정과 관심이 많은 자신을 발견하고, 이를 바탕으로 대한민국의 문화를 세계에 널리 전파하는 세계적인 공연 기획사 CEO가 되려는 비전을 구체화하였다. 열정이 넘쳤던 규환이는 멘토 찾기 수업 중 자신의 인생 롤 모델로 배우이자 「난타」의 제작자인 송승환 대표를 멘토로 삼고 싶어 했다. 지난 10년 동안 멘토 찾기를 했던 경험을 바탕으로 규환이와 멘토 찾기 코칭 수업을 진행한 후, 송승환 대표에게 직접 연락해 보라는 과제를 내주었다. 규환이는 홍대 공연을 비롯해 자신이 그동안 참가하고 기획했던 공연들과 송승환 대표의 기사 모음을 포트폴리오로 만들어 회사로 보냈고, 비서실로부터 송 대표가 직접 대화를 나누고 싶어 한다는 연락을 받았다. 그러나 송승환 대표로부터 연락이 없자 실망하고 있던 규환이에게 물었다.

"규환아, 송승환 대표님이 너에게 답장을 안 주신다고 해서 대표님이 아쉬운 게 있으실까? 아마 바쁜 때여서 쉽게 연락을 주실 수 없거나 해외 출장을 가셨을 수도 있으실 거야. 그러니깐 더욱 감동시킬 수 있도록 송승환 대표님의 『세계를 난타한 남자 문화 CEO 송승환』을 읽고 매주 한 통씩 편지를 써 보면 어떨까?"

세 달이 지난 어느 날 밤늦게 몹시 흥분한 규환이의 전화를 받았다. "선생님, 선생님! 난타 송승환 대표님께 드디어 전화를 받았어요! 그동안 제가 학교 가 있는 오전에 전화를 몇 번 했는데 안 받아서, 일요일 늦게는 전화를 받을까 하고 전화 주셨대요. 저같이 인상 깊은 학생은 처음 보신다며 대학 합격하면 인턴으로 함께 일해 보자고까지 제안해 주셨어요. 정말 기뻐요! 마치 꿈만 같아요."

아마 적지 않은 사람들이 송승환 대표의 강의를 들었을 것이다. 하지만 규환이가 자신이 누구인지, 어떤 꿈을 가지고 있는지를 분명하게 밝히며 다른 학생들과는 차별화된 자세로 연락을 취하자 어떤 학생인지 궁금하다며 직접 연락을 해 온 것이다. 자신이 선망하는 인물로부터 직접 받은 전화는 고등학생 규환이에게 잊을 수 없는 소중한 성취의 경험과 추억이 되어 주었다. 고2 겨울 방학 VQ 프로그램을 통해 자신의 꿈을 명확히 하고 자신의 차별화 포인트를 정확히 파악한 규환이는, 그전에는 시간을 낭비하며 방황했던 과거 생활 태도와는 다르게 생활하기 시작했다. 대학 입시까지 남은 1년 동안 하루 8시간씩 자던 시간을 4시간 30분까지 줄이면서 부족했던 성적을 보충했고, 자신의 꿈을 향해 차별화된 블루 오션 전략으로 입시를 준비한 결과, 자신의 학교 성적만으로는 지원이 불가능할 정도로 여겨지던 꿈의 대학 수시 면접에 지원했다. 그 결과 면접에서는 타의 추종을 불허할 정도로 탁월한 점수를 받음으로써, 부족한 학과 성적 부분을 보완하며 당당히 합격했다. 이 사례를 통해 '나 자신은 누구인가?'라는 질문을 통해 투자의 핵심 역량을 명확히 파악하고, '내가 다른 이들과 차별화되는 점은 무엇인가?'라는 질문을 바탕으로 블루 오션 전략을 세우고 실천하는 것이 효과적인 교육 투자임을 다시 한 번 확인할 수 있었다.

내 자녀의 펀더멘털은 무엇인가? 그리고 다른 학생들과 무엇이 다른가? 이에 대한 답을 찾는 것이 블루 오션 교육 투자 전략의 기반이 되어 줄 것이다.

엄마 투자가 6단계 추천 도서 

『아이의 10년 후를 결정하는 강점 혁명』, 제니퍼 폭스, 박미경 역(미래인, 2008)
『행복한 진로 학교』, 박원순 · 임경수 · 박기태 · 주상완 · 임영신 · 최영우 · 송인수(시사인북, 2011)
『영혼의 오푸스, 일의 즐거움』, 토머스 무어, 정성묵 역(랜덤하우스코리아, 2010)
『나는 무엇을 원하는가』, 제임스 힐먼, 주민아 역(토네이도, 2013)
『블루 오션 전략』, 김위찬 · 르네 마보안, 강혜구 역(교보문고, 2005)

교육 투자 포인트와 실전 전략 실행 팁

교육 투자 포인트

아이의 재능과 역량을 파악하고 적합한 블루 오션 교육 투자의 기회를 찾으라.

개미 엄마 vs. 고수 엄마

개미 엄마	고수 엄마
• **Best One 추구** 아이의 고유성과 특징에 관한 고려 없이 옆집 아이가 해서 좋아 보이는 일이면 무작정 따라서 시키며, 남들 이야기만 듣고 아이와 성격과 재능과 관련 없이 다수가 가는 길을 권한다.	• **Unique One 추구** 아이 스스로가 자기 성찰 능력을 기를 수 있도록 돕고, 이를 통해 강점과 약점을 정확히 파악함으로써 아이가 고유한 성격과 재능에 기반을 두어 자신이 좋아하는 차별화된 길을 걷도록 돕는다.

교육 투자 전략 워크북 — 블루 오션 전략 캔버스

프랑스 인시아드(INSEAD) 경영 대학원의 김위찬 교수에 의해 제창된 블루 오션 전략은 자신만의 역량을 시각화하여 전략을 세우는 데 유용한 틀이다. 블루 오션 전략의 핵심은 자신만의 강점과 약점을 분석하고, 그 분야에서의 성공 요소를 파악하여, 차별화된 새로운 시장을 창조해 내는 데 있다. 블루 오션 전략은 한마디로

"경쟁을 넘어서 창조하라(Creat beyond Competition)."로 요약된다. 21세기 공연 산업의 혁명이라 불리는 「태양의 서커스」, 스위스 시계 산업의 혁명 스와치, 닌텐도의 역작 위(Wii) 등을 레드 오션을 벗어나 블루 오션을 창출해 나간 대표적인 사례로 손꼽을 수 있다.

이해를 돕기 위해 송승환 대표가 창조한 한국 블루 오션 문화 산업의 대표적인 예인 「난타」를 분석해 보기로 하자.

송승환 대표는 제작비 7억을 투자한 대형 뮤지컬 「고래 사냥」을 제작한 이후, 세트를 보관할 곳이 없어 불태워야 하는 국내 공연 시장과 자본의 한계를 절감하고 주식회사 형태로 전환한 ㈜P.M.C 프로덕션을 설립한다. 그리고 세계 무대를 노크할 새로운 공연 산업을 꿈꾸게 된다. 「태양의 서커스」가 서커스의 대표적 요소였던 동물 서커스를 제거했듯이, 「난타」는 탄생부터 세계화를 겨냥하여 연극에서 언어를 제거하고, 대신 신명과 흥을 강화하여 재미를 창출한 한국 최초의 논버벌 퍼포먼스였다. 「난타」 공연은 에딘버러 국제 연극제를 통하여 오프브로드웨이 상연과 세계 공연뿐 아니라, 국내를 방문하는 외국인이라면 누구나 한 번은 보게 되는 대표적인 문화 공연으로 자리 잡으며 유례없는 대성공을 거두게 된다.

「난타」를 ERRC와 캔버스로 분석해 보면 다음과 같다.

제거(Eliminate)	증가(Raise)
언어	신명과 흥(리듬, 비트)
스타 배우	스트레스 해소
작품성 있는 대본	관객 참여
관객 침묵의 스트레스	내용 전달도

감소(Reduce)	창조(Create)
예술성 무대 장치 배우 수	한국 최초 논버벌 퍼포먼스의 신명 나는 새로운 재미

난타의 가치 혁신 곡선

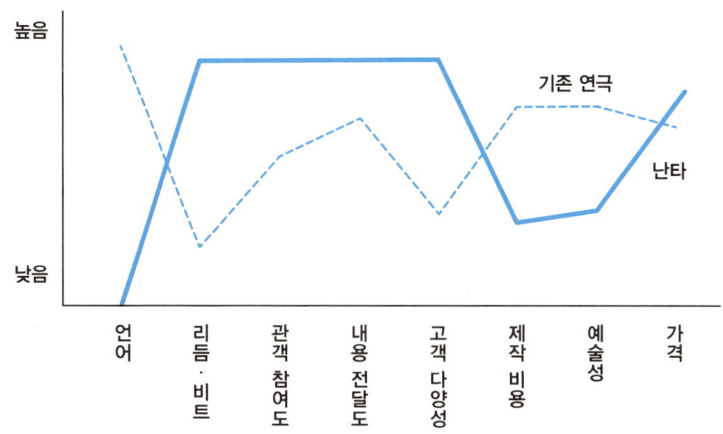

이 블루 오션 전략 툴은 실제 대학 입학 지원 시에도 유용하게 적용할 수 있다. 3,000가지가 넘는 입시 제도에 있어서도 인재 선발의 주요 평가 요인들은 다음과 같은 다섯 가지로 정리해 볼 수 있다.

위의 다섯 가지 요소를 중점으로 항목을 조금 더 세분화하여 앞서 언급한 규환 학생을 분석한 블루 오션 전략 캔버스는 다음과 같았다.

규환이의 전략 캔버스

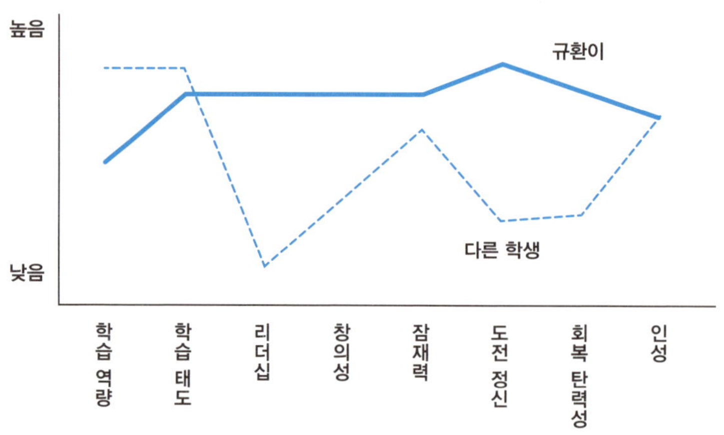

즉 규환이는 타 학생에 비해서 비록 성적이 부족했지만, 21세기가 원하는 창의 인재의 성공 요소들을 많이 갖춘 편이어서, 이를 바탕으로 자신만의 차별화된 면접을 준비하고 성공으로 이끌어 갈 수 있었던 것이다.

주요 성공 요소들(Key Success Factor)을 분석하는 데 있어 여러 가지가 사용될 수 있을 것이다. 자녀가 아직 어려 입시와 거리가 있어 보일 때는 하워드 가드너가 주장한 다중 지능 요소인 언어 지능, 수학 논리 지능, 공간 지능, 음악 지능, 신체 운동 지능, 대인 관계 지능, 자기 이해 지능, 자연 친화 지능을 활용하는 것이 좋다.

다중 지능이 실생활에 적용되었을 때의 구체적이고 다양한 강점을 찾기 위해서는 20년에 걸쳐 시행된 갤럽의 강점 조사 프로젝트를 이끈 마커스 버킹엄의 강점 파악법이 도움이 될 수 있다.

이를 간단히 소개하면 다음과 같다. 강점 영역의 세 가지 조건은 첫째, 어떤 일을 하기 전에 그 일을 하고 싶은 자발적이고 본능적인 의욕과 둘째, 어떤 일을 하는 동안 완전한 몰입감과 셋째, 어떤 일이 끝난 후에 느낄 수 있는 충만한 성취감이다. 쉽게 설명하면 어떤 일을 할 때 스스로 강해지는 듯한 기분이 드는 활동을 찾아내는 것이 핵심 포인트다. 예를 들면 발표할 때 선생님과 친구들이 고개를 끄덕이며 공감하는 표정을 지으면 스스로 강해진 기분이 들거나, 다른 친구들을 친절하게 돕고 있을 때 스스로 강한 기분이 든다면, 발표와 봉사가 자신의 강점 영역이라고 파악할 수 있다.

또한 위와 같은 성공적인 블루 오션 전략을 실행하기 위한 ERRC 프레임은 학생의 시간 활용을 분석하는 데 적용될 수 있다. 심규환 학생의 ERRC를 분석해 보면 다음과 같다.

제거(Eliminate)	증가(Raise)
TV 드라마 시청 시간 온라인 게임 시간 낭비되는 학원비	뒤쳐진 학업 공부 관련 분야 독서 VQ 교육 프로그램 참여

감소(Reduce)	창조(Create)
스마트 폰 사용 시간 수면 시간	세계적인 문화 CEO의 비전 뚜렷한 진로 설정 태도와 인성 변화 성적 변화

내 아이의 강점을 찾고 이를 바탕에 둔 블루 오션 전략 캔버스를 그려 보도록 하라.

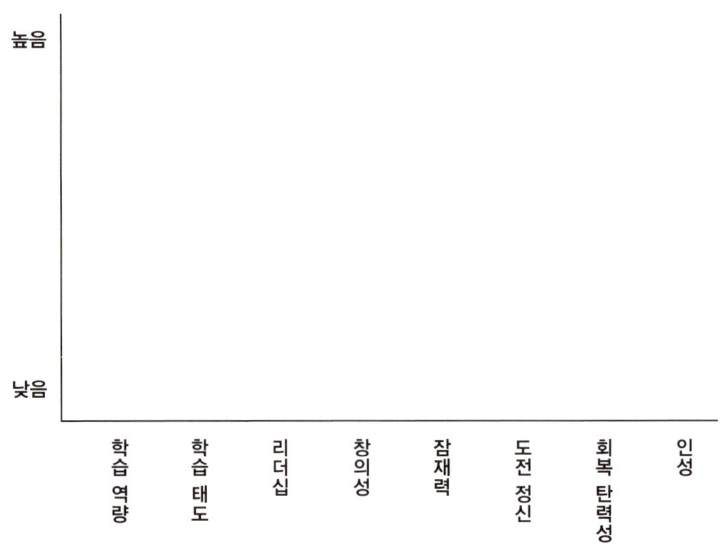

제거(Eliminate)	증가(Raise)
감소(Reduce)	창조(Create)

엄마 투자가 7단계
'장기 가치 투자가'가 되라

"코치님, 안녕하세요!"

"와, 오늘도 목소리에 힘이 넘치시는 걸요? 좋은 일이 있으시죠?"

"네! 코치님, 제가 투자한 회사가 다른 회사에 인수 합병되면서 주가가 급등하고 있어요. 친구 말로는 앞으로 훨씬 더 오를 거래요! 정말 잘됐죠? 요 며칠 매일매일 상한가를 치고 있어서 이 추세로 며칠만 더 가면 제가 투자한 원금은 물론이고 곧 대박 나겠어요. 코치님 저 진짜 신 나요!"

"흐음……그렇게 계산하면 안 되는데요."

"네? 그렇게 계산하면 안 되다니요?"

"그러니깐 재웅이 어머님께서 투자의 이유를 종이에 적으셨던 시점 기억하시죠? 그때의 주가를 기준으로 얼마나 올랐지요?"

"그게, 잠시만요. 계산기 좀 사용하고요. 아, 그때보다는 25퍼센트 올랐는데요?"

"그리고 정하신 원칙 중에 주가가 20퍼센트 이상 오르면 매도하시기로 했던 원칙이 있었던 것 같은데, 맞나요?"

"코치님 기억력 좋으시네요. 지난번에 저만의 투자 원칙을 확정하기 전까지는 코치님의 기준을 따라서 하기로 마음먹어서 그렇게 정했었는데요."

"재웅이 어머님, 원칙은 왜 있는 거지요?"

"갑자기 원칙이 왜 있냐니요? 원칙은 지키라고……."

"네, 재웅이 어머니가 투자의 이유를 정했을 그 시점부터가 투자가로 투자를 시작하신 것이기 때문에 수익률은 그때를 기준으로 정하셔야 해요. 제가 기억하기에 재웅 어머니는 절대로 개미 투자가가 되지 않겠다고 하셨고, 자신의 선택을 스스로 책임지겠다고 하셨고, 또 목표 수익률 원칙을 20퍼센트라고 정하신 것으로 기억하고 있는데 맞나요?"

"아, 그건 그런데요."

"만약 지금 시점에서 다시 주식을 산다고 가정하면, 다시 말해 이 주식에 새로 투자한다고 생각해 보세요. 앞으로 이 주식이 충분히 오를 수 있는 이유를 분석하셔서 새로운 목표 수익률에 대한 확신이 있나요? 만약 그렇다면 새로운 투자로 보고 그대로 놓아두셔도 괜찮아요."

"그건 아니지만……. 그래도 앞으로 또 오를 것이 분명하다고 영희가……."

"재웅이 어머니! 지난번에 했던 실수를 또 반복하시려는 건 아니시죠? 그러면 지난번의 실수는 자산이 아닌 부채가 되고 말아요. 주식 투자의 철학과 원칙을 안 지키셨다가 어떤 일이 있었지요?"

"알았어요, 알았어. 그렇게까지 말씀하시니 지금 당장 매도하도록 할게요. 잠시만요, 컴퓨터 좀 켜고요. 아, 정말 영희가 오른다고 했는데……."

"재웅 어머니!"

"네, 네, 알겠습니다. 클릭, 클릭, 클릭, 클릭. 매도했어요. 이제 됐지요? 아, 아까워라. 영희가 대박 난다고 했는데. 코치님 너무하셔요."

"잘하셨어요. 참 투자 쉽지 않지요?"

"정말 마음고생만 실컷 하고, 돈도 거의 못 벌고. 완전 손해 본 거 같아요."

"절대 그렇지 않아요. 재웅 어머니는 엄연히 25퍼센트의 수익을 올린 투자가인 거예요."

"그게 그렇게 되나요?"

"그럼요! 자신의 투자 철학과 원칙을 지키면서 25퍼센트의 수익을 올린 투자가시죠. 어려움에도 불구하고 투자 원칙을 지킨 자신을 자랑스러워하셔야 해요."

"네, 코치님이 그렇게 말씀해 주시니 아까운 마음이 조금은 사그라드는 것 같기도 하네요."

"자, 그러면 이제 마지막 투자 코칭을 시작해 볼까요?"

"마지막이요? 혹시 제가 방금 전에 코치님 말씀 안 듣고 조금 반항했다고 마음 상하신 거예요? 그런 거라면 코치님, 앞으로 바로바로 말 잘 들을게요. 저 버리시면 안 돼요."

"하하, 버리다니요. 그럴 리가요. 재웅이 어머니께서 궁금하시면 언제든지 물어보시면 돼요. 하지만 오늘 하는 투자 코칭까지 마치면 투자 마인드 확립을 위해 기본적으로 중요한 내용들은 모두 전달한 것 같아서요. 나머지 투자 스킬 같은 것은 실제로 해 보면서 꾸준히 몸에 익혀 가면 되지요."

"아, 그래도 너무 서운한데요. 오늘이 마지막 코칭 수업이라고 생각하니……."

"아버지 카페도 자주 찾아 주시고, 또 언제든 연락할 수 있으니까 너무 섭섭하게 생각하지만은 마세요. 적절한 때가 되면 하산시키는 것도 좋은 코치의 조건이니까요."

"네, 그래도 아쉬운 마음이 드는 건 어쩔 수 없네요. 하지만 제가 앞으로 껌 딱지처럼 딱 붙어서 귀찮게 할 테니 각오하셔야 할 겁니다."

"저 전화번호 바꿔야겠네요? 왕복 교통비 때문에 미국까지 오시기는 쉽지 않으실 테니까요. 농담이고요. 오늘은 제 사적인 이야기로 시작해 볼까 해요."

"드디어 코치님의 사생활 이야기를 듣게 되는 건가요? 우리가 좀 친해지긴 했나 봐요."

"하하, 제가 인생 투자를 해 왔던 과정을 좀 말씀드려 볼게요. 아버지께 말씀 들으셔서 아시듯이 전 명문 학교를 졸업하고 사회에서 말하는 소위 말하는 고액 연봉을 좇아 투자 은행가로서 남들과 같은 성공을 꿈꿨어요. 제 꿈이 1조 원을 버는 것이었거든요."

"1조 원이요?"

"네, 그때는 제가 돈을 좀 좋아했거든요. 오죽하면 꿈이 1조 원을 버는 것이었겠어요? 다른 사람들처럼 돈이 성공과 행복의 전부인 줄 알았기 때문이었어요. 하지만 너무나 바쁜 회사 생활로 인해 건강이 심하게 나빠졌을 때 사랑하는 아내가 저 때문에 흘리는 눈물을 보고, '진정 이것이 내가 장기적으로 추구해야 할 행복인가?'라는 질문을 하게 되었어요. 그리고 그 질문 때문에 깊은 고민에 빠지게 되었지요. 결국 '정말 나는 1조 원을 벌고 싶은가? 그렇다면 왜 1조 원을 벌어야 하지?'를 묻게 되었고, 진정 제가 원하는 것은 일과 삶이 균형을 잡으면서도 남까지 도울 수 있는 일을 하면서 행복하게 사는 것이란 결론에 이르게 되었어요. 그리고 투자 은행에서 기업의 인수 합병 일을 하는 과정을 통해 배운 재무 기술을 활용해서 제가 아내와 함께 평생 행복하게 살기 위해 필요한 돈이 얼마일지 계산해 봤습니다. 그랬더니 1조 원과는 비교도 안 되게 적은 액수더군요. 그래서 진정으로 행복한 인생을 위해 인생 투자의 방향을 새롭게 전환해야 한다는 결론에 도달했어요. 결국 '좋은 대학 가서, 좋은 직장 얻어서, 돈 많이 벌고, 잘 먹고 잘살아라.'라는 단기적인 인생 투자 법칙을 따라 사는 것을 멈추고, '내 삶에서 진정한 성공과 행복이 무엇일까?'라는 질문을 통해 장기적 관점을 가지게 되었을 때, 제 삶이 새롭게 보이기 시작했습니다. 그 후 제가 투자를 워낙 좋아했기 때문에 공부도 하고 생각할 시간도 가질 겸 MBA 과정에 진학했습니다. 그런데 운 좋게 학교에 강연하러 오신 버핏 회장님께 '진정으로 행복한 인생을 살려면 어떤 일을 하며 살아야 하나요?'라는 질문을 던진 것이 인연이 되어 오늘날 이렇게 버크셔 해서웨이에서 일하게 된 것이지요."

"코치님 말씀은 근본적인 질문을 통한 장기적 관점이 코치님의 선택을 바꾸게 했고, 그 선택을 책임진 결과로 코치님의 삶이 바뀌게 되었다는 말씀이신 거죠?"

"네, 역시 재웅 어머니이신데요. 제가 사람 투자 하나는 제대로 한 것 같습니다, 하하. 그런데 저에게는 더 큰 꿈이 있답니다."

"더 큰 꿈이요? 이미 충분히 성공하신 것 같은데요."

"전 제가 배운 투자의 지혜와 기술을 단지 돈을 위해서만 쓰고 싶지는 않아요. 돈을 위해 살기에는 인생이 너무 아깝다는 생각이 들어요. 제가 그동안 명문 학교들을 다녀보고 여러 훌륭한 분들을 만나 보면서 금융 투자와 교육 투자는 놀라울 정도로 닮아 있다는 사실을 알게 되었지요. 재웅이 어머니께서 첫 번째 코칭 시간에 말씀해 주셨듯이, 저도 결국 궁극적으로 가치 있는 투자는 사람에 대한 투자라고 믿거든요. 그래서 언젠가 고수 투자가의 마인드로 사람에게 투자할 수 있는 교육 투자의 관점을 교육하고, 21세기를 위한 새로운 인재 양성에 투자하는 교육 투자 재단을 만들 꿈이 있어요. 제 생각에 대한민국 교육의 근원적 문제는 엄마와 교사, 학생들 대부분이 재웅이 어머니께서 그러셨듯이 교육과 인생에 대한 근시안적인 개미 투자가의 관점을 가진 데 있다고 보이거든요. 모두가 만족스러워하지 못하지만 별다른 대안을 찾지 못해 우왕좌왕하고 있는 대한민국 교육의 해결점은 바로 관점 전환에서 시작될 수 있을 것이라는 결론에 이르렀어요. 사람을 성장시키는 가장 중요한 시발점은 관점(Viewpoint) 변화라고 믿기 때문에, 제가 꿈꾸는 교육 투자 재단의 이름을 뷰포인트 파운데이션(Viewpoint Foundation)이라고 미리 만들어 놓았답니다."

"그런 멋진 꿈이 있으셨네요. 우리 재웅이, 현지도 코치님처럼만 자란다면 소원이 없겠어요."

"저희 부모님께서 들으면 기분 좋아하시겠는데요? 그러면 자연스럽게 투자 코칭 이야기로 이어 가 볼까요? 제가 인생 투자의 목적을 바꿀 수 있었던 이유는 제 인생에서 진정으로 원하는 것이 무엇인지, 무엇이 중요한 가치인지를 질문함으로써 형성되기 시작한 장기 가치 투자 관점 덕분이었습니다. 마찬가지로 금융 투자에 있어서도 장기 가치 투자의 관점을 가지는 것이 정말 중요해요. 요즘 많이 사용되는 투자법은 크게 기술 투자와 가치 투자로 나누어 볼 수 있어요. 기술 투자는 기업의 내용을 보기보다는 주가가 만들어 내는 차트와 거기서 나타나는 신호를 보고 매수와 매도를 결정하는 투자 방법을 의미하는데, 기술적인 분석은 상대적으로 쉽고 적용 범위가 넓어서 많은 투자가들이 선호하는 방법이기도 해요. 이에 반해 가치 투자는 단기적인 주가보다는 기업의 튼튼한 기초나 잠재적 성장 가능성과 같은 내재 가치를 파악하여 인내심을 가지고 투자하는 법을 의미합니다. 쉽게 말하면 황금 알을 낳는 거위가 있으면, 거위의 건강 상태와 미래 성장 잠재력에 관심을 가지고 투자하는 것을 가치 투자에 비유할 수 있지요. 워런 버핏 회장님이 바로 대표적인 가치 투자가이시지요. 버핏 회장님은 자신이 가치 투자가가 된 이유를 다음과 같이 말씀하셨어요. '나는 투자를 위해 좋다는 온갖 것을 다 시도해 보았습니다. 다양한 차트를 수집했고, 기술적인 것들은 모두 읽었으며, 남의 정보에도 열심히 귀를 기울였습니다. 그리고 마침내 깨닫게 된 것은 주가가 아닌 가치에 초점을 맞추어야 한다는 것입니다.'"

"아, 눈에 쉽게 보이는 주가와 같은 표면적이고 단기적인 수치보다는 눈에는 잘 안 보이지만 정말 중요한 잠재력과 장기적인 미래 가치에 주목하라는 말씀이신 거죠?"

"역시 재웅 어머니시네요. 하지만 인간이란 본디 멀리 있는 것보다는 가까이 있는 것에 주목하기 마련이기 때문에, 이를 극복하기 위해 워런 버핏 회장님은 콜롬비아 경영 대학원에서 만나 평생 멘토가 되었던 벤저민 그레이엄 교수님과 함께 정기적인 모임을 가지셨습니다. 그 만남에서 '전 재산을 하나의 종목에만 투자한 다음 무인도에 가서 10년 동안 살다 오면 어떻게 될까?' '주식 시장이 향후 10년 동안 폐쇄된다면 어떤 종목을 사야 마음이 편할까?'와 같은 질문을 던지면서 토론을 나누셨다고 해요. 위와 같은 장기적 관점의 질문을 통해 단기적 시각을 극복하고 장기적 관점을 가질 수 있도록 끊임없이 훈련하신 거지요.

워런 버핏 회장님은 또 저희에게 '10년 이상 보유할 계획이 없는 종목은 단 10분도 가지고 있을 필요가 없습니다. 주식 투자는 원나잇 스탠드가 아니라 결혼과 같거든요.'라고 위트 있게 한마디 덧붙이셨지요. 버핏 회장님은 《워싱턴 포스트》 주식은 41년, 코카콜라 주식은 26년째 보유 중이시랍니다."

"와, 그렇게나 오래요? 인내심이 대단하신 걸요?"

"네, 워런 버핏 회장님은 이 인내의 지혜를 열한 살 때 배웠다고 하세요."

"고작 열한 살에요?"

“네, 버핏 회장님은 열한 살 때, 시티즈 서비스라는 석유 회사의 주식에 처음 투자를 하셨답니다. 38달러에 3주를 매수했는데, 얼마 지나지 않아 주가가 27달러로 떨어지자 걱정스러워지고 말았답니다. 그래서 주가가 40달러로 반등하자마자 주식을 얼른 처분해 버렸지요. 하지만 그 후 주가는 계속 올라가 주당 200달러까지 치솟았다고 해요. 그때 버핏 회장님은 투자에서 가장 중요한 덕목이 바로 ‘인내’라는 교훈을 배웠다고 하시더라고요. 회장님은 이때 배운 인내의 지혜 덕분에 이후에도 단기적 경기 부침에 흔들리지 않는 마음의 평정을 유지할 수 있으셨다고 해요. 그리고 이 마음의 평정은 더욱 효과적인 의사 결정을 내릴 수 있는 든든한 기반이 되어 주었기 때문에 더 훌륭한 투자 성과를 낼 수 있는 투자의 선순환을 이루어 내신 거지요.”

“열한 살이란 어린 나이에 인내의 지혜를 터득하다니, 저보다 낫네요. 그렇지만 인내심을 가진다는 것이 정말 쉽지는 않은 것 같아요. 옆에 있는 사람과 비교하게 되고, 눈앞에 보이는 이득에 급급하게 되는 게 저같이 평범한 사람의 마음인 것 같아서요. 주식 투자는 말할 것도 없고 제가 남 말만 듣고 애들 교육 좀 잘해 보겠다고 무리해 가며 이사까지 한 것을 보면…….”

“인간의 본성이란 게 그렇지요? 워런 버핏 회장님은 자신이 거부가 될 수 있었던 이유 중의 하나는 바로 대중의 어리석음에 빠져들지 않고 오히려 그 어리석음이 만들어 내는 비합리적인 투자의 기회를 활용할 수 있었기 때문이라고 말씀하셨어요.”

“아, 그럼 요즘 세상이 급변해서 불확실하고 불안정해 많이들 불안해하고 있잖아요. 경기 전망까지 좋지 않아 다들 투자를 꺼리는 분위기인데, 오히려 이런 상황이 기회가 될 수 있다는 뜻인가요?"

"네, 저번 시간에 그런 경기 혼란기가 오히려 투자 고수들에게는 블루 오션 투자 전략의 기회가 될 수 있다고 말한 거 기억나시죠? 위기는 곧 기회라는 관점과도 일맥상통하는 이야기이지요."

"그러니까 지금까지 코치님 말씀을 정리해 보자면 이런 건가요? 자신만의 투자 기준을 세우고, 본질을 꿰뚫어 보는 통찰력과 흔들리지 않는 마음의 평정심으로, 장기적 관점을 가지고 남들이 보지 못하는 가치를 파악하여 투자하는 것이 고수 투자가의 마인드라는 말씀이시죠?"

"역시 제가 사람 제대로 보고 가치 투자를 한 것 같네요. 잘 말씀해 주셨어요. 그것이 바로 고수 투자가들의 공통적인 투자 마인드지요. 하지만 단순하게 들릴 수 있지만 경험해 보신 대로 그대로 하기는 쉽지 않지요."

"하긴 빌 게이츠의 스승인 로버트 풀검의 책 제목인 '내가 정말 알아야 할 모든 것은 유치원에서 배웠다'처럼 그동안 살면서 배운 것만 그대로 실천해도 전 이미 엄청난 성공을 거둔 사람이 되었을 것 같아요."

"하하, 정말 그렇네요. 그래서 그동안 저와의 투자 코칭을 통해 세운 투자 철학과 원칙들은 반드시 실수와 실패를 통해, 또 주가가 하락하는 경기 침체기에 테스트해 보셔야 해요. 이러한 검증을 거쳐서 금을 정련하는 것처럼 재웅 어머니만의 투자 마인드를 단련하셔야 합니다. 어려울 때도 흔들리지 않고 지켜 낸 자신의 투자 철학과 원칙만이 진정 자신의 것이 될 수 있고, 장기적인 투자 성과를 낼 수 있는 유일한 비결이기 때문이지요. 투자 고수들의 황금 알을 낳는 거위가 바로 이 투자 마인드라고 할 수 있어요."

"어려운 시기에도 흔들리지 않는 장기적 투자 마인드가 황금 거위가 된다라. 말은 쉬운데 결코 만만치는 않을 것 같네요."

"말씀하신 대로 어떤 면에서 고수 투자 마인드는 특별할 것이 없는 기본적인 것들이기도 해요. 장기 가치 투자라는 것도 적절한 타이밍에 기업의 내재 가치보다 값이 싸고, 능력 있는 성실한 경영진이 운영하는 회사의 주식을 선택해서 오래 가지고 있는 것이라고 정리할 수 있을 정도니까요. 단지 고수들은 그 기본적이고 어떻게 보면 지루하기까지 한 것들을 특별하게 연습할 줄 아는 사람이 아닐까 해요. 사실 스스로 뭔가를 결심해서 지속적인 행동으로 실천하는 것이 우리 같은 범인들에게는 쉽지 않은 일이잖아요. 그래서 투자에 있어서도 자기 주도 학습(Self-directed learning)이란 쉽지 않은 것 같아요. 오히려 시스템 주도 학습(System-directed learning)으로 접근해야지요."

"시스템 주도 학습이요?"

"쉽게 말하면, 배운 것을 실행에 옮길 수밖에 없는 시스템을 구축하라는 이야기입니다. 이를 마스터마인드 그룹(Mastermind Group)이라고 합니다. 마스터마인드 그룹이란 명확한 목적을 달성하기 위해 지식과 지혜와 노력을 함께 모으는 집단 지성 활용 모임을 의미합니다. 토머스 에디슨이나 자동차왕 헨리 포드, 강철왕 카네기 같은 인물들은 이러한 마스터마인드 그룹을 활용해서 큰 성공을 거둘 수 있었습니다. 말하자면 스터디 그룹을 만들란 이야기입니다. 워런 버핏 회장님이 벤저민 그레이엄 교수님과 함께 투자 토론 그룹을 만드신 것처럼요."

"아, 그럼 주위에 관심 있는 친구들과 함께 투자 마스터마인드 그룹을 만들어 봐야겠네요. 먼저 저와 같은 개미 투자가인 영희한테 같이 해 보자고 권하면 좋을까요? 가만, 이름을 스마트 머니 아티스트(Smart Money Artist), 스마티스트(SMartist)로 하면 어떨까요? 교육 투자 마인드를 함께 훈련하는 엄마 투자가들의 모임은 스마트 맘 아티스트(Smart Mom Artist)라고 이름 지어 볼 수도 있을 것 같고요?"

"하하, 이름 참 좋네요. 스마티스트(SMartist)! 스마티스트(Smartetst)하고도 발음이 같네요. 저도 아이디어를 내 보면 뒤에 엠비에이(MBA, Member of Brilliant Artists)를 붙여 보면 어떨까요?"

"스마티스트 MBA요? 좋은 걸요? 뭔가 더 있어 보여요."

"마음에 드신다니 좋습니다. 아까 주식 매도할 때도 느꼈지만 아는 대로 바로 실천에 옮기는 재웅이 어머니의 태도도 참 멋지세요. 정말 스마티스트이신 걸요?"

"호호, 뭘요. 훌륭한 코치님 덕분이지요. 그러면 스마티스트 MBA의 수석 코치님으로 모셔도 될까요?"

"사실, 좀 부담스러운 면이 있기는 하네요. 그래도 재웅이 어머니께서 하신다니까 한번 고려해 볼까요?"

"고려는 무슨 고려요? 무조건 해 주셔야 해요!"

"투자 마인드에 저돌적인 행동력까지 겸비하셨으니, 반드시 투자가로 대성하시겠네요. 함께 모여 좋은 질문들을 해 주면 그 질문에 답하는 방식으로 도울 수 있는 한에서 도와드려 보도록 해 보지요."

"고맙습니다! 아버님 매상도 올려드릴 겸 아버지 카페에서 모이도록 할게요. 그럼 이제 실천만 남은 건가요?"

"네, 투자 마인드를 실천으로 연결할 수 있을 때에야 비로소 열매를 맺는 것이 자연의 순리이기도 하니까요."

"네, 코치님! 명심하겠습니다."

"당부하고 싶은 이야기는 '자기 자신이 되라.'입니다. 아무리 투자의 대가인 워런 버핏 회장님의 투자법이 훌륭하다 해도 무조건 따라해서는 안 됩니다. 세대가 다르고, 경험이 다르고, 교육 수준이 다르고, 지적인 능력도 다르고, 부모도 다르고, 처한 상황도 다르기 때문입니다. 다른 사람의 행동을 모두 그대로 따라 하는 것은 가능하지도 않을뿐더러 좋은 투자의 성과도 거두기 어렵습니다. 실제로 워런 버핏 회장님도 스승인 벤저민 그레이엄 교수님의 투자법을 그대로 따라하지 않고 자신만의 투자법을 발전시켜 청출어람의 걸출한 투자가가 될 수 있었지요. 스스로 생각하며 분석해서 좋아하는 것이 무엇인지, 내 능력의 범위가 어디인지를 파악하세요. 다른 사람이 아닌 자신이 되어야 합니다. 가장 중요한 것은 자신만의 투자 전략을 세우는 것입니다."

"코칭 첫 시간에 금융 투자나 교육 투자에 있어 결국 투자가의 정체성이 투자의 결과를 결정한다고 가르쳐 주셨던 것과 같은 맥락인가요?"

"맞습니다! 하하, 정말 제가 정말 제자 하나는 제대로 둔 것 같은데요. 그것이 제가 마지막으로 다시 한 번 강조해 드리고 싶은 메시지입니다."

"네, 꼭 마음속에 깊이 새겨 두겠습니다. 그동안 정말 감사했습니다. 투자 코치님! 앞으로도 잘 부탁드려요!"

"별말씀을! 저도 스마트한 재웅이 어머니 덕분에 매우 즐거웠습니다. SMaritst, Good Luck!"

❖ ❖ ❖

교육 투자, 저평가된 자산에 투자하라

투자 고수들의 핵심 투자 전략은 남들이 보지 못해 저평가된 가치주를 차별화된 안목으로 찾아내 장기간 보유하는 장기 가치 투자이다. 이 장기 가치 투자의 지혜를 적용하는 데 교육만큼 적절한 분야가 없다.

그렇다면 먼저 교육 분야에 있어서 저평가된 자산은 무엇일까 생각해 보자.

첫 번째는 바로 인격에 대한 투자, 즉 인성 교육이다. 6·25 이후 경제적으로 급속하게 압축 성장한 탓에 물질이 정신을 앞서게 된 것이 현재 우리가 당면하고 있는 수많은 문제들의 주요한 원인이다. 압축 성장 과정에서 균형 있게 정신을 발전시켜 오지 못한 대한민국의 교육 분위기는 학생들에게 고스란히 영향을 미치고 있다. 이를 잘 나타내 주는 증거로는 한국 고교생의 절반 정도가 "10억을 주면 1년은 감옥에 가겠다."고 답한 흥사단의 조사 결과나, OECD 평균에도 못 미치는 한국의 부패 지수를 들 수 있다. 인격과 인간미보다는 가시적이고 물질적인 성과가 강조된 결과, 나타난 현상이다. 비록 재주가 없어도 덕이 높으면 사람들도 그의 됨됨이를 인정하고 따랐던 과거 우리나라의 전통을 떠올려 볼 때 가슴 아픈 현실이 아닐 수 없다.

워런 버핏은 대학생들을 대상으로 한 강연에서 친구들 중에서 어떤 친구에게 미래 수익의 10퍼센트를 투자하고 싶느냐는 질문을 던지고는 한다. 대부분의 경우 가장 잘생긴 학생이나 운동을 잘하는 학생, 키가 큰 학생, 가장 날쌘 학생, 혹은 가장 머리가 좋은 학생을 고르지 않는다. 학생들이 최종적으로 고르는 대상은 그들 가운데 인격이 가장 뛰어난 학생이다. 장기적으로는 누가 가장 많은 수익을 올릴지를 모든 학생들이 본능적으로 알기 때문이다. 또 반대로 가장 수익이 떨어질 것으로 보이는 친구 역시 골라 보도록 한다. 이번에도 성적이 가장 떨어지거나, 경기 때마다 만년 후보 신세를 벗어나지 못하는 친구나, 나아가 지능이 가장 떨어지는 친구가 아닐 가능성이 크다. 학생들이 주로 고르는 대상은 잔머리를 굴리고, 거짓말을 하고 남의 공로를 가로채는 친구들일 것이다.[21]

즉, 인생 투자에 있어서도 가장 신뢰할 만한 인격과 인성을 지닌 사람이 가장 훌륭한 투자 대상임을 알 수 있다.

두 번째 저평가된 교육 투자 자산으로 금융 철학이 있다. 요즘 어려운 경제 상황들로 인하여 과거에 비해 경제 교육에 관한 많은 책들과 교육들이 있지만 정작 돈에 관한 철학과 가치를 교육하는 경우는 많지 않다. 돈에 관해 잠시만 함께 생각해 보도록 하자. 강연 중 "돈 하면 어떤 감정이 드시나요?"라는 질문을 하곤 한다. 그럴 때 청중들은 "돈이 있으면 편하고 좋아요."와 같은 긍정적인 감정과 "그렇다고 해서 너무 돈만 밝힌다는 소리를 들으면 마음이 불편해져요."와 같은 부정적인 양가감정을 동시에 느낀다고 답한다. 그러면 다시 한 번 묻는다. "돈이란 무엇인가요?"라고. 하지만 이에 대해 아직 명쾌한 답변을 들어 본 적이 없다. 그럴 때마다 유대인의 돈과 사업에 대한 다음의 정의를 소개한다.

"돈은 탐욕의 수단이나 억압의 도구로 존재하는 것이 아니라, 오히려 놀랍게도 정의를 위한 열망과 더 나아가 세계를 위한 희망에서 존재한다. 또한 생존의 가능성을 다양화시키고 영적인 공부와 학습을 위한 시간을 확보하기 위한 수단이다. 이 세상에서 사업을 한다는 것은 문화, 영성 그리고 개인 책임을 향하여 모든 노력을 시험하는 것이다. 이러한 노력 속에서 사업은 우리 자신의 필요성 너머 다른 사람에게로 확장된다."[22]

오늘날 세계 경제를 좌우하는 유대인의 성공 비결은 다름 아닌 바로 위와 같은 돈과 사업에 대한 철학과 사상을 가지고 있기 때문임을 알 수 있다. 따라서 아이들이 경제의 중요성이 나날이 커지고 있는 시대를 살아갈 수 있도록 경제를 지혜로운 관점으로 바라 볼 수 있게 돕는 금융 철학과 투자 마인드 교육이 중요하다.

남들이 보지 못해 저평가된 세 번째 자산으로는 잠재의식 지능을 손꼽을 수 있다. 잠재의식 지능(Subconscious Intelligence)은 21세기에 그 중요성이 크게 강조되고 있는 상상력(Imagination), 직관(Intuition), 영감(Inspiration)의 근간이 되는 '21세기 신 성공 지능'이다. 『부자 아빠 가난한 아빠』의 저자 로버트 기요사키는 학교를 졸업한 후 실제 삶에서 필수적인 성공 지능으로 금융 지능과 더불어 잠재의식 지능을 손꼽는다. 하버드 경영 대학원의 제럴드 잘트먼 교수는 "인간의 사고는 95퍼센트의 무의식에서 일어난다. 나머지 5퍼센트도 언어로 나타낼 수 없는 경우가 많다."라고 말하며 잠재의식 활용의 중요성을 강조하고 있다. 이 잠재의식 지능에 관하여서는 3장에서 조금 더 자세히 설명하도록 하겠다.

마지막으로 교육 투자에 있어서 가장 중요한 것은 인내심을 가지고 장기 투자하는 것이다. 기업이 치열한 경쟁 상황에 살아남기 위해 단기적인 재무적 성과에 목을 매는 모습이나, 개미 투자가가 일확천금을 꿈꾸는 마음으로 조급하게 단기 수익에만 열을 올리는 모습과 매우 유사하게, 요즘 학생과 학부모들은 나날이 치열해지는 대학 입시로 말미암아 단기 성과인 성적에 목매는 경향이 있는 것 같다. 하지만 소위 성공했다는 유명 인사들의 끊임없는 자살 소식이나, 공부는 잘할지 모르나 자신만 아는 이기적인 성향이 강해져서 나이가 들어감에 따라 부모와의 관계가 소원해져 가는 요즘 학생들의 세태를 보면, 비록 단기적인 관점에서는 성적이라는 수익을 보았을지 모르지만 장기적 관점에서는 망가진 인성과 가족 관계라는 명백한 손해가 발생함을 알 수 있다. 조지 베일런트 교수가 이끈 하버드 대학교 연구 팀이 1930년대 말 하버드 대학교에 입학한 2학년생 268명의 삶을 72년간

추적하며 행복과 건강한 삶의 조건을 연구한 결과, 행복한 사람은 자신이 진심으로 사랑하는 일을 하며, 자신이 하는 일을 지지해 주고 사랑해 주는 가족과 친구들을 가진 사람으로 파악되었다. 교육의 궁극적인 투자 수익을 행복으로 본다면, OECD 청소년 행복도 최하위를 비롯해 세계적인 자살률과 이혼율 등의 지표들이 보여 주는 대한민국 교육의 투자 성과는 참으로 씁쓸하다. 그렇기 때문에 장기적 안목을 가지고 대부분의 엄마들이 고평가하는 학습 능력과 더불어 현재는 저평가된 인성과 금융 철학, 잠재의식 지능이라는 가치 있는 교육 자산에 균형 있게 투자하는 것이 매우 중요한 시점이다.

이와 같은 가치 투자와 더불어 교육 투자에 있어 장기적 관점은 평균 수명이 점점 늘어나고 있는 상황에서 더욱 중요하다. 단지 안정된 직장 확보를 위한 수단으로서의 대학 진학을 목표로 한 생존 투쟁식의 단기적 투자보다는, 다가올 미래에 대한 선견지명을 가지고 우리 아이가 대학 입학 이후에도 100년 이상을 행복하게 살아가려면 무엇이 중요할지 고민해야 한다. 진정 가치 있는 것들에 투자할 수 있는 지혜와 신중한 계획, 이를 실행할 수 있는 체계적인 장기 가치 투자 전략이 중요하다. 하지만 이러한 장기 가치 투자 전략을 혼자 시행하기는 쉽지 않다. 학부모를 대상으로 강연할 때, 눈물을 흘리면서 공감하시는 어머니들을 종종 만나 뵙게 된다. 하지만 강연장 문밖을 나서는 순간부터 잊어버리는 것은 아닌가 생각될 때가 많다. 강연에서 배운 내용들을 가정에서 반드시 실천하겠다고 다짐해 보지만, 작심삼일이란 말이 있듯이 곧 원점으로 돌아가는 경우가 대부분이다. 주변의 개미 교육 투자가 엄마들 이야기, 신문이나 텔레비전에서 들려오는 말들이 마음의 평안과 확신을 흔들어 놓기 때문이다. 그래서 자신의 교육 철학과 방향을 나누고 함께 지켜나갈 교육 투자 시스템, 즉 엄마 투자가 모임을 만드는 것이 큰 도움이 될 것이다. 엄마 투자가 모임을 만드는 방법의 간단한 지침을 제시해 보면 다음과 같다.

엄마 투자가 모임 구성법

- **모임 명수**: 4~8명 사이
- **모임 시간**: 일주일에 한 번, 2~3시간
- **모임 장소**: 조용한 스터디 전문 카페
- **모임 목표**: 엄마 투자가 7단계 실천 및 교육 투자 비전 맵 완성
- **모임 수준**:

  1단계 – 엄마 투자가 1부 '투자 마인드 7단계' 익히기(7회)

  2단계 – 엄마 투자가 2부 '교육 투자 환경 이해'와 3부 '잠재의식 지능(SQ)'의 이해와 교육 '투자 심리 재무제표' 익히기(7회)

  3단계 – 교육 투자가 4부 '교육 투자의 지혜' 익히기(14회)

- **멤버 선택**: 교육 철학에 유사성이 있는 엄마, 지속적인 참여가 가능한 엄마, 약속(과제 및 시간) 준수가 성실한 엄마, 함께할 때 힘이 되어 줄 수 있는 엄마, 긍정적인 에너지를 그룹에 불어넣을 수 있는 엄마

현재 대한민국 교육의 큰 문제점 중 하나는 여러 주변 여건에 의해 많은 엄마들이 가정 내 교육을 포기하고 자녀 교육을 모두 학교와 학원, 과외에 맡겨 버린 데 있다. 한 사람의 행복의 근원이 되는 인성과 정서적 안정성마저 학교나 학원에 의탁하는 것이 큰 문제이다. 따라서 교육의 주도권을 다시 엄마가 찾아오는 것이 대한민국 교육의 변화를 위한 첫걸음이 될 것이다. 위의 내용을 지침으로 유연하게 자신의 상황에 맞추어 엄마 투자가 모임을 만들고, 이 교육 투자 공동체를 바탕으로 교육의 주도권을 서서히 되찾아 와야 한다.

또한 아이를 위해서는 21세기 노아의 교육 방주를 구축해 주어야 한다. 정보와 지식이 마치 홍수처럼 쏟아져 내리는 21세기는 노아의 홍수를 상기시킨다. 하지만 가뭄 때만큼 먹을 물을 구하기 어려운 때가 홍수 때라고 한다. 주변이 물바다이지만 정작 먹을 물이 부족해 목이 마르다는 의미이다. 21세기 지식의 홍수 시대에는 다음과 같은 세 가지가 목마른 시대이다.

첫째, 멘토가 목마른 시대이다. 요즘은 줄넘기 과외 선생이 있을 정도로 수많은 교사가 있는 시대이다. 하지만 정작 인격적으로 존경하고 따를 스승이나 멘토가 부족한 시대이다. 둘째, 심층 지혜 교육이 목마른 시대이다. 우리 주변에는 각종 최첨단 교구들과 교육 프로그램이 넘치고 있다. 하지만 정작 삶의 방향과 의미를 가르쳐 주는 불변의 지혜 교육 콘텐츠는 부족하다. 셋째, 공동체가 목마른 시대이다. 온라인을 통해 수많은 동호회들과 모임들이 늘어나고 있다. 하지만 사람과 사람의 진정한 만남을 통한 소통과 교류가 있는 진짜 공동체는 부족한 시대이다.

21세기의 험난한 바다를 항해해 나갈 수 있도록 '멘토, 심층 지혜 교육 콘텐츠, 공동체' 세 가지를 구축해 주는 것이 바로 자녀를 위한 노아의 방주이다.

'10년 후, 20년 후, 30년 후에는 어떤 능력이 각광을 받게 될까? 그것을 위해 지금 어디에 투자해야 할까?'라는 질문을 던지고, 장기적인 안목으로 투자할 수 있을 때, 우리 아이들이 살아갈 미래에 행복과 마음의 평안이라는 교육 투자의 궁극적 수익을 보장받을 수 있을 것이다.

마지막으로 진정한 장기 가치 투자 지혜는 바로 나눔이다. 워런 버핏은 워싱턴 대학에서 열린 강연에서 다음과 같이 말했다.

"저는 제가 가진 것의 99퍼센트를 사회로 되돌려 주어야 한다고 생각합니다. 그동안 저를 포함한 우리 가족은 이 사회로부터 특별한 대우를 받으며 살아왔습니다. 제가 다른 시대에 태어났더라면 맹수의 한 끼 식사가 되었을지도 모를 일입니다. 저는 달리기를 잘 못하니까요. 하지만 시장 경제, 특히 거대 자본주의 경제에 대한 적응력만큼은 누구에게도 뒤지지 않았습니다. 운이 좋아서 이 사회에서 누구보다도 커다란 성과를 손에 넣었습니다. 그러니 그동안 살아오면서 경험한 즐거웠던 기억들만 남기고 나머지 것들은 사회에 돌려주는 것이 옳습니다. 제가 이 자리에 서게 된 것은 저를 둘러싸고 있는 거대한 사회 덕분이며, 그 속에서 제가 잘 적응했기 때문입니다. 따라서 제가 이룬 모든 것을 사회로 되돌리는 것이 마땅합니다."[23)

워런 버핏은 '재산을 기부할 수 있는 것은 책임이 아니라 특권이며 행운'이라고 강조한다. 워런 버핏은 실제로 2006년 자신의 전 재산 가운데 99퍼센트를 빌 게이츠 재단에 기부하기로 결정했다. 이러한 버핏을 따라 미국에서 일어난 기부 서약 운동(The Giving Pledge)을 '버핏 효과'라고 부른다. 이 기부 서약 운동은 10억 달러 이상의 재산을 지닌 미국의 400대 부자들 사이에서 일어난 것으로 이들이 전 재산의 50퍼센트 이상을 기부하면 총 6000억 달러 이상을 모을 수 있다고 한다. 이는 한국 GDP의 70퍼센트에 해당하는 엄청난 금액이다.

우리의 자녀가 개인적인 안락 추구를 넘어, 삶에 대한 감사의 마음을 가지고 더 큰 가치를 위해 자신의 인생 투자를 할 수 있도록 교육하는 것이 진정한 장기 가치 교육 투자의 정수다. 이와 같이 지혜로운 투자 마인드와 더불어 반드시 자신이 믿는 미래 가치에 장기적으로 투자를 지속하는 뚝심 있는 태도를 갖출 수 있을 때, 비로소 교육 투자가 알찬 결실을 얻을 수 있게 될 것이다.

엄마 투자가 7단계 추천 도서 

『인재혁명』, 조벽(해냄, 2010)

『최고의 공부』, 켄 베인, 이영아 역(와이즈베리, 2013)

『해피어』, 탈 벤-샤하르, 노혜숙 역(위즈덤하우스, 2007)

『2020 미래 교육 보고서』, 박영숙(경향미디어, 2010)

『내가 알고 있는 걸 당신도 알게 된다면』, 칼 필레머, 박여진 역(토네이도, 2012)

『만나라 그러면 부자가 되리라』, 조 비테일, 빌 히블러, 이민아 역(미래지식, 2007)

교육 투자 포인트와 실전 전략 실행 팁

교육 투자 포인트

넓고 긴 안목으로 세상의 변화를 인지하여 단기적인 성적보다 아이의 잠재력과 성장 가능성에 초점을 맞춘 장기 가치 투자를 하라.

개미 엄마 vs. 고수 엄마

개미 엄마	고수 엄마
현재의 성적에만 초점을 맞추고 아이의 인성이나 대인 관계 능력, 잠재력 등의 내재 가치를 희생하는 근시안적 교육 투자를 한다.	현재의 성적뿐 아니라 저평가된 미래 고부가 가치 교육 자산을 찾아 장기적 안목으로 균형 있게 투자한다.

교육 투자 전략 워크북 — 균형 성과표(BCG Matrix, Balanced Score Card)

BSC(Balanced Score Card)는 하버드 비즈니스 스쿨의 로버트 카플란 교수와 컨설턴트 데이비드 노튼이 1992년 《하버드 비즈니스 리뷰》에 소개한 개념으로, 균형 잡힌 성과 기록표 혹은 균형 성과표로 불린다. 쉽게 BSC는 기업의 지속적인 성장을 위해서 기존처럼 단순히 수익을 나타내는 숫자에만 집중할 것이 아니라 재무, 고객, 내부 비즈니스 프로세스, 학습 성장의 네 가지 관점을 지표로 기업 성과를 균형 있게 관리할 수 있도록 돕는 경영 전략 프레임이다.

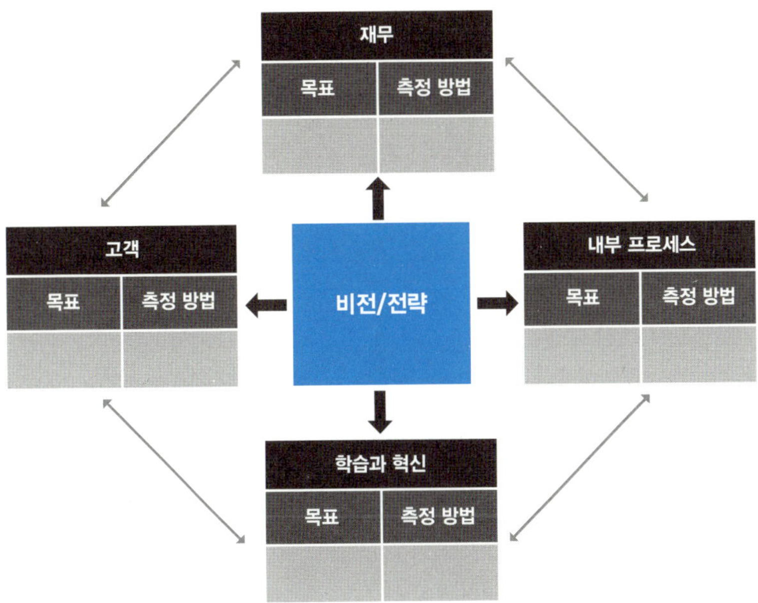

마찬가지로 고수 엄마들이 장기적인 성과를 위해서는 수치로 나타나는 성적뿐 아니라, 아이의 인성, 금융 지능, 잠재의식 지능에 균형 있게 투자할 수 있도록 BSC를 적용해서 활용해 볼 수 있다. 즉, 교육 투자에 있어서 먼저 분명한 비전과 전략을 정하고, 이를 달성하기 위한 평가 지표로서 학습 지능인 IQ에만 치중할 것이 아니라 인성 지능인 CQ(Character Quotient), 잠재의식 지능인 SQ(Subconscious Quotient)와 금융 지능인 FQ(Financial Quotient)에 대한 교육 목표를 균형 있게 설정하여 행동으로 옮길 수 있도록 BSC를 활용할 수 있다.

각 영역에서 투자해야 할 영역과 행동 계획을 직접 적어 보도록 하자.

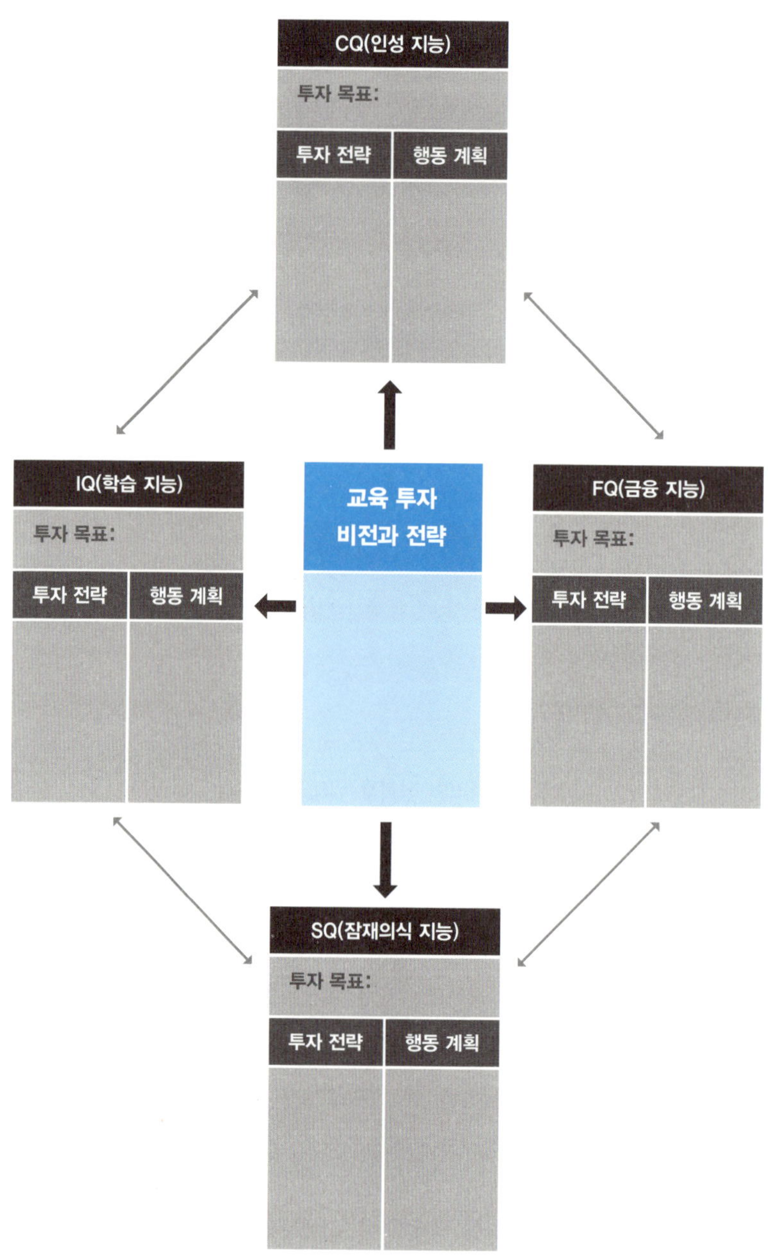

CQ(인성 지능)
투자 목표:
투자 전략
행동 계획
IQ(학습 지능)
투자 목표:
투자 전략
행동 계획
교육 투자 비전과 전략
FQ(금융 지능)
투자 목표:
투자 전략
행동 계획
SQ(잠재의식 지능)
투자 목표:
투자 전략
행동 계획

모임 목표: _______________________________

____

참여 멤버: _______________________________

____

모임 일시: _______________________________

모임 장소: _______________________________

모임 원칙: _______________________________

____

____

____

____

____

____

____

Chapter 02

초급편
망원경으로 멀리 보라

과거 통찰과 미래 조망을 통한 현 교육 투자 환경을 파악하고 현실을 직시한다

산업화 시대와는 게임의 규칙이 완전히 바뀐 뉴 글로벌 르네상스 시대에 아이들이 준비된 인재로 성장할 수 있도록 교육 투자가로서 엄마들이 알아 두어야 할 투자 환경에 대한 기본 상식들을 전한다. 21세기 급변하는 시대의 모습과 근대 학교 교육의 유래에 관한 내용을 조망해 봄으로써 현 교육 투자 환경을 파악할 수 있다. 나무가 아닌 숲을 바라보는, 거시적이고 역사적인 관점을 통해 현재 교육의 문제와 원인을 통찰한다.

워런 버핏은 투자 위험에 대해 다음과 같이 말했다.

"자신이 무엇을 하고 있는지 모를 때가 투자에서 가장 위험하다."

마찬가지로 자신의 교육 투자가 어떤 결과를 나타내는지 알지 못하고 있다면,

바로 그때가 투자 위험이 가장 높은 때이다.

당신은 교육 투자의 수익과 위험을 확실히 인지하고 있는가?

깨진 '개미와 베짱이 신화'

초등학교 시절 들은 「개미와 베짱이」 이야기를 아직도 많은 사람들이 기억할 것이다. 이 이야기의 주된 요지는 여름날 노래 부르며 놀던 베짱이는 겨울이 오자 먹을 것이 없어서 먹이를 구걸하는 신세가 되고, 열심히 성실하게, 순종적으로 일한 개미들은 겨울날 양식을 마련해 놓아서 따뜻한 집에서 행복하게 산다는 것이다. 그리고 이 이야기는 지금까지 우리 엄마들의 가슴속 깊이 새겨져 신화적 믿음으로 자리 잡고 있다. 그런데 사실 「개미와 베짱이」 이 우화는 20세기 산업화 시대에 필요한 성실한 산업 역군을 길러 내는 데 걸맞은 성공 신화였다. 하지만 21세기에 들어선 후 이 성공 신화에 금이 가기 시작했다. 우리에게 익숙한 이 이야기가 이젠 더 이상 통하지 않는 구닥다리 옛날이야기가 되어 버렸기 때문이다.

21세기판 「개미와 베짱이」가 나온다면 이야기가 어떻게 전개될 지 궁금하여 약간의 상상력을 발휘해 보았다.

우울한 21세기 개미의 삶

먼저 개미 이야기로 시작해 보자. 21세기 개미는 산업화 시절 성실히 노력해서 성공한 부모와 선생님의 조언을 따라 열심히 공부해서 성실한 일꾼이 되었다. 부모와 선생님처럼 하기만 하면 자신도 성공하고 행복해질 것을 굳게 믿으면서. 그런데 이게 웬일인가? 맹신했던 부모와 선생님의 말과는 거리가 먼 현실에 부딪히게 된다. 안정적이고 평탄한 삶이라는 목표를 향해 피땀 흘려 공부하고 일했지만 직업의 불안정성과 이로 말미암은 경제적 불안감과 같은, 노력에 걸맞은 보상을 받지 못하는 현실에 좌절하고 만 것이다. 하지만 무작정 열심히 공부하고 일하는 것 외에는 다른 방법을 배워 본 적이 없는 개미는 두려움과 불안 속에서 자신이 어릴 적부터 따라온 조언대로 더욱 뼈 빠지게 일해 보았지만 수입은 뻔했다. 그나마도 대부분을 집값과 애벌레 교육비로 쓰고 어느새 하우스 푸어, 에듀 푸어가 되어 버리고 말았다. 설상가상으로 치열한 경쟁 사회에서 살아남기 위한 생존 투쟁이 유발하는 과도한 스트레스로 말미암아 지끈지끈한 편두통과 만성 피로에 건강마저 나빠져 가고 있었다. 개미는 이러한 암울한 현실을 탈출할 돌파구를 찾던 와중에 주식에 손을 대면 대박의 꿈을 이룰 수 있다는 소문을 들었다. 그러나 잘 알지도 못한 채 막연한 기대감으로 뛰어든 주식 시장에서 개미지옥에 빠져 왕창 손해를 본 개미 투자가로 전락했다. 설상가상으로 많은 심적 스트레스와 과로로 얻은 허리 디스크와 간 질환 때문에 병원에 입원하여 그동안 작게나마 은행에 모아 놓은 저축마저 모두 탕진하고 말았다.

병원 침대에 누운 개미는 자신이 '왜 이렇게 살아야 하나?'라며 삶에 대한 심각한 회의에 빠져들기 시작했다. 죽으라고 열심히 공부하고 일한다고 미래의 행복이 보장되는 것도 아니고, 조직 안에서 기계 부품처럼 쳇바퀴 돌 듯 살아가는 자신의 현재 삶도 행복하지 않다는 사실을 깨달았기 때문이다. 무엇이 문제인가 곰곰이 생각해 보았다. 하지만 성실히 공부하고 일하면 안정되고 편안한 미래가 보장될 것이라는 부모와 선생님의 조언을 열심히 따랐던 것 외에는 무엇이 잘못되었는지 도통 알 수 없었다. 그 순간 라디오에서 옛 노래「난 참 바보같이 살았군요」가 흘러나왔다. 개미는 이를 쓸쓸하게 따라 불러 보았다. 문득 개미는 순간 어릴 때부터 자신이 좋아하는 일을 하며 재미있게 삶을 즐기며 지냈던 베짱이 친구의 소식이 궁금해졌다. '어릴 적 그렇게 놀았으니, 지금 나보다 베짱이는 더 많이 힘들겠지?'라는 생각을 떠올리던 중 다른 개미 친구와 통화를 하다 베짱이의 소식을 전해 들었다.

"야, 그 날라리 베짱이 있잖아? 매일 춤과 노래에 빠져 살던 그 녀석. 그 녀석이 글쎄 여행 중에 영감과 아이디어를 얻어 멋진 곡을 작곡하고, 신나는 춤을 창안해서 음반을 냈대. 방송 출연과 유튜브를 통해 엄청난 인기를 끌면서 대박이 났다는 걸? 우리가 함께 학교 다닐 때는 공부도 못하고 불성실한 놈이라고 생각했었는데, 이럴 줄 알았으면 베짱이랑 좀 더 친하게 지낼 걸……."

두 개미 친구는 베짱이의 성공을 부러워하며 전화를 끊었다. 그리고 전화를 끊은 개미는 다음과 같은 상념에 빠져들었다.

'베짱이와 나의 차이가 무엇이었을까? 열심히 하기는 내가 더 열심히 했던 것 같은데……. 어린 시절엔 부모님 말씀대로 열심히 공부해서 좋은 학교와 좋은 직장에 취직하기만 하면 편안하고 안락하게 살 수 있을 거라 믿었었는데, 무엇이 잘못된 걸까?'

열심히 불행해지고 있는 대한민국

상상의 이야기라 너무 현실감 없이 들리는가? 아니면 당신도 개미의 입장에 공감이 가는가? 위의 이야기는 다름 아닌 우리 현실에서 일어나고 있는 일을 상징적으로 보여 주는 일화이다.

통계 자료를 보면 개미처럼 열심히 공부하고 있는 대한민국의 학생들의 학습 시간은 세계 최고 수준이다. 그러나 아이러니하게도 학습 능률과 행복도는 최하위 수준이다.

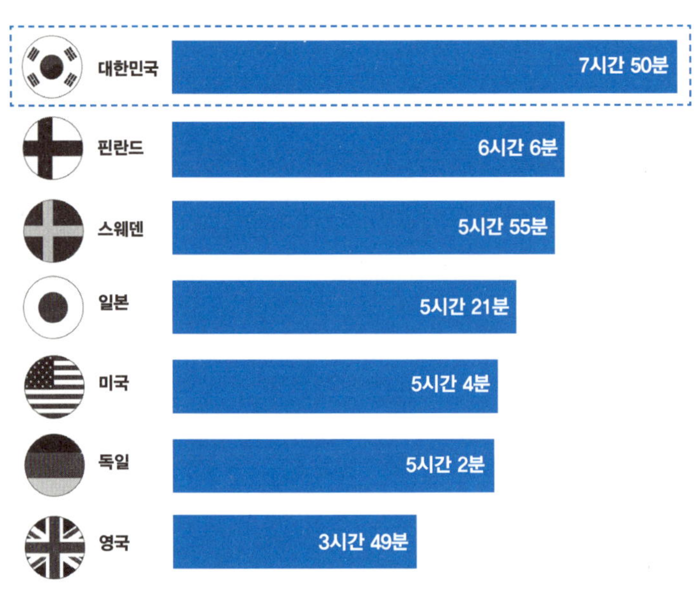

우리나라 청소년의 공부 시간은 일 평균 7시간 50분으로 가까운 일본과 비교해도 두 시간 이상 많다. (출처: 보건 복지 가족부)

보건 복지 가족부가 한국 청소년 정책 연구원에 의뢰해 작성한 '아동·청소년의 생활 패턴에 관한 국제 비교 연구'에 따르면 우리나라 15~24세 학생의 평일 학습 시간은 학교 수업과 사교육, 개인 공부 시간을 합쳐 7시간 50분으로 나타났다. 핀란드(6시간 6분)와 스웨덴(5시간 55분), 일본(5시간 21분), 미국(5시간 4분), 독일(5시간 2분) 등 다섯 시간 전후인 다른 OECD 국가에 비해 두 시간 이상 길다. 하지만 학업 성취도는 별다른 차이가 없었다. 만 15세 학생을 대상으로 한 2003년 OECD의 국제 학업 성취도 조사(PISA)를 비교하면 핀란드 학생의 수학 점수는 544점(한국 542점)으로 2점이 높았다. 또한 일본 학생의 점수도 534점으로 큰 차이가 없었다.

영국 얼스터 대학의 리처드 린 교수와 핀란드 헬싱키 대학의 타투 반하넨 교수가 세계 185개국 국민의 평균 지능 지수 검사와, 스위스 취리히 대학의 토마스 폴켄 박사가 180개국의 국민 평균 지능 지수를 연구한 논문에 따르면 전 세계 인구의 0.2퍼센트에 불과한 인구로 노벨상 수상자의 30퍼센트, 노벨 과학상의 60퍼센트를 차지하는 유대인의 평균 지능은 94이다. 세계 인구의 0.7퍼센트에 달하는 한국인들의 평균 아이큐는 106으로 세계 1위를 기록했다. 한국인의 아이큐가 유대인보다 무려 평균 12점이나 높았던 것이다. 또한 국제 학업 성취도 조사에서 한국은 1~4위로 세계 최상위권이지만, 이스라엘은 OECD 34개 국가 중 30위 정도에 머문다. 하지만 대한민국은 노벨 평화상 한 개를 제외하고는 아직까지 노벨상 수상자를 한 명도 배출하지 못하고 있다. 이와 같이 세계에서 가장 우수한 두뇌를 가지고 가장 오랜 시간 공부하는 대한민국 청소년들에 대한 교육 투자는 OECD 청소년 행복도 최하위 기록과 높은 청소년 자살률로 이어지고 있다.

또한 우리나라 학생들은 3년마다 실시되는 OECD 국제 학업 성취도 조사에서 학업 흥미도와 자신감은 최하위 수준이며, 높은 스트레스를 받고 있는 것으로 나타났다. 한마디로 전 세계에서 제일 재미없는 공부를 제일 불행하게, 오래 하고 있는 것이 한국 학생들이라는 의미이다.

OECD 주요국 어린이 · 청소년의 주관적 행복 지수 순위

국가	순위	지수
스페인	1위	114.92
그리스	2위	113.33
네덜란드	3위	11.09
미국	10위	102.72
프랑스	16위	114.92
대한민국	23위	96.25

OECD 가입 23개국을 대상으로 한 조사로 평균 100점을 기준으로 했다. (출처: 한국 방정환 재단)

더 큰 문제는 이 모든 것을 극복해 내고, 그렇게 열심히 공부해서 대학교를 졸업한 이후에도 암울한 현실이 지속된다는 사실이다. 우리나라 노동자들의 근로 시간 통계를 보면, 2011년 기준 연간 노동 시

삶의 만족도

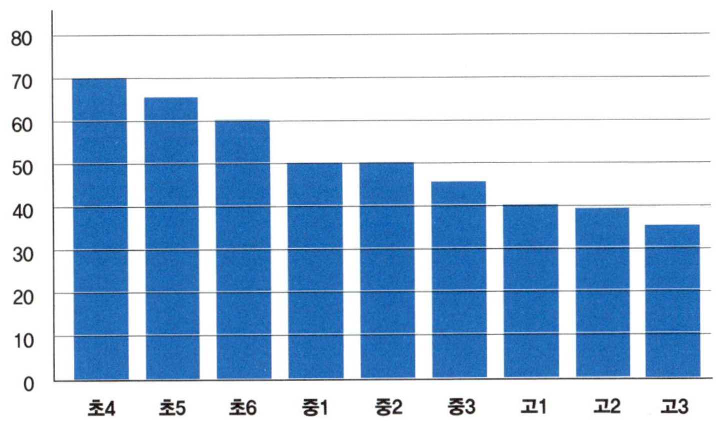

우리나라의 청소년들은 학년이 올라갈수록 삶의 만족도가 하락한다고 느낀다. (출처: 『행복해지는 법』, 김진혁)

연평균 근로 시간

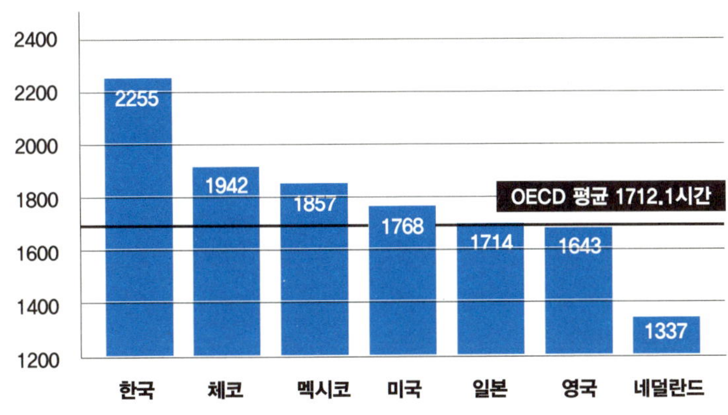

우리나라는 2009년 기준 OECD 가입국 중 최장 시간 일했다. (출처: OECD 근로 시간)

간은 2,193시간으로 OECD 국가 중 최고 수준이다. 다른 OECD 국가들의 연간 평균 노동 시간 1,749시간에 비하면 거의 두 달을 더 일하고 있는 셈이 된다. 하지만 아이러니하게도 노동 생산성은 OECD 30여 개국 중 28위를 기록하고 있다. 한국보다 단위 시간당 생산성이 떨어지는 나라는 멕시코와 폴란드뿐이다. 더군다나 낮은 직업 만족도까지 고려한다면 한국인들은 오랜 시간을 비효율적으로 일하며 불행하게 살고 있다는 의미가 된다.

대한민국의 행복도는 나이가 들어갈수록 점점 줄어들며, 영국 레스터 대학의 조사 자료에 따르면 대한민국의 세계 행복도는 102위를 기록하고 있다. 이런 통계 자료들은 대부분의 한국인들은 전형적인 20세기 개미의 삶을 21세기에도 살고 있지만, 성공과 행복은 예전과

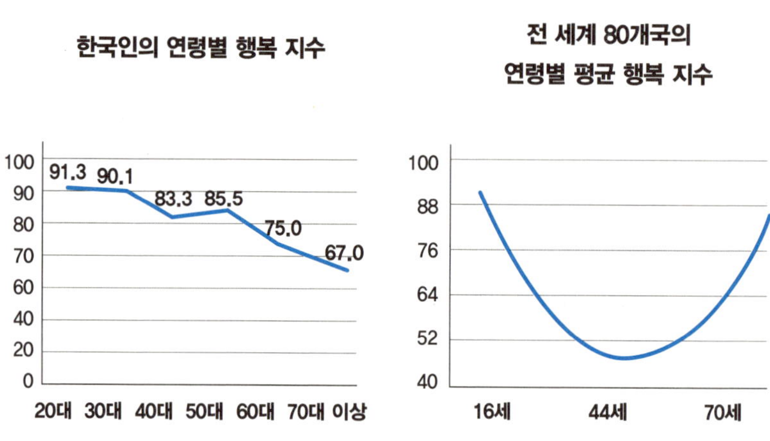

전 세계의 평균과는 다르게 우리나라 국민은 나이가 들수록 행복을 느끼는 인구 비율이 줄어든다. 100에 가까울수록 행복감을 크게 느낀다는 의미다.(왼쪽 그래프 출처: 《문화일보》 여론 조사, 오른쪽 그래프 출처: 영국 워윅 대 앤드루 오스월드 연구 팀)

달리 우리에게 다가오지 않고 있다는 것을 명확히 보여 주고 있다.

　종합해 보면 한국인들은 행복해지기 위해 세계에서 가장 우수한 두 뇌를 가지고 가장 오랜 시간, 가장 열심히 필사적으로 공부하고 일하지만 아이러니하게 행복과는 오히려 멀어지는 전형적인 21세기 개미의 삶을 살고 있는 것이다.

　이에 반해 대한민국 국보급 가수가 된 베짱이형 인재, 싸이의「강남 스타일」은 유튜브 창사 이래 처음으로 2012년 12월 '10억 뷰'를 돌파하며 최단 기간, 최다 조회 수 기록을 세웠다. 2012년 미국 빌보드 싱글 차트 7주 연속 2위와 영국 싱글 차트 1위를 기록했다. 또한 2014년 5월에는 유튜브 사상 최초로 20억 뷰를 돌파하는 대기록을 세웠다.「강남 스타일」은 싸이를 일약 월드 스타로 만들어 주었을 뿐 아니라 막대한 로열티 수익을 창출하였다. 베짱이 싸이의 성공은 대다수의 개미가 따라가는 길이 아닌 자신이 진심으로 좋아하는 일을 선택하여, 자신만의 독특함에 기반을 두고 차별화된 노력을 신 나게 기울인 데서 비롯되었다고 할 수 있다. 싸이는 많은 가수들과 같은 '꽃미남'도 아니고, 춤을 잘 추는 것도 아니고, 음악성도 특출나지 않은 자신을 정확히 인식한 후 자신이 배울 수 있는 선배 가수들의 콘서트를 열심히 보고 배웠다. 이를 바탕으로 누구나 쉽게 따라 부를 수 있는 노래와 쉽게 따라 출 수 있는 춤을 개발하고, 자신만의 개그로 차별화된 독특한 음악 스타일을 추구한 결과 오늘의 결과에 이르게 된 것이다. 이런 싸이와 같은 베짱이 인재상을 선호하는 것은 세계적인 추세이다. 유럽의 유력 언론들도 자국의 노동 시장에 중국과 인도의 똑똑한 개미들이 무섭게 몰려오고 있으며, 그들을 이길 수 있는 것은 창의적인 베짱이밖에 없다는 견해들을 다투어 발표하고 있다고 한다. 유럽 사회 또한 열심히 일하는 개미형 인재보다는 창의적 베짱이형 인재를 지향하고 있다는 의미이다.

왜 이런 상황이 벌어진 것인가? 왜 우리가 어렸을 때 배웠던 것과 다르게 베짱이가 개미보다 성공하는 상황이 되었을까?

한국 교육이 시대에 뒤떨어지게 된 이유

하버드 교정에 들어서면 하버드 내 90여 개 도서관이 보유하고 있는 1500만 권의 책(이는 서울에 있는 모든 대학들의 장서를 합친 것보다 많다.) 중 5분의 1인 300만 권의 장서를 보유하고 있는 와이드너 기념도서관(The Harry Elkins Widener Memorial Library)을 바로 찾을 수 있다. 바라보고 있는 것만으로도 학문에 대한 경외심을 불러일으키는 이 장엄한 도서관에 들어서서 고급스러운 대리석 계단을 올라가다 보면 바로 만나게 되는 고풍스러운 서가가 있는데, 이곳은 와이드너 도서관을 기증한 한 어머니의 가슴 아픈 사연을 담고 있다. 와이드너 도서관은 1907년 하버드를 졸업한 아들 해리 엘킨스 와이드너가 1912년 유럽에서 구텐베르크 성경 인쇄본을 구해 고향으로 돌아가는 길에 탔던 타이타닉호와 함께 생을 마감하자, 그 어머니인 와이드너 부인이 아들을 기념하며 당시 200만 달러라는 큰 재산을 기부하여 설립되었다. 기부 조건으로 와이드너 부인은 도서관 전면에 아들의 초상화가 보일 것과 도서관의 구조를 바꾸거나 위치를 옮기지 말 것, 또 '하버드대 입학생은 졸업 전까지 25미터 이상 수영할 수 있을 것'이라는 조건을 제시했다(수영과 관련된 조항은 하버드의 전통이 되어 1970년대까지 지켜졌다가 그 이후 차별 금지 원칙에 따라 사라졌다고 한다). 우리는 여기서 대서양에서 사랑하는 아들을 잃은 한 어머니의 가슴 저린 슬픔을 잘 읽을 수 있다.

　해리 엘킨스 와이드너가 탑승했던 타이타닉호는 1912년 4월 10일 정오, 화이트 스타 라인(White Star Line)의 증기선 타이타닉(정식 명칭 Royal Mail Ship Titanic)호는 영국의 사우샘프턴(Southampton)에서 뉴욕으로 첫 항해를 떠났다. 1912년 4월 14일 일요일 오후 11시 40분 타이타닉호는 빙산과 충돌했고 선체 중 엉성하게 용접된 부분이 터져 떨어져 나감으로써 2시간 40분 후 두 동강이 난 뒤 침몰했다. 승선했던 2,224명 중 3분의 2인 1,514명이 목숨을 잃은 대참사였다. 타이타닉호 침몰에 대해 여러 가지 원인들이 제기되었는데, 그중에서 에드워드 스미스 선장의 태도가 가장 큰 의문으로 제기되었다. 상식적으로 스미스 선장은 타이타닉호 가까이에 빙산이 있다는 사실을 알고 있었다면 두 가지 중 하나를 선택해야 했다. 한 가지는 항로를 서쪽이 아닌 남쪽으로 바꾸는 것이었고, 다른 하나는 밤이 되었을 때 배의 속도를 많이 줄이는 것이었다. 하지만 그는 그 어떤 조치도 취하지 않았다. 왜 스미스 선장은 항로와 속도를 그대로 두었을까? 타이타닉호의 항로를 이용하던 많은 여객선들은 25년 이상을 밤에 빙산이 가까이 있더라도 날씨가 맑을 때는 항로와 속도를 그대로 유지하고, 또 위험을 피하는 일은 망루에 맡기는 관행을 지켜 왔다. 항해사와 승무원들에게는 이런 관행이 경험을 통해 정당화되었을 뿐 아니라 그렇게 해도 그동안은 아무 사고도 일어나지 않았다. 마찬가지로 이와 같은 관습에 젖어 있었던 스미스 선장은 타이타닉호의 항로와 속도를 유지하였던 것이다. 그러나 타이타닉호의 비극적인 침몰은 그 관행이 잘못

된 것이었음을 참담한 비극을 통해 통렬히 각인시켜 주었다.[24]

우리나라는 현재 세계 어느 나라보다 미래의 행복을 위해 현재를 담보 잡혀 가장 장시간 공부하고 있다. 여기에 세계 최고 수준의 자살률, 이혼율과 더불어 청소년의 행복도는 OECD 최하위를 기록하고 있다. 기존 산업화 시대의 교육 방식을 그대로 답습하고 있는 대한민국의 교육 현실과 깊이 있는 성찰 없이 남들 하는 대로, 기존에 하던 대로 교육하고 있는 엄마들을 바라볼 때, 침몰하는 타이타닉호와 스미스 선장이 연상된다.

하버드 케네디 스쿨을 졸업하고 귀국한 후, 초·중·고 대학교와 영재 교육원, 교육청, 학부모, 교사, 기업 등 다양한 청중을 대상으로 한 특강과 연수 교육들을 진행하면서 타이타닉호의 침몰과 같은 위기감을 절실하게 체감할 수 있었다. 대한민국호는 급변하는 21세기의 높은 파고와 수면 아래 숨겨진 보이지 않는 암초, 거대한 빙산들과의 충돌에 대한 대비 없이 이미 낡은 기존의 20세기 교육법의 관성을 따라 움직이고 있다. 그리고 그 침몰하는 배 위에서 우왕좌왕하며 혼란스러워하고 고통스러워하는 아이들과 학부모, 그리고 교사들을 바라봐야 하는 마음은 참으로 안타까웠다. 그렇다고 맹목적으로 교육의 문제를 단순히 누구의 탓만으로 돌리기도 어려워 보인다. 왜냐하면 직접 만나 본 적지 않은 교수, 교사, 학부모, 교육 관련 부처 공무원 역시 모두 선한 의지를 가지고 대한민국 교육을 개선하기 위해 나름대로 최선의 노력을 하고 있었기 때문이다. 또 대한민국의 교육 제도를 무조건 비판하는 것도 무리가 있어 보인다. 세상 모든 것이 그렇듯 대한민국의 교육도 긍정적인 측면과 부정적인 측면을 함께 지니고 있다. 천연자원이 부족하고 풍부한 자원이라고는 오직 사람밖에 없던 대한민국이 인류 역사상 유례없는 경제 발전을 이룩한 원동력은 바로 과거 대한민국의 산업화 교육이라고 할 수 있다. 전체 인구의 5퍼센트 미만이었던 고등 교육 수혜자를 산업화를 이루기 위해 필요한 30퍼센트 이상으로 단기간에 확산되게끔 만든 일등 공신은 바로 오늘날 우리가 비판하고 있는 대한민국의 획일적 교육 정책 때문이었던 것이다. 실제 유네스코(UNESCO, 유엔 교육 과학 문화 기구)는 한국 교육 체제를 가장 성공한 교육 사례 중 하나로 평가하고 있다.

그렇다면 무엇이 문제가 된 것일까? 그 주요 이유 중 하나는 바로 시대가 변했다는 사실이다. IT와 통신, 교통 기술의 비약적인 발전으로 인해 세계가 변했고, 국가가 변했고, 사회가 필요로 하는 인재가 변했다. 결과적으로 과거에 성공적으로 작동했던 교육 방식이 이제 더 이상 통하지 않게 된 것이다. 세계의 지성과 선각자들도 이미 엄청난 대변화의 시기가 도래했다고 입을 모아 말하고 있다. 세계적인 미래학자 다니엘 핑크는 『새로운 미래가 온다』에서 "미래는 매우 색다른 마인드를 가진 매우 색다른 사람들의 세상이 된다. 그들은 창의적이며, 감정의 교류에 능하며, 인지력이 뛰어나며, 의미를 창조하는 사람들이다. 그러한 사람들이 이제 사회의 가장 풍요로운 보상을 받을 것이며, 사회의 가장 큰 기쁨을 함께 나눌 것이다."[25]라고 말한다.

세계 3대 미래학자 중 한 명인 앨빈 토플러 또한 2007년 한국 방문 시 다음과 같이 말했다.

"한국에서 가장 이해하기 힘든 것은 교육이 정반대로 가고 있다는 것이다. 한국 학생들은 하루 15시간 이상을 학교와 학원에서, 자신들이 살아갈 미래에 필요하지 않을 지식을 배우기 위해, 그리고 존재하지도 않는 직업을 위해, 아까운 시간을 허비하고 있다. 아침 일찍 시작해 밤늦게 끝나는 지금 한국의 교육 제도는 산업화 시대의 인력을 만들어 내기 위한 것이었다. 이제 산업화 시대가 끝났기 때문에 교육도 바뀌어야 하며, 학교마다 각기 다른 특성 있는 교육을 해야 한다. 새로운 시대의 교육은 적당한 지식인을 대량 생산하는 식으로 진행되어서는 안 된다. 한국의 미래는 교육에 달려 있다."

그렇다면 우리는 어떻게 해야 할까? 이에 대한 통찰을 얻기 위해 우리가 살았던 시대를 지배했던 산업화 교육의 역사적 유래를 살펴보는 것은 지혜로운 일일 것이다.

세계적인 베스트셀러 『부자 아빠 가난한 아빠』의 저자인 로버트 기요사키에 따르면 부자들이 자녀들을 교육하는 내용과 일반인이 자녀들을 교육하는 법에 현저한 차이가 있다고 한다. 그리고 그 교육으로 인해 부의 대물림이 필연적으로 발생한다고 한다. 이에 대한 근본적인 원인에 대해 로버트 기요사키가 『부자들의 음모』에 소개하는 이유는 다음과 같다.

"세계 최고의 부자였던 록펠러가 설립한 록펠러 재단이 주체가 되어 1903년 창립한 일반 교육 위원회의 취지문은 다음과 같이 말한다.

'일반 교육 위원회의 설립 목적은 돈의 힘을 활용하고자 하는 것이다. 우리의 목적은 많은 사람들이 생각하는 것처럼 미국의 교육 수준을 높이기 위한 것이 아니다. 교육의 방향을 우리가 원하는 대로 바꾸고자 하는 것이다. ……우리의 목표는 학교를 통해 사람들을 규칙에 순응하도록, 지배자에게 복종하도록 길들이고 가르치는 것이다. 우리가 추구하는 바는 예나 지금이나 같다. 관리 감독과 지시에 따라 생산적으로 일하는 시민을 양산하는 것이다. 권위를 의심하는 태도, 교실에서 가르치는 것 이상을 알고 싶어 하는 태도를 꺾어 버려야 한다. ‘진정한 교육’은 엘리트 지배 계급의 자녀들에게만 제공한다. 나머지 학생들은 그저 하루하루를 즐기는 일 이외에는 아무런 꿈도 꾸지 못하는, 숙련된 일꾼으로 만들어야 한다. 그런 교육이 그들에게는 훨씬 도움이 될 것이다.’ — 에드워드 그리핀, 『제킬 섬에서 온 생명체 *The Creature from Jekyll Island*』

이 일반 교육 위원회가 최초로 제출한 특별 보고서 「미국의 미국 학교 *The Country School of Tomorrow*」에서 프레더릭 게이츠는 다음과 같이 말한다.

‘우리가 꿈꾸는 세상에서, 우리는 무한한 자원을 차지하고 사람들은 우리가 주무르는 대로 온순하게 움직여야 한다. 전통적인 교육적 관습은 사람들 마음에서 점점 사라지고 있다. 지금이 전통의 방해를 받지 않고 교육을 바꿀 수 있는 좋은 기회다. 늘 감사하는 마음으로 우리 요구에 반응하는 촌사람들을 생산해 냄으로써 우리는 이익을 만들어 낼 수 있다. ……우리 임무는 아주 단순하면서도 아름다운 것이다. 자신이 지금 있는 곳을 완벽한 이상 세계처럼 느끼도록 사람들을 훈련시키기만 하면 된다.’[26]

이러한 역사적 문서들을 통해 알 수 있는 것은 미국의 가장 부유한 엘리트 계급들은 학생들이 필요로 하는 것이 아니라 자신들이 필요로 하는 것을 가르치는 교육 제도를 구축하고자 했다는 것이다. 이것은 매우 중요한 사실이다. 교육에 대한 이러한 태도는 100년이 지난 지금도 변함이 없다. 우리나라의 경우에도 일제 강점기에 일제가 자신의 귀족 자녀들을 가르쳤던 교육과 식민지인 한국의 국민들을 가르쳤던 교육의 차이가 바로 여기에 있다. 그리고 그 교육 제도는 지금까지 대물림으로 내려오고 있다.

실제 현재의 학교 교육 제도는 프로이센의 교육 제도에 그 근원을 두고 있다. 군사주의 국가였던 프로이센의 교육 제도는 충성스러운 일꾼, 맹목적으로 명령을 따르는 군인, 시키는 대로 행동하고 시키는 대로 자신이 번 돈을 쓰는 대중을 생산하기 위한 목적으로 설계되었다. 뉴욕에서 세 번이나 '올해의 교사'로 선정되었던 존 테일러 가토는 다음과 같이 말한다.

"우리 교육 시스템은 아이들 스스로 생각하는 법을 가르치기 위한 것이 아니다. 오늘날 우리는 온전하게 자유로울 수 있다고 생각하지만, 그런 생각을 뒷받침하기 위해서 설계된 것도 아니다. 우리 교육 제도의 밑바탕이 되는 프로이센 교육 모델은 오히려 그 정반대 목적을 위해 설계되었다. 아이들을 명령에 복종하게끔 만들고, 시키는 대로 행동하게끔 가르치는 것이 진짜 목적이다. 고분고분하고 순종적인 학생들은 장차 부자를 위해 평생 일하는 것에 만족하는 피고용자가 될 것이고, 부자의 재산을 보호하기 위해 기꺼이 전쟁에 나가 목숨까지

바치는 군인이 될 것이다."[27]

혹시 위의 내용들이 지나친 음모설이라고 생각되는가? 그렇다면 산업 발전 시절 '산업의 역군(Industrial Soldier)'라는 단어가 종종 쓰였던 것을 기억해 보자. 산업화를 위한 군인이라는 단어에는 위의 관점이 잘 반영되어 있음을 알 수 있다. 또한 실제로 우리가 경험하고 있는 학교나 학원의 교육을 돌아보자. 모두가 그런 것은 아니지만 아이들이 살아갈 미래에는 그다지 필요하지 않은 내용들로 채워져 있고, 아이들의 마음속에 두려움과 의심을 키워 가는 경우가 많지 않은가? 이미 낡은 이러한 산업화 교육을 어린 시절부터 지속적으로 받게 될 때는 자신들이 누구인지, 무엇을 하고 싶은지도 잘 모르게 된다. 사회적 트렌드와 대세라고 믿는 유행들을 좇아 살아가다가 구직과 퇴직을 반복하고, 노후를 걱정하며 눈앞의 상황에만 급급해 사는 존재가 되기 십상이다.

몰입 이론으로 세계적인 명성을 얻은 긍정 심리학의 대가 칙센트미하이 교수는 이에 대해 다음과 같이 말한다.

"우리는 아이들에게 삶을 스스로 이뤄 나가도록 가르쳐 주는 대신 오히려 자기 고유의 삶을 잊으라고 가르치고, 그들을 좋은 소비자로 양성하고 있다는 점을 쓰라리게 확인해야 합니다. 이것이 바람직한 것처럼 보이고, 경제인과 정치인은 이를 환영합니다. 왜냐하면 경제인과 정치인은 미래에도 자신을 생각하지 않고 주도권을 결코 내세우지 않는 사람들이 존재할 것이며, 그들을 쉽게 조작할 수 있으리라고 기대할 수 있게 될 겁니다."[28]

하지만 앞서 언급했듯이 현재의 대한민국 교육을 무조건적으로 비판하거나 불평을 늘어놓기보다는, 전후 가진 것이라고는 노동력밖에 없었던 열악한 여건 속에 산업화를 달성해야 했던 국가적 과제에 직면해 있었음을 기억해야 한다. 산업화를 위해 노동력을 최대한 활용할 수 있도록 단기간에 산업화 인재를 대량 양성하는 획일화 교육이 필요했던 것이다. 따라서 역사적 맥락 가운데 형성된 산업화 인재 양성을 위한 한국의 교육 제도는 시대 상황상 불가피한 선택이었던 측면이 있었음을 균형 있게 기억하는 것이 좋다.

지금까지 산업화 교육의 역사적 유래를 본 의의는 산업화 시대가 지나가고 창조 경제 시대가 도래한 현재에는 산업화 교육 패러다임이 더 이상 적절하지 않다는 사실을 가슴 깊이 새기는 데 있다. 새 시대를 살아갈 아이들의 미래를 위해 투자해야 하는 엄마 투자가로서 새로운 교육 투자 전략의 필요성을 절실히 느끼는 것이 중요하다는 의미이다. 다르게 보고 다르게 느낄 수 있을 때에만 진정한 변화가 가능하기 때문이다.

뉴 글로벌 르네상스 시대의 도래

인류는 수렵 시대, 농경 시대, 산업화 시대, 정보화 시대를 지나 뉴 글로벌 르네상스(New Global Renaissance) 시대에 접어들었다.

뉴 글로벌 르네상스 시대란 무엇인가? 이를 이해하기 위해서는 먼저 과거의 르네상스의 시대를 살펴볼 필요가 있다. 역사는 늘 그 형태를 달리하며 반복하는 특징을 가지고 있기 때문이다.

먼저 르네상스의 의미를 살펴보면 다음과 같다.

"르네상스는 14~16세기 이탈리아에서 일어난 문예 부흥 운동이다. 르네상스 문화의 근본정신은 인문주의, 즉 휴머니즘(humanism)이다. 그리스·로마의 고전에서 '보다 인간답게 만드는 일'을 뜻하는 후마니오라(humaniora)에서 시작된 말로, 인간이 지니는 가치, 즉 인간의 창조성에서 만들어지는 모든 것들을 존중하는 사상이다. 약 600년 이상 이어진 중세는 신 중심의 세계관이 지배했던 사회로, 인간의 개성과 창의성은 자유롭게 표현될 수 없었다. 그러나 단테를 시작으로 페트라르카, 보카치오 등 이탈리아의 문학가들이 그리스·로마의 고전 문화에서 휴머니즘을 발견하여, 다시 인간 본연의 개성과 자유를 존중해야 한다고 주장하였다."[29]

중세 암흑시대에서 르네상스 시대로의 변화는 인간의 개성과 창의성이 억압되고 획일화되고 반복적인 암기 위주의 주입식 교육이 효과를 발휘하던 기계화 중심의 산업화 시대(중세 암흑시대)에서 인간의 개성과 상상력, 창의력과 같은 인간의 창조성이 주요 능력으로 자리 잡은 현재(르네상스 시대)로의 변화와 매우 유사하다. 이뿐만 아니라 이 르네상스적 변화가 IT 기술과 교통의 비약적인 발전에 힘입어 전 지구적으로 확산되고 있는 모습을 반영하여 새 시대를 뉴 글로벌 르네상스라 이름 붙여 보았다.

이러한 뉴 글로벌 르네상스 시대는 인간의 창의적 상상력이 경제로 직결되는 시대이다. 대표적인 사례로 제임스 캐머런 감독의 영화 「아바타」를 들 수 있다. 2009년 개봉된 3D 영화 「아바타」는 세계적 돌풍을 일으켜 27억 달러라는 흥행 신기록을 세웠다. 전문가들은 「아바타」의 흥행 추이를 볼 때 세계 극장 수입 27억 달러, DVD 방송권·캐릭터 상품 등 부가 수입 25억 달러 등 총 52억 달러쯤 되는 매출을 기록한 것으로 추정한다. 극장 매출 중 극장 몫과 총제작비 5억 달러를 뺀 흥행 순 수입은 7억 5000만 달러나 된다. 여기에 부가 판권 매출액은 90퍼센트라는 순 이익률을 적용하면 전체 순이익은 30억 달러(약 3조 원) 안팎이 될 것으로 추정된다. 현대 자동차가 순이익 30억 달러를 내려면 2만 달러짜리 소나타 300만 대(순이익률 5퍼센트 적용)를 수출해야 함을 고려해 볼 때, 영화 한 편이 창출한 엄청난 경제 효과를 조금이나마 짐작해 볼 수 있다. 이와 같이 뉴 글로벌 르네상스 시대는 인간의 독창적인 개성과 상상력, 창조성이 주요 자원이 되는 창조 경제의 시대가 된 것이다. 뉴 글로벌 시대와 산업화 시대의 차이를 도표로 간단히 정리해 보면 다음과 같다.

비고	산업화 시대	뉴 글로벌 르네상스 시대
핵심 능력	암기력(독해 능력, 수리 능력)	창조력(창의력, 상상력, 통찰력)
인재상	성실히 일하는 개미형 인재	개성을 추구하는 창조적인 베짱이형 인재
미덕	순종	독창성과 공감
교육 방식	소품종 대량 생산 공장 생산 방식(획일화와 효율성 추구)	다품종 소량 생산 예술 창조 방식(탁월성과 효과성 추구)
교육의 강조점	획일성	차별성
교육의 방향	시험을 위한 기계적 교육	도전과 모험을 위한 창조적 교육
교육의 역할	획일성을 강조하는 공장	독특함을 강조하는 아트 스튜디오
교육의 중점	밖에서 안으로 주입하는 표층 지식 교육	안에서 밖으로 이끌어 내는 심층 지혜 교육
활용 자원	스펙과 학력	스토리와 아이디어

『톰 피터스의 미래를 경영하라』, 톰 피터스, 정성묵 역(21세기북스, 2005), p. 291 참조로 필자 재구성

낡아 빠진 조언은 이제 그만!

앞서 살펴본 대로 산업화 시대에서 뉴 글로벌 르네상스로 시대로 전환되면서 성공의 개념 또한 달라지고 있다. 부모 세대의 경험은 존중받아야 마땅하다. 하지만 그것이 변화한 시대에서도 절대적인 가치가 될 수는 없다.

우리 모두가 잘 알고 있다시피 대한민국 부모들의 교육열은 세계 최고 수준이다. 요즘 사회 문제로까지 부상한 기러기 아빠처럼 희생도 마다하지 않고 조기 유학을 보내기도 한다. 이와 같이 많은 희생이 따름에도 불구하고 부모들이 자녀 교육에 집중 투자를 하는 이유는 과연 무엇일까? 우리나라에서 좋은 학벌, 높은 학력은 성공 보증 수표와 같이 여겨져 취업, 승진, 사업, 결혼 등에 유용한 자원이라는 인식이 강하기 때문이다. 요즘 아이들을 양육하고 있는 부모들은 산업화 시대 명문 대학이 좋은 직장으로 연결되었던 경험 때문에 '명문대→좋은 직장→성공과 행복'이라는 20세기 개미 성공 공식을 마음 깊이 새기고 있다. 그러나 이러한 신념으로 인해 변화한 현실을 제대로 보지 못하는 것도 사실이다. 즉, 낡고 상처가 잔뜩 나 잘 보이지도 않는 산업화 시대의 안경을 끼고, 뉴 글로벌 르네상스가 도래한 현재를 바라보는 심각한 오류에 빠지게 되는 것이다. 대한민국은 서구 선진국이 200년에 걸쳐 이룬 산업화를 불과 40여 년 만에 이루어 낸 고도의 성장과 급격한 변화를 겪어 왔다. 60년 전 전쟁으로 폐허가 되었던 대한민국은 '한강의 기적'이라 일컬어지는 유례가 없는 발전으로 정치, 경제, 사회, 문화 등 전 분야에 걸쳐 세계에서 돋보이는 성과를 이루었다. 60년 동안 한국 경제는 1인당 국민 총생산(GDP)의 경우 67달러에서 2만 4000달러로 무려 358배나 늘어나는 세계 최고 수준의 압축 성장을 기록했다. 이러한 소위 '경제 압축 성장기'에는 사회 계층의 변화가 활발해진다. 이 기간에 유리한 고지를 선점할 수 있었던 이들은 다름 아닌 성실히 공부하여 시험 점수를 잘 받았던 명문대 졸업생들이었다. 더군다나 시험 성적이 우수해 선발된 고시 출신 공무원들이 주축이 되어 국가 주도의 강력한 경제 성장 정책을 펼쳤기 때문에, 경제적 이익을 비롯한 많은 기회 요소들이 국가 공무원들과 함께 학창 시절을 보낸 명문대 동창 인맥을 중심으로 배분되어 이들은 상대적으로 쉽게 중산층에 속할 수 있었다. 하지만 현재는 경제 저성장기로 과거와는 판이하게 다르다. 현재는 명문 대학 졸업장의 효용성이 급격히 하락했다. 그러나 이러한 변화를 감지하지 못한 산업화 세대들이 과거의 낡은 경험을 변화한 새로운 현실에 그대로 적용하려하는 것이 대한민국이 파산에 가까운 교육 투자 성과를 내고 있는 주요한 이유이다. 즉, 이미 낡은 과거의 성공 공식에 사로잡혀 현실을 직시할 수 있는 안목을 갖추지 못한 것이 가장 큰 문제가 되고 있는 것이다. 현재 대부분의 학부모들은 대학 입시까지의 단기 경주 성적이 이후 평생의 삶을 보장해 주었던 산업화 세대지만, 그 학부모들이 키우는 아이들은 120~150세까지 장기 마라톤을 완주해야 하는 뉴 글로벌 르네상스 세대의 아이들이다. 엄청난 변화의 시대를 살 아이들에게 과거 안정적인 산업화 시대의 경험을 기반으로 '좋은 학교에 가서 안정된 직장을 얻는 것이 유일한 길이다.'와 같은 시대에 뒤떨어진 조언을 하는 것은 참으로 위험한 일이다. 왜냐하면 더 이상 학교 공부만으로 직업의 안정과 이에 따르는 경제적 안정을 확보할 수 있는 시대가 아니기 때문이다. 『부자 아빠 가난한 아빠』의 저자 로버트 기요사키는 그의 또 다른 저서 『앞으로 10년, 돈의 배반이 시작된다』에서 "앞으로 다가올 10년은 세계 역사상 가장 흥미로운 시간이 될 것이다. 제대로 된 교육을 받은 사람들과 새로운 세계에 적응할 준비가 된 사람들, 그리고 사고가 유연한 사람들에게 앞으로 10년은 생애 최고의 시대가 될 것이다. 하지만 과거의 행복했던 시절이 다시 돌아오기만을 기다리는 사람들에게 다음 10년은 생애 최악의 시기가 될 것이다."라고 말했다.[30] 한마디로 아이들이 살아갈 미래 세계는 과거의 경험으로는 상상조차 할 수 없을 정도로 색다를 것이라는 의미이다.

따라서 자녀들이 행복한 미래를 살아갈 수 있도록 돕기 위해서는 과거 산업화 시대의 경험에 기반한 낡은 조언이 아니라 이미 도래한 새 시대를 바라보는 안목과 비전을 가지고 시대 변화에 유연성 있게 적응할 수 있도록 도울 수 있는 지혜로운 교육 투자 마인드와 전략이 그 어느 때보다도 절실한 때이다.

교육 투자, 본전이나 찾고 계십니까?

앞서 프롤로그에서 말했듯이 『엄마 투자가』는 기존의 교육 투자 방식으로 본전이나 찾을 수 있을까 하는 의문에서 시작되었다. 이에 답하기 위해 먼저 대한민국 교육 투자의 현실을 경제적 측면에서 살펴보자. 보건 복지부와 한국 보건 사회 연구원이 2012년 전국 1만 8000가구의 남녀 1만 3385명을 대상으로 조사한 결과, 자녀 한 명을 대학 졸업까지 키우는 데 드는 비용은 평균 3억 896만 4000원으로 추산되었다. 재수, 휴학, 어학연수 비용은 포함되지 않은 통계이다. 이쯤이면 가장들도 은퇴할 나이가 되기에 "애들 대학 보내고, 시집 장가보내고 나면 남는 돈이 없다."라고 하는 주위 어른들의 말을 실감하게 된다. 자녀가 두 명이거나 조기 유학을 보냈을 때의 기회비용, 기러기 가족의 희생이나 노후에 대한 불안함이라는 보이지 않는 비용까지 고려할 경우, 교육 투자에 드는 비용은 더욱 더 높아질 것이다.

투자에서 가장 중요한 것 중 하나는 수익과 위험에 대해 명확하게 파악하는 일이다. 남들 하듯 따라 하는 대다수의 교육 투자는 충분한 수익을 보장해 주고 있을까? 2012년 11월 발표된 한 경제 연구소의 보고서에 따르면 대학 등록금과 대학 4년 동안 포기해야 하는 임금 소득을 비용으로 고려할 경우 대학 교육의 수익률은 1995년 10.6퍼센트에서 2010년 15.2퍼센트로 상승했다가 2011년 14.6퍼센트로 하락하는 것으로 나타났다. 여기에 사교육비를 합산해 계산해 보면 평균 투자 수익률은 12.5퍼센트로 더욱 하락한다. 하지만 교육비 지출은 오히려 크게 늘었다. 정규 교육비는 1995년부터 매년 평균 6퍼센트씩 증가하고, 사립 대학 등록금은 1995년 296만 5000원에서 2011년 629만 7000원으로 2.1배나 뛰었다. 대졸자의 임금 수준은 별로 늘지 않았는데, 교육 투자 비용은 급격히 늘어난 것이다. 대학 교육만 고려했을 때의 2012년의 수익률이 12.5퍼센트인데, 이 수치마저 점점 감소하고 있는 추세이다.[31] 2011년 한국 노동 연구원은 한 자녀를 18세까지 키우는 데 맞벌이 4억 원, 외벌이 4억 5000만 원이 든다고 발표하였다. 이 비용까지 감안해 본다면 대한민국 교육 투자의 경제적 수익률은 더욱 급감할 수밖에 없을 것이다. 이와 같이 교육 투자의 수익을 경제적 관점에서만 분석해 보았을 때도 현재와 같은 교육 투자법이 더 이상 통하지 않음을 명확히 알 수 있다.

다음으로 행복이란 관점에서 대한민국 교육을 살펴보도록 하자. 학부모 강연 시 다음과 같은 문답을 종종 주고받게 된다.

"여러분 어린 시절에 비해 요새 아이들이 행복해 보이시나요?"

청중 99.9퍼센트의 답변은 "아니요."이다. 그러면 다시 묻는다.

"공부는 누가 더 열심히 하지요?"

"요새 아이들이 당연히 더 열심히 하지요."

"아이들은 왜 그렇게 열심히 공부해야 하지요?"

"행복을 위해 하는 것이지요."

"그렇다면 뭔가 이상하지 않나요? 행복하려고 더 열심히 공부하고 있는데, 더 불행해졌다니요?"

"네, 정말 그렇긴 하네요……."

"왜 그렇게 되었을까요?"

대부분 마지막 질문에 대해서는 아무도 대답하지 못한다.

잠시 금융 투자의 관점에서 살펴보도록 하자. 투자의 대가 워런 버핏은 투자 위험에 대해 다음과 같이 말했다. "자신이 무엇을 하고 있는지 모를 때가 투자에서 가장 위험하다." 마찬가지로 자신의 교육 투자가 어떤 결과를 나타내는지 알지 못하고 있다면, 바로 그때가 투자 위험이 가장 높은 때이다. 투자를 통해서 무엇을 얻을 수 있고, 무엇을 잃을 수 있는지 정확히 파악하고 투자에 임해야 하는 것이다. 당신은 자신의 현재 교육 투자 방식으로 무엇을 얻을 수 있고, 무엇을 잃을 수 있는지, 다시 말해 교육 투자의 수익과 위험을 확실히 인지하고 있는가?

안타깝게도 대한민국의 많은 학부모들은 치열해진 경쟁 상황 속에서 자녀 교육에 더 많은 시간과 에너지, 돈을 투자하고 있지만, 거기에 맞는 수익이 보장되기는커녕 손실을 볼 수 있는 교육 투자 위험이 점점 더 증가하고 있다. 국제 교육 성취도 평가 협회 조사에 따르면 한국 어린이들은 사회적 상호 작용 측면에서 36개 조사 대상국 중 35위를 기록하였다. 뿐만 아니라 2013년 OECD 조사에 따르면 OECD 국가 중 한국의 관용과 배려 수준은 최하위를 기록하였다. 또한 앞에서 언급했듯 흥사단과 투명 사회 운동 본부의 2013년 조사에 따르면, 10억이 생긴다면 1년 정도 감옥에 가겠다고 답한 고교생이 44퍼센트에 이를 정도로 도덕성이 하락하고 있다. 또 학교 폭력이 여실히 보여 주듯이 아이들의 폭력성은 증가 추세이다. 인성 하락이라는 교육 투자 손실이 발생할 수 있는 위험이 갈수록 커지는 것이다. 청소년들의 건강 또한 심각한 문제가 되고 있다. 한국 건강 증진 재단의 2014년 연구에 따르면 우리나라 중·고등학교 청소년 37.9퍼센트가 자신의 건강 상태에 대해서 걱정하고 있으며, 특히 우울감, 두려움, 신경과민, 스트레스 등 정신 건강이 심각하게 위협받고 있는 것은 물론 신체 건강도 우려할 만한 수준인 것으로 나타났다. 부모와의 관계도 문제가 되고 있다. 더욱 바빠진 생활과 게임과 스마트 폰 등이 유발하는 소통 부재로 부모와 자녀 사이의 갈등과 이로 인한 스트레스가 증폭되고 있는 상황이다.

자녀와 부모와의 관계가 악화되고 있다는 사실을 여실히 보여 주는 자료를 살펴보자. 숭실대 정보 사회학과 정재기 교수가 세계 26개국 3만 3232명이 참여한 국제 사회 조사(ISSP) 결과를 토대로 발표한「한국 가족: 친족 간 접촉 빈도와 사회적 지원 양상·국제 간 비교」논문에 따르면 한국인들은 부모가 돈이 많을 경우는 접촉 빈도가 늘어나지만 부모가 돈이 없을 경우에는 접촉 빈도가 낮아진다고 한다. 논문에 따르면 자녀와 동거하지 않는 60세 이상 부모를 소득·교육·연령·성별 등으로 나눈 뒤 자녀와의 대면 접촉 빈도에 미치는 영향을 분석한 결과, 한국은 소득 변수의 회귀 계수가 0.729로 의미 있는 상관관계를 나타냈다. 부모의 소득이 1퍼센트 높아지면 부모가 자녀와 일주일에 한 번 이상 대면 접촉할 가능성도 2.07배 높아졌다. 반면 다른 14개 OECD 회원국 가운데 대부분의 나라에서는 두 변수 사이에 오히려 부(-)의 관계가 확인됐다. 우리나라처럼 정(+)의 관계를 보인 호주, 스페인, 폴란드 등도 그 정도가 유의미한 수준은 아니었다. 세계에서 우리나라만 부모 소득이 낮을수록 자녀들의 발길이 줄어든다는 충격적인 조사 결과가 나온 것이다. 한마디로 한국은 부모의 소득이 높아야 자녀들이 찾아온다는 뜻이다. 한국 인구 학회의 발표에 따르면, 한국이 세계 주요 27개국 중에 따로 사는 부모와 만나는 횟수가 세계 26위로 최하위에 속하는 것으로 나타났다.[32]

강압적으로 공부를 강요받는 자녀들이 어린 시절부터 서서히 부모들에게 마음의 문을 닫게 된 결과 무의식적으로 부모를 마음과 정을 나누는 정서적인 관계를 맺는 대상이라기보다는 물질적 수단을 공급하는 도구적 관계의 대상으로 여기게 되고 마는 것이다. 모든 것을 다 바쳐 열심히 희생한 부모에게 자녀가 보이는 태도는 대한민국 교육 투자의 서글픈 성과인 것이다.

부모 소득과 자녀 접촉 빈도 사이의 상관관계

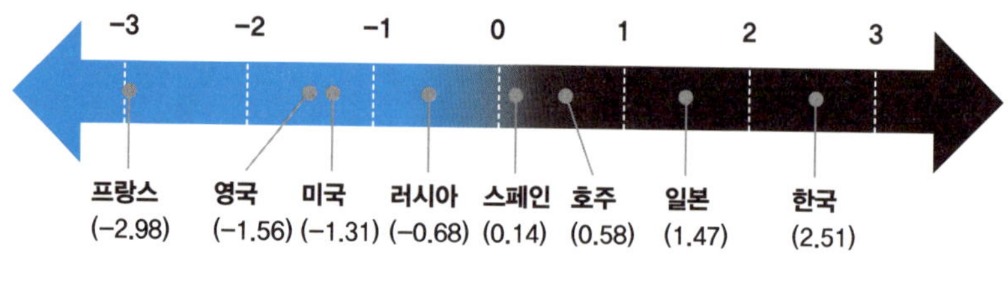

양(+)의 값을 가질수록 상관관계가 높고, 음(-)의 값을 가질수록 상관관계가 낮다. (출처: 인구 학회)

더군다나 이러한 막대한 희생을 한 교육 투자에도 불구하고 학습 능력 또한 하강하고 있는 추세이다. 메가 스터디 손주은 대표에 따르면 실력은 학(學)과 습(習)의 균형, 즉 배움과 익힘의 균형을 통해 이루어지는데, 한국 학생들은 지나치게 많은 정보들을 일방적으로 주입받는 불균형한 공부로 말미암아 학과 습의 균형이 깨져 1990년 중반 이후로 학생들의 학습 능력마저 하락하고 있다고 한다. 세계 65개국을 조사한 OECD 조사 결과에 따르면, 성적이 낮지만 학생들이 행복한 나라는 인도네시아, 성적이 높으면서 학생들이 행복한 나라는 싱가포르, 성적도 낮으면서 학생들은 불행한 나라는 카타르, 성적은 높지만 가장 학생들이 불행한 나라는 한국으로 조사되었다. 만약, 교육 투자의 최종 수익을 학생들의 행복도로 본다면, 한국은 세계에서 가

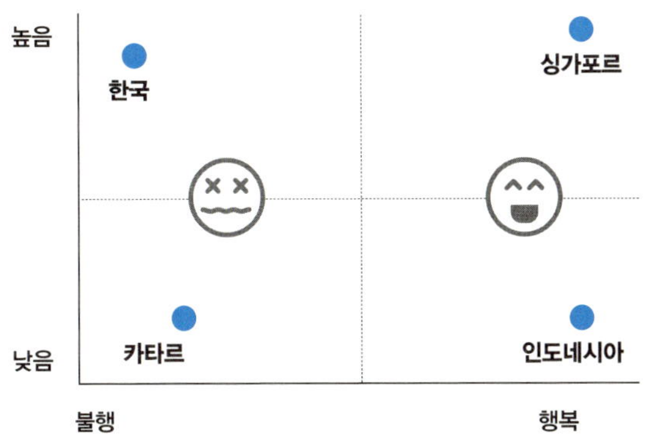

성적이 높은 나라와 아이들이 행복한 나라[33]

OECD의 조사에 의하면 한국 학생은 성적은 좋지만 행복하다고 느끼지는 못하고 있다.

장 형편없는 투자 성과를 거두고 있는 것이다.

강창의 미래에셋 퇴직 연금 연구소 소장은 베이비 붐 세대 퇴직자의 60퍼센트가 노후 준비를 못하고 있는데, 대부분 자녀 교육비 때문이라고 한다.

한마디로 대한민국 교육은 투자 수익은 현격히 감소하고 있는 반면, 투자 손실의 위험은 크게 증가하고 있는 것이다. 현재의 교육 투자를 지속하다가는 아이도 잃고, 돈도 잃고, 자신의 노후 대비마저도 놓쳐 버릴 수 있다는 의미이다.

대한민국의 엄마들은 자녀들이 미래에 좋은 직업과 안정적 기반을 마련할 수 있도록 최대한 많이 공부시키고, 자녀에게 좋은 옷과 비싼 장난감을 사주고 명문 대학에 입학시키기 위해 여러 학원을 전전하고, 과외를 시키며 선행 학습에 아낌없이 투자하고 있다. 그러나 과연 대한민국 엄마들의 투자는 성공적이라고 할 수 있는가?

스스로에게도 질문해 보고 답해 보자.

"나의 교육 투자는 과연 본전이나 찾고 있는가?"

"내 아이의 인성과 정신 건강, 신체 건강과 부모와의 관계, 또는 대학 진학 후 미래 성장 가능성과 경제적 안정도는 아이의 성적과 비교해 볼 때 어떠한가?"

"내 아이는 지금의 교육 방식으로 100년이 넘는 세월을 행복하게 살아갈 수 있을까?"

다음 표를 통해 현재의 교육 투자 성과를 체크해 보자.

교육 투자 성과 지표	현재 교육 투자 방식으로 얻고 있는 것	현재 교육 투자 방식으로 잃고 있는 것
인성		
부모 자녀 관계		
정신 건강		
육체 건강		
경제적 안정 확보 가능성		
학습 능력		

Chapter 03

중급편
내시경으로 깊이 들여다보라

잠재의식 지능과
심리 재무제표에 대해 알아본다

3부에서는 개미 엄마와 고수 엄마의 핵심적인 차이를 보여 줌으로써 스스로가 교육 투자에 있어서 개미 엄마인지 고수 엄마인지에 대해 성찰할 수 있도록 돕고, 미래 사회의 핵심 성공 지능 중 하나인 잠재의식 지능(SQ)과 교육 투자 의사 결정을 위한 구체적인 기준이 되어 줄 심리 재무제표(Mental Financial Statements)에 대해 설명할 것이다. 단순하지만 강력하고 실용적인 도표와 프레임들은 내시경처럼 엄마들이 자신의 내면을 깊이 들여다보게 도움으로써 자녀를 교육할 때 부딪히는 다양한 선택의 순간들에 유용한 의사 결정의 기준을 제시해 줄 것이다.

경제적 배경에서부터 이미 출발선이 다른

자본주의 사회에서의 교육 경쟁은 낮잠을 자지 않는 토끼와

달리기 경주를 하는 거북이의 절망적인 게임과 같다.

그렇다고 절망만 하고 있을 수는 없는 노릇,

거북이는 어떻게 이 이길 수 없는 경주를

승산 있는 경주로 이끌어 갈 수 있을까?

나는 개미 엄마인가, 고수 엄마인가?

지금까지 1부에서는 고수 엄마 투자 마인드 확립을 위한 7단계에 대해서 살펴보았고, 2부에서는 우리 교육의 현실 진단과 더불어 기존의 산업 시대와 뉴 글로벌 르네상스 시대의 인재상 변화, 엄마 투자가가 지향해야 할 지혜의 방향성과 필요성에 대해서 살펴보았다.

여의도의 63빌딩이나 뉴욕의 엠파이어스테이트 빌딩 같은 고층 건물을 지을 때 가장 중요한 것은 먼저 깊은 구덩이를 파고 튼튼한 토대를 마련하는 것이다. 마찬가지로 마음의 부자가 되고 싶든, 돈의 부자가 되고 싶든 가장 중요한 것은 깊이 땅을 파서 튼튼한 투자의 기초를 닦는 것이다.

여기서 깊이 땅을 파는 것은 우리 안의 보이지 않는 마음인 잠재의식에 대해 이해하는 것을 뜻하고, 튼튼한 토대를 마련하는 것은 부자가 되기 위해 가장 중요한 기초 지식인 재무제표를 이해하는 것을 의미한다. 투자의 비결은 보이지 않는 것을 보는 힘에 달려 있다. 보이지 않는 잠재의식과 우리 내면의 에너지 흐름을 파악하는 법이 성공적인 교육 투자를 위한 유용한 도구가 되어 줄 것이다. 3부에서는 고수 엄마와 개미 엄마의 차이점을 살펴보고, 21세기 미래 성공 지능 중 하나로 손꼽히는 잠재의식 지능(Subconscious Quotient, SQ)과 심리 재무제표(Mental Financial Statement)에 대해 알아보기로 하자.

먼저 개미 엄마와 고수 엄마의 특징을 비교해 보자. 개미 엄마의 특징은 개미의 더듬이가 바로 앞만을 더듬어 볼 수밖에 없는 것처럼 근시안이라는 점이다. 따라서 눈앞의 위기와 위험, 과자 부스러기와 같은 작은 이익만을 보고 움직인다. 자연적으로 개미 엄마의 가슴은 불안과 의심, 두려움을 주로 느끼게 된다. 그 결과 입으로는 걱정과 부정적인 말을 하게 되고 부정적 감정에 휩쓸려 사고한다. 교육 투자 결정 시 주로 생존을 주관하는 반사적 뇌를 사용하기 때문에 안전제일주의를 추구한다. 그리하여 삶은 적자생존, 경쟁의 선혈이 난무하는 레드오션이 되고, 자신이 바라는 안전한 삶과는 반대로 결핍, 속박과 불행한 삶의 결과를 얻게 된다.

이와 반대로 고수 엄마는 멀리 내다볼 줄 아는 천리안을 가지고 있다. 장기적 안목으로 단기적 이익이나 위험을 보기보다 위기는 기회라는 말처럼 삶에서 기회와 모험을 본다. 자연히 고수 엄마의 가슴은 용기와 신뢰, 자신감과 사랑으로 가득 차게 된다. 이와 같은 안정적인 감정을 바탕으로 입으로는 긍정의 말을 하게 되며 군중 심리에 역행하여 행동할 줄 안다. 교육 투자 결정 시 주로 반성적 뇌를 사용하여 전략적 사고를 하기 때문에 삶을 모험으로 받아들이며 도전을 추구한다. 결과적으로 삶을 생존 투쟁이 아닌 즐거운 게임으로 바라보게 되고, 풍요와 자유, 행복한 삶의 결과를 얻게 된다.

다음은 위의 내용을 정리한 개미 엄마와 고수 엄마의 비교표이다.

비고	개미 엄마	고수 엄마
눈	근시안 위기 위험	천리안 기회 모험
가슴	불안 초조 의심 두려움	용기 신뢰 자신감 사랑
손발	안전 추구	도전 추구
입	부정적인 말 (불평)	긍정적인 말 (감사)
두뇌	반사 뇌 – 군중적 사고	반성 뇌 – 전략적 사고
삶	생존 투쟁 모드	게임 놀이 모드
모순된 결과	결핍 속박 불행 불안한 삶	풍요 자유 행복 평안한 삶

어떤가? 당신은 개미 엄마인가, 고수 엄마인가? 어떤 삶을 나와 내 아이들에게 선물해 주고 싶은가? 아이의 행복한 미래라는 교육 투자의 성과는 바로 당신이 개미 엄마인가, 고수 엄마인가에 달려 있다.

학교에서는 절대 가르쳐 주지 않는
두 가지 미래 성공 지능

21세기 거북이가 토끼와의 경주에서 이길 수 있는 방법은?

초등학교 교과서에 실릴 정도로 널리 알려진 우화 「토끼와 거북이」를 누구나 기억하고 있을 것이다. 거북이도 꾸준히 노력하면 토끼를 달리기로 이길 수 있다는 교훈을 남겨 주었던 이야기다. 하지만 경영 대학원에 재학하던 시절 한 교수는 최첨단 기업들의 치열한 경쟁에 관한 내용을 설명해 주면서 다음과 같은 한마디를 덧붙였다.

"요새 21세기 토끼는 20세기 토끼와 다르게 경주할 때 낮잠을 자지 않는다네."

즉 옛 환경에서는 토끼가 낮잠을 자 주었기 때문에 가끔은 거북이가 달리기 경주에서 이길 수 있었지만, 지금의 치열한 경쟁 아래 낮잠을 자는 토끼는 한 마리도 없기 때문에 뭔가 창의적이고 혁신적인 발상 없이는 거북이가 낮잠을 안 자고 달리는 토끼를 따라 잡을 방법이 없다는 의미였다. 이러한 현상은 비단 기업계뿐 아니라 더 이상 "개천에서 용 난다."는 말이 통하지 않는 교육 현실에서도 나타나고 있다.

일례로 한때 화제가 되었던 「사교육 대리모」 기사에서도 알 수 있듯이, 대한민국 부유층의 한 달 교육 투자 비용은 무려 1000만 원에 달하고 있다. 일반적인 서민들로서는 감히 상상하기도 어려운 투자 규모이다. 월 1000만 원 정도를 유아 시절부터 영어, 중국어 유치원을 비롯한 각종 고급 교육 투자를 받고 있는 학생들과 일반 서민 학생들과는 이미 따라갈 수 없는 격차가 벌어지고 있는 것이다. 실제 필자가 국내외 명문 학교에서 만났던 학생들도 어린 시절부터 남다른 해외 거주 경험과 유학 경험이 있고, 집안 배경이 튼튼한 경우가 대부분이었다.

경제적 배경에서부터 격차가 시작되는 자본주의 사회에서의 교육 경쟁은, 낮잠을 자지 않는 토끼와 달리기 경주를 하는 거북이의 절망적인 게임과 같다. 하지만 대부분의 한국 학부모들은 이 승산 없는 경주를 직시하지 못하고, 승리의 가망성이 희박한 「토끼와 거북이」의 신화에 얽매여 있다. 명문 대학 입시라는 좁은 관문만 통과하면 과거와 같이 평탄한 삶이 보장될 것이라는 환상에 사로잡혀 애처로운 노력들을 하고 있는 모습은 안타까움마저 자아낸다. 그렇다고 절망만 하고 있을 수는 없는 노릇이다. 거북이는 어떻게 이 이길 수 없는 경주를 승산 있는 경주로 이끌어 갈 수 있을까? 한번 자신의 창의적 사고를 활용해 보자.

브레인스토밍

거북이가 토끼를 이길 수 있는 방법은 바로 게임의 룰을 바꾸는 것이다. 다시 말하면 토끼가 승리할 수 있는 달리기가 아니라 거북이가 승리할 수 있는 게임으로 룰을 바꿈으로써 승리의 조건을 바꾸는 것이다. 거북이는 육지가 아닌 바다에서 자신의 재능과 강점 영역을 바탕으로 달리기가 아닌 수영이라는 새로운 게임을 하면 되는 것이다.

그렇다면 우리가 현실에서 적용할 수 있는 거북이의 바다는 무엇일까?

세계적인 베스트셀러 『부자 아빠 가난한 아빠』의 저자 로버트 기요사키는 우리가 학교에서 교육받을 수 없는 두 가지 내용을 다음과 같이 꼽는다.

"첫째, 학교에서 돈에 관한 교육을 받지 못한다. A학점을 받는 우수한 학생들도 돈에 대해서 많이 배우지 못한 채 학교를 졸업한다. 무엇보다 중요한 사실은 학교에서 돈에 관한 교육을 받는 기회가 있다 하더라도 수업을 진행하는 강사들은 금융 지능이 높지 않은 사람들이 대부분이다. 거울 뉴런의 개념을 생각해 보면 이런 강사들이 진행하는 수업은 별 도움이 되지 않는다. 그것이 바로 많은 사람들이 수입 이내에서 생활하고 저축을 하면서 부채를 줄이는 등 중산층의 모습으로 살아가기를 꿈꾸는 이유다.

둘째, 학교에서는 학생들의 잠재의식을 강화시키기 위한 노력을 하지 않는다. 사실 학교에서는 학생들에게 동기를 부여하기 위해 교육을 시키는 것이 아니라 두려움을 이용하고, 가르치기보다는 겁을 주고, 혁신을 추구하기보다 모방을 선호하며, 격려하기보다 잘못을 할 경우 벌을 주고, 사고의 폭을 넓히라고 일러 주기보다 안전한 쪽을 선호하게 만들며, 학생들이 들어야 할 말이 아니라 듣고 싶어 하는 말을 해 준다."[34]

기요사키의 첫 번째 주장에 대해서 살펴보기로 하겠다. 필자는 국내외 명문 대학의 경영학과와 공공 행정학 석사 과정을 모두 마쳤다. 그러나 실제로 돈에 관한 실질적인 교육을 받아 본 적은 없다. 아이러니한 일이 아닐 수 없다. 또한 정부 주체의 경제 교육 프로그램 연구원으로 일한 적이 있는데, 실제 관여한 사람들 대부분은 기요사키의 말대로 자신들이 사업에 성공한 경험이 있거나, 경제적으로 부유한 사람들이 아니었다. 미국뿐 아니라 한국에서도 기요사키가 말한 현상이 그대로 벌어지고 있는 것이다.

기요사키의 두 번째 주장에 대해서는 교사들로 구성된 초등 교육 과정 연구 모임이 펴낸 『교과서를 믿지 마라!』를 통해 쉽게 살펴볼 수 있다. 이 책에서는 수학을 포함한 학년별 교과서의 문제점을 파헤쳤는데 그 차례를 살펴보면 다음과 같다. '걸음마 떼자 달리라고 하는 1학년 교과서, 아이들의 자신감을 갉아먹는 2학년 교과서, 사교육의 유혹을 부추기는 3학년 교과서, 열등생을 만들어 내는 4학년 교과서.' 결국 학생들이 교육받고 있는 교과서를 통해 우리 자녀들의 잠재의식 속에는 어린 시절부터 실패에 대한 두려움이 강력하게 프로그래밍된다. 그리고 이러한 잠재의식으로 말미암아 자신의 능력과 미래에 대해 두려움을 느끼고 이에 부합한 현실을 창조하면서 살아가게 되고 마는 것이다.

로버트 기요사키는 교육 제도에 희망을 갖지 않는다고 말한다. 그 이유는 산업 분야마다 변화의 속도가 달라서 기술 분야는 10년이면 완전히 변하지만, 건설이나 교육과 같은 분야 혹은 사법 분야는 더 오랜 시간이 걸리기 때문이다. 특히 교육과 같은 분야는 그 변화가 제도로 완전히 자리 잡아야 하기 때문에 50년 이상이 걸릴지도 모른다고 말한다. 따라서 바로 개개인이 직접 시대에 맞는 교육을 준비해야 한다는 결론에 도달하게 된다.

우리가 살고 있는 현재는 한 가난한 싱글 맘이 상상해 낸 『해리 포터』 이야기가 천문학적인 수익을 올리는 것이 가능해진 창의 경제 기반의 21세기 뉴 글로벌 르네상스 시대다. 21세기의 대표적인 특징을 한마디로 말한다면 '급변화'이다. 이로 인한 불확실성은 사람들의 불안감을 증폭시키고 있으며, 학교와 학원 교육은 시대 변화에 맞는 적절한 교육을 제공하지 못하고 있는 실정이다. 이러한 현실 가운데 잠재의식 지능은 거북이가 수영으로 토끼와의 경주에서 승리를 이끌 수 있는 블루 오션 전략의 핵심 능력이 되어 줄 것이다.

창조적 상상력의 근원,
잠재의식 지능(SQ)

앞서 언급했듯이 잠재의식 지능(SQ)은 21세기에 그 중요성이 크게 강조되고 있는 상상력, 직관, 영감의 근간이 되는 '21세기 신 성공 지능'이다. 한 사람이 스스로 상상한 것을 현실로 창조해 낼 수 있는 능력, 즉 창조적 상상력이 뉴 글로벌 르네상스 시대의 핵심 경쟁력이고, 우리는 SQ를 활용함으로써 이 경쟁력을 갖출 수 있기 때문이다.

SQ 활용의 대가로 위대한 발명가 토머스 에디슨을 손꼽을 수 있다. 에디슨은 세계에서 가장 많은 발명을 했으며 평생 동안 평균 2주에 한 개의 발명품 특허를 내서 무려 1,093건의 특허를 가지고 있었다. 그는 창의적인 아이디어를 내기 위해 매우 흥미로운 방법을 썼다고 한다. 그는 종종 의자에 앉아 양손을 팔걸이 옆쪽으로 늘어뜨리고 머릿속에 자신이 얻고 싶은 해답에 대한 질문을 떠올린 후 선잠을 자곤 했다. 이때 양손에는 쇠구슬을 하나씩 쥐고, 양손 바로 아래쪽 바닥에는 양철로 된 접시를 각각 하나씩 놓아두었다. 에디슨이 가수면 상태에 빠져들면 양손이 이완되고, 손에 있던 쇠구슬들이 아래에 놓인 접시로 굴러떨어지게 해 놓은 것이다. 쇠구슬이 떨어지는 순간, 접시가 달그락하는 소리에 깨어난 에디슨은 그 순간 떠오른 생각이 무엇이든 종이에 적었다. 그리고 이 무의식에서 떠오른 생각들을 기반으로 세계의 역사를 바꾼 위대한 발명들을 이루어 냈다고 한다. 다소 엉뚱해 보이지만 '잠재의식'에서 아이디어를 끌어내기에는 아주 효과적인 방법이었다.

1931년 10월 21일자 미국의 한 신문 기사는 에디슨이 어떻게 합성 고무의 제조법을 발명했는가를 보도하고 있다. 그 기사에는 다음과 같이 쓰여 있었다.

"에디슨은 깊은 잠에 빠져들었다. 그리고 아이디어가 별안간 신비의 시공간으로부터 번쩍이며 다가왔다. 말 그대로 해답은 마치 청천벽력과 같이 찾아왔다. 그것은 결코 의식적인 사고나 골똘한 생각으로부터 떠오른 것이 아니었다. 섬광처럼 번쩍! 다가온 아이디어가 발명을 완성시킨 것이다. 즉, 내부의 소리가 말해 준 것이다. 의식 속에 축적되어 있던 과거의 연구 전부가 결정되어 꽃이 되고, 드디어 섬광과 같이 그들이 추구하던 합성 고무의 제조법이 나타났다."

우리가 잘 알고 있는 에디슨의 명언 중 "천재는 99퍼센트의 노력과 1퍼센트의 영감으로 이루어진다."는 말이 있다. 하지만 잘 알려지지 않은 사실은 에디슨은 1퍼센트의 영감을 99퍼센트의 노력보다 더 중시했다는 사실이다. 에디슨의 발명은 1퍼센트의 영감을 통해 얻은 아이디어를 99퍼센트의 노력으로 현실화하는 일이었던 것이다. 원래 에디슨은 1929년 2월 11일 자신의 82세 생일에 한 인터뷰에서 다음과 말했다.

"최초의 '영감'이 좋지 않으면 아무리 노력을 해도 소용이 없습니다. 무턱대고 노력만 하는 사람은 에너지만 허비하는 것과 같지요. 그런데 안타깝게도 이 사실을 모르는 사람이 너무 많은 것 같습니다.”

그러나 인터뷰를 한 신문 기자는 이 언급을 “천재는 1퍼센트의 영감과 99퍼센트의 노력으로 이루어진다.”라고 잘못 보도했고, 우리는 이를 지금까지 에디슨의 명언으로 잘못 알게 되었다.[35]

에디슨이 보통의 발명가와 비교할 수 없는 세기의 발명가가 될 수 있었던 비결은 바로 잠재의식을 이해하고, 그 무의식의 힘을 지혜롭게 활용해 탁월한 발명 아이디어를 불러낸 것에 있었다.

서번트 신드롬(Savant Syndrome)에 대해 들어 본 적이 있는가? 서번트 신드롬의 대명사, 일명 ‘바보 천재’로 불리는 핑 리안은 심각한 자폐증을 앓고 있어, 일반적인 의사소통이 불가능하다. 하지만 그림으로 표현된 그의 색감과 예술 감각은 너무나 뛰어나서 초등학생 때부터 이미 세계적인 주목을 받고 있는 천재 화가다. 한 번도 그림을 배워 본 적이 없는 핑 리안이 열한 살에 그린 그림은 우리 돈으로 3000만 원에 팔릴 정도로 높이 평가받고 있다. 서번트 신드롬 연구의 대가인 위스콘신 대학의 대럴드 트러퍼트 교수는 아이큐가 70에도 못 미치는 핑 리안의 놀라운 천재성의 비밀을 바로 그 어머니로부터 찾는다. 핑 리안의 어머니는 매일 밤 아이에게 두뇌를 자극하는 음악을 들려주고, 아이가 잠들어 있는 동안 계속 쓰다듬어 주었다고 한다. 그리고 아이가 잠을 자는 동안 끊임없이 사랑한다고 반복적으로 말해 주었다는 것이다. 무의식중에 핑 리안에게 스며든 엄마의 사랑의 언어가 자폐증 소년 안의 천재성을 일깨워 세계를 놀라게 하는 화가가 되도록 한 것이다.[36]

하버드 의과 대학의 정신 의학자인 스리니바산 필레이 교수는 잠재의식 지능은 우리의 성공에 도움이 되는 지능으로 연습을 통해 향상시킬 수 있는데, 연습을 할수록 행동이 저절로 된다고 한다. 운동선수가 그러하듯, 반복적인 연습은 무의식적으로 힘들이지 않고도 어떤 행동을 하게 해 주고 행동이 저절로 되면 영감의 길이 열린다고 말한다.[37]

잠재의식에 관해 조금 더 자세히 살펴보겠다. 잠재의식은 간단히 우리가 알아차리지 못하는 우리의 '숨겨진 마음'이라고 이해하면 된다. 사람들이 종종 "도대체 나도 내 마음을 잘 모르겠다."고 이야기할 때 자신도 모르게 이 잠재의식 혹은 무의식에 대해 말하고 있는 것이다. 이에 대한 전반적인 이해를 위해 전문가들의 의견을 들어 보도록 하자.

정신 분석학의 창시자로 널리 알려진 지그문트 프로이트는 무의식에 대해 다음과 같이 언급했다.

"나는 어떤 결정을 내릴 때 그 결과가 가져올 장단점을 꼼꼼하게 살핀다. 그러나 정작 중요한 문제에 대해서는 내 마음 어딘가에 자리한 무의식이 결정을 내린다."

프로이트 못지않은 저명한 정신 분석학자이며 분석 심리학의 창시자인 융은 무의식에 대해 다음과 같이 말했다.

"무의식을 의식화하지 않으면 무의식이 우리 삶의 방향을 결정하게 되는데, 우리는 바로 이런 것을 두고 운명이라고 부른다."

하버드 대학교 의대 교수로 근대 심리학을 창시한 윌리엄 제임스 박사도 무의식에 관해 다음과 같이 말했다.

"인간의 무의식 속에는 세계를 움직이는 힘이 있다."[38]

위 세 사람의 이야기를 한마디로 정리하면 '무의식은 우리 삶에 큰 영향력을 미친다.'라고 할 수 있다. 이러한 무의식은 전문가에 따라서는 잠재의식이라고 부르기도 하는데, 무의식이라는 개념이 워낙 방대하기 때문에 각 분야와 전문가들마다 정의와 이해가 달라서 아직까지 학계에서조차 통합된 이론이나 개념으로 정리되어 있지 않다. 따라서 지나치게 전문적이고 복잡한 '무의식 이론'을 언급하는 것은 이 책의 범위를 넘어서기 때문에, 여기서는 간단하게 '무의식 혹은 잠재의식이란 내 의식이 알아채지 못하는 내 안의 미지의 영역' 정도로만 이해하고 넘어가도록 하겠다. 왜냐하면 우리가 집중하려 하는 것은 복잡한 이론의 이해가 아니라 우리의 삶에 실질적으로 활용 가능한 실용적인 지혜의 습득이기 때문이다. 다만 미지의 무의식이 우리 삶에 엄청난 영향을 미치고 있다는 사실을 마음에 확실히 새기기 위해 전문가들의 의견을 조금 더 들어 보기로 하자.

하버드 경영 대학원 교수이자 무의식 마케팅의 선구자인 제럴드 잘트먼은 다음과 같이 말했다.

"인간의 인식 활동 중 무의식이 차지하는 비중이 95퍼센트이며 의식은 단 5퍼센트에 불과하다."[39]

버지니아 대학교의 심리학 교수인 티모시 윌슨의 주장도 흥미롭다.

"매초 사람이 받아들이는 정보는 1100만 바이트, 그중 의식이 처리할 수 있는 용량은 단 0.000004퍼센트인 40바이트 수준이다. 우리의 의식은 빙산 위의 눈덩이 하나에 지나지 않는다.”[40]

　이러한 주장들을 정리해 보면 우리는 하루 중 1~5퍼센트 이하의 의식적인 희망과 욕구를 따라 움직일 뿐이며, 그 외에는 우리 무의식의 습관화된 패턴에 따라 행동하고 살아가고 있다는 의미가 된다. 즉 우리의 모든 행동 중에 무의식적 행동은 무수히 많은 반면, 이성적인 행동은 극소수에 불과하다. 따라서 우리가 미처 알아채지 못하고 있지만 우리 삶에 막대한 영향을 미치고 있는 잠재의식의 영향력과 특징을 이해하여 그 힘을 우리 삶에 지혜롭게 활용할 수 있다면 매우 유용할 것이다. 그렇다면 잠재의식은 과연 어떤 특징과 영향력들을 가지고 있을까? 여러 전문가들의 이야기를 종합, 정리해 보면 다음과 같다.

잠재의식의 10가지 특징

1. 잠재의식은 현실과 상상을 구분하지 않는다.

2. 잠재의식은 생생한 심상, 즉 이미지 언어를 선호한다.

3. 잠재의식은 시간 개념이 없다. 즉 과거, 현재, 미래를 구분하지 않는다.

4. 잠재의식은 의식이 판단하는 옳고 그름, 진실과 거짓의 개념을 구분하지 않는다.

5. 잠재의식은 의식만큼 실질적이고 균형 잡힌 힘이며 의식보다 더 큰 지혜가 숨어 있다.

6. 우리는 잠재의식 차원에서 서로 연결되어 있기 때문에 한 사람의 에너지는 주변 사람들과 환경에도 영향을 미친다.

7. 우리는 24시간 내내 잠재의식의 영향을 받는다.

8. 우리는 잠재의식적인 감정과 욕구에 큰 영향을 받는다.

9. 우리는 심신의 긴장이 풀린 이완 상태에서 잠재의식의 소리를 잘 들을 수 있다.

10. 우리가 자신의 삶의 태도나 행동에 대해 잠재의식적으로 반응하면 같은 패턴을 되풀이하게 된다.

덧붙여 잠재의식을 이해하는 태도에 있어 꼭 주의해야 할 두 가지가 있다. 첫째는 잠재의식을 과소평가하는 태도이다. 많은 책에서 잠재의식을 마치 우리가 마음대로 조정할 수 있는 우매한 동물이나, 주인의 말에 무조건 복종하는 램프의 요정 정도로 취급하는 경향을 발견할 수 있다. 하지만 위에서 언급했듯이 잠재의식은 의식만큼이나 실질적이고 균형 잡힌 힘이며 의식보다 더 큰 지혜가 숨겨져 있다는 사실을 기억해야 한다. 따라서 잠재의식을 우리 마음대로 조정할 수 있다는 오만한 태도보다는 잠재의식의 지혜에 귀 기울일 줄 아는 겸손한 태도가 필요하다.

둘째는 의식의 힘을 과소평가하는 태도이다. 정신 의학자 칼 융은 잠재의식과 의식의 관계를 거대한 대양에 떠 있는 코르크 마개로 비유할 수 있지만, 도덕적인 측면에 있어서는 의식과 잠재의식이 동등하다고 말했다. 그것은 의식이 미세하더라도 스스로를 성찰하고 깨달을 수 있는 특별한 힘을 가지고 있기 때문이다. 따라서 우리는 이 두

가지 점에 유의하면서 의식과 잠재의식의 힘을 균형 있게 이해할 필요가 있다.

위의 내용들을 지금 당장 외우거나 이해할 필요는 없다. 그냥 마음 편하게 이런 것들이 있구나 정도로 알아 두자. 특히 여기에서는 우리가 알아차리는 마음인 의식과 우리가 알아차리지 못하는 마음인 잠재의식이 있다는 이해 정도로 충분하다. 다음에서 이야기하는 교육 투자 재무제표를 이해하기 위한 기초 지식이기 때문이다. 투자의 기회를 잡을 수 있는 핵심 능력은 '보이지 않는 것을 보는 힘'에 달려 있다. 교육 재무제표는 보이지 않는 잠재의식의 힘과 영향력을 인지하는 데 큰 도움이 될 것이다. 좀 더 자세하고 구체적인 잠재의식 지능 활용법에 관해 궁금하다면 필자들이 7년간의 경험을 바탕으로 잠재의식 활용법에 관해 저술한 『행운 사용법』과 『행운의 고물 토끼』를 참조하기 바란다.

교육 투자 핵심 전략

　이번에는 금융 지능인 FQ와 더불어 앞서 배운 잠재의식 지능인 SQ를 함께 연결하여 활용하는 법을 배워 보기로 하자. 뛰어난 엄마 투자가가 되기 위해서는 먼저 간단한 재무제표(기업의 재무 사항을 나타내 주는 표로서 대차 대조표, 현금 흐름표 등이 대표적이다.)를 이해하는 것이 중요하다. 재무제표는 쉽게 설명하자면 기업의 혈액인 돈의 흐름을 보여 주는 엑스레이와 같은 표이다. 사람이 건강하려면 혈액의 양과 선순환이 중요한 것처럼, 기업이 건강하려면 현금의 양과 선순환이 중요하다. 다음은 『부자 아빠 가난한 아빠』 시리즈에 수록된 그림으로, 대표적 재무제표인 대차 대조표와 손익 계산서를 간단히 보여 준다.

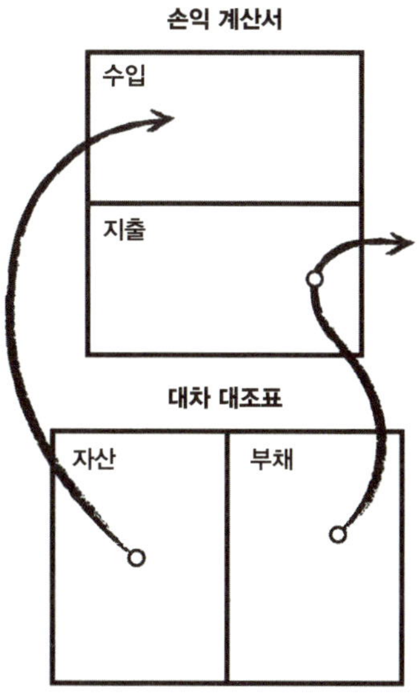

그림에서 위쪽의 상자는 수입 계산서로 흔히 손익 계산서라고 불린다. 이것은 돈이 들어오고 나가는 것, 즉 수입과 지출을 보여 준다. 아래 상자는 대차 대조표이다. 이것은 자산과 부채의 균형을 측정한다. 개미 투자가들은 손익 계산서와 대차 대조표의 관련성을 모른다.

위의 재무제표에서 자산과 부채, 수입과 지출에 대해 정리해 보면 다음과 같다.

- **자산** — 내 호주머니(통장) 속에 돈이 들어오게 해 주는 것
- **부채** — 내 호주머니(통장) 속에서 돈이 빠져나가게 하는 것
- **화살표** — 현금 흐름
- **수입** — 자산이 창조하는 플러스 현금
- **지출** — 부채가 창조하는 마이너스 현금

로버트 기요사키는 부자가 되는 유일한 법칙을 다음과 같은 한마디로 말한다.

"부자가 되고 싶다면 '자산'과 '부채'의 차이를 알고 '자산'을 사야 한다."

기요사키는 많은 사람들이 돈 때문에 고생하는 것은 바로 자산과 부채를 구분할 줄 모르는 데 있다고 강조한다. 부자들은 자산을 소유하는 반면, 가난한 사람들이나 중산층은 부채를 소유한다, 더 큰 문제는 부채를 자산으로 착각하는 것이다. 따라서 금융 교육의 핵심은 바로 자산과 부채의 차이점을 이해하고 위의 도표와 '현금 흐름(Cash Flow)'의 개념을 이해하는 것이다.

자산의 현금 흐름과 부채의 현금 흐름을 나타내면 다음과 같다.

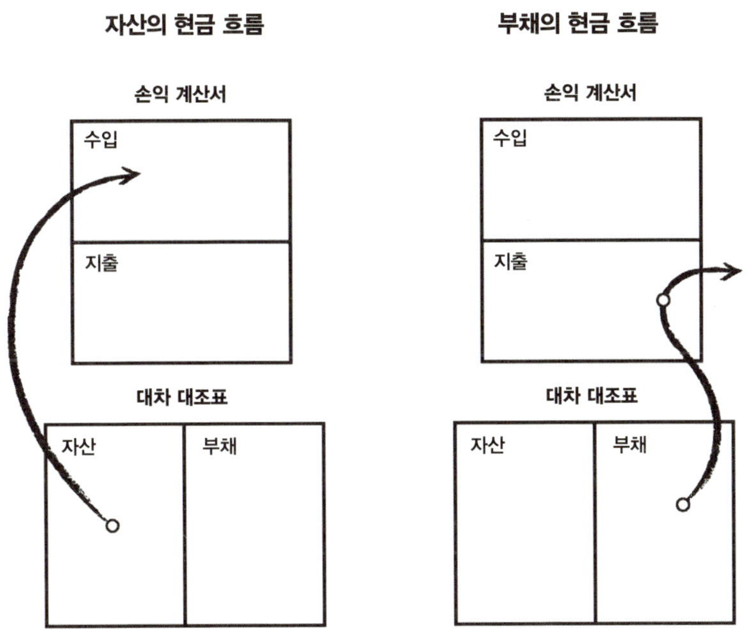

즉 부자가 되는 방법은 자산이 창출하는 수입액을 부채로 말미암아 발생되는 지출액보다 얼마나 크게 하느냐의 게임이다. 이를 간단히 방정식으로 표시해 보면 다음과 같다.

$$\text{수입} > \text{지출} \rightarrow \text{부자}$$

$$\text{수입} < \text{지출} \rightarrow \text{빈자}$$

로버트 기요사키는 자본주의 게임의 핵심은 "누가 누구에게 빚지고 있는가?"라고 통찰하면서, 부자가 된다는 것은 자산을 늘리고 부채를 줄이는 게임이라고 간단히 설명한다.

그러면서 기존의 회계, 재무 이론과는 달리 현금 흐름이라는 유동성 개념이 가장 중요하다고 설명한다. 예를 들면 현재 살고 있는 집을 우리는 대부분 자산으로 여기지만 로버트 기요사키의 개념에 따르면 매월 관리비 등으로 현금이 지출되고 있으므로 부채가 되는 것이고, 만약 집을 월세로 빌려 주고 있다면 매월 현금이 수익을 발생시키고 있으므로 자산이 된다는 개념이다.

부자와 빈자의 금융 재무제표 모습은 다음과 같다.

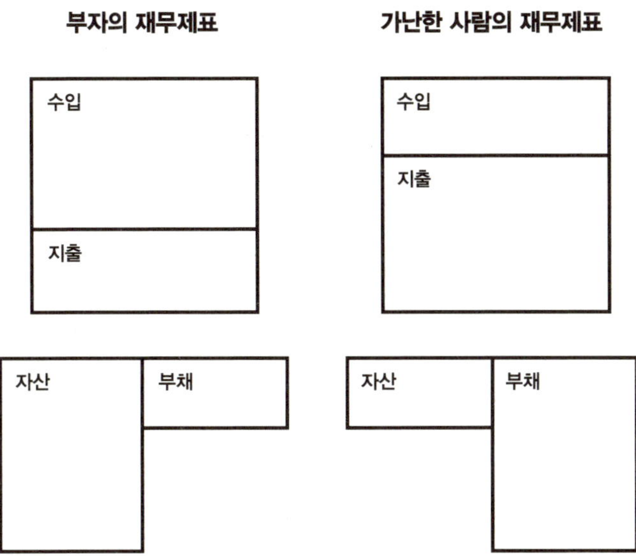

어떤가? 간단하지 않은가? 이에 대한 더 상세한 이야기는 『부자 아빠 가난한 아빠』 시리즈를 참조하도록 하라.

이제부터 앞서 배운 잠재의식의 개념을 바탕으로 본론으로 들어가 보고자 한다.

부자가 되는 것과 마찬가지로 우리 자녀 교육의 최종 목표가 행복이라는 사실에 동의한다면 이를 위와 같은 심리 재무제표를 통해 설명해 볼 수 있다.

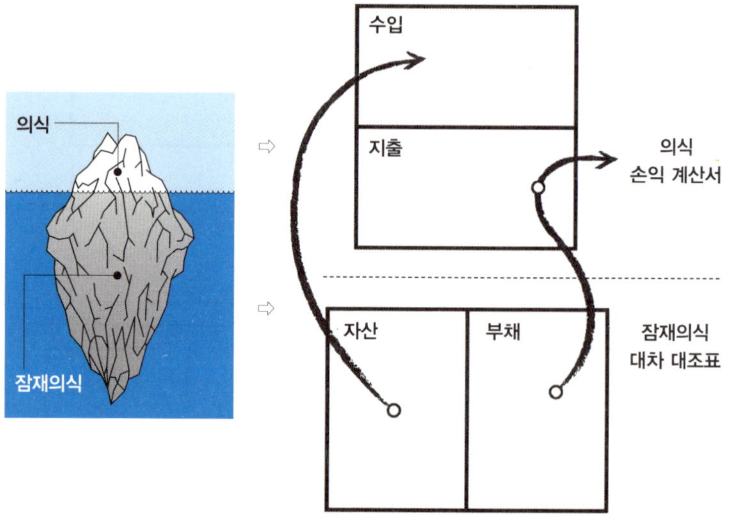

앞서 재무제표를 이해했던 방식과 마찬가지로 위의 상자를 의식 영역의 손익 계산서라고 한다. 이것은 심적 에너지가 들어오고 나가는 것, 즉 수입과 지출을 보여 준다. 아래 상자는 잠재의식 영역의 대차 대조표이다. 교육 개미 투자가들은 심리 재무제표에서 손익 계산서와 대차 대조표의 관련성을 모르고 있다.

- **잠재의식 자산** — 내 의식에 에너지를 제공해 주는 것
- **잠재의식 부채** — 내 의식에서 에너지를 빠져나가게 하는 것
- **화살표** — 감정 에너지 흐름
- **수입** — 잠재의식 자산이 창조하는 긍정적 에너지
- **지출** — 잠재의식 부채가 창조하는 부정적 에너지

잠재의식의 자산과 부채의 차이를 이해하는 것이 행복, 즉 마음의 부자가 되는 방법의 핵심이다. 하지만 대부분의 개미 엄마들은 눈에 보이지 않는 잠재의식에 대한 이해가 부족하여, 금융 개미 투자가처럼 잠재의식 부채를 잠재의식 자산으로 착각하고 있는 경우가 많고, 그것이 불행한 삶을 자초하는 원인이 된다. 우리의 잠재의식에는 어린 시절의 경험들에 의해 자신도 모르게 무의식적으로 믿고 있는 신념들과 이와 연관된 감정들이 쌓여 있다. "나는 소중한 사람이야. 내 주변 사람들은 친절해. 세상은 참 좋은 곳이야."와 같은 무의식적 신념들은 사랑과 감사와 같은 긍정적 에너지 흐름을 창출하는 잠재의식의 자산이고, "나는 가치 없는 사람이야. 내 주변 사람들은 믿을 수 없어. 세상은 참 위험한 곳이야."와 같은 무의식적 신념들은 두려움과 불안 같은 부정적 에너지 흐름을 창출하는 잠재의식 부채이다. 하지만 잠재의식 속에 숨어 있는 이러한 내면적 신념들은 눈에 보이지 않기 때문에, 대부분의 사람들은 알아채기 어렵다.

심적 재무제표의 잠재의식 자산 에너지 흐름과 잠재의식 부채의 에너지 흐름을 나타내면 다음과 같다.

잠재의식 자산의 에너지 흐름　　　　**잠재의식 부채의 에너지 흐름**

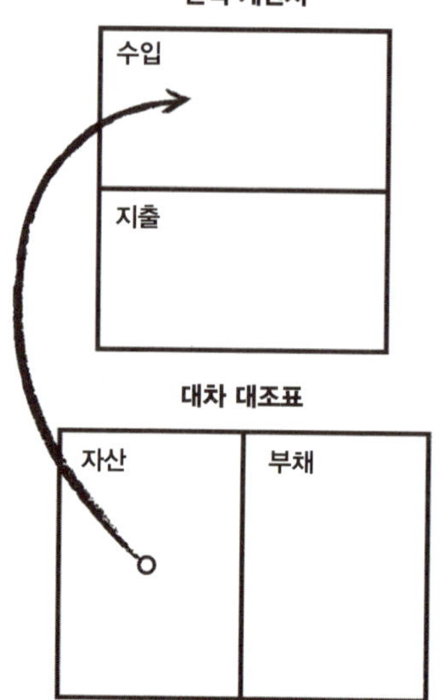

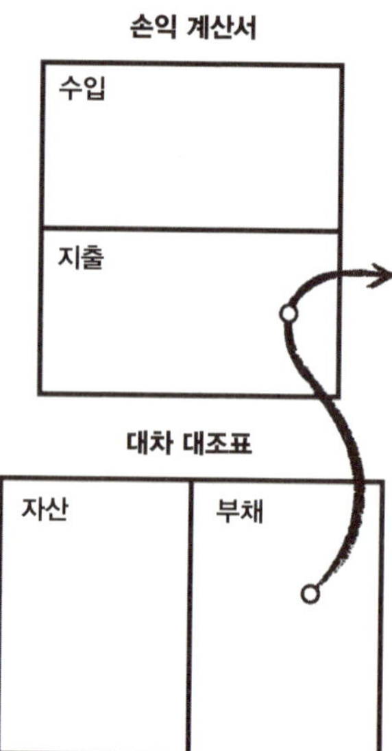

즉, 행복해지는 방법은 부자가 되는 방법과 마찬가지로 잠재의식의 자산이 창조하는 긍정적인 에너지 수입을 높이고 잠재의식의 부채가 초래하는 부정적인 에너지 지출의 차이를 크게 하는 게임이다.

이를 간단히 방정식으로 표시해 보면 다음과 같다.

> 수입 (긍정적 에너지) 〉 지출 (부정적 에너지) → 행복
>
> 수입 (긍정적 에너지) 〈 지출 (부정적 에너지) → 불행

행복한 마음과 불행한 마음의 심적 재무제표의 모습은 다음과 같다.

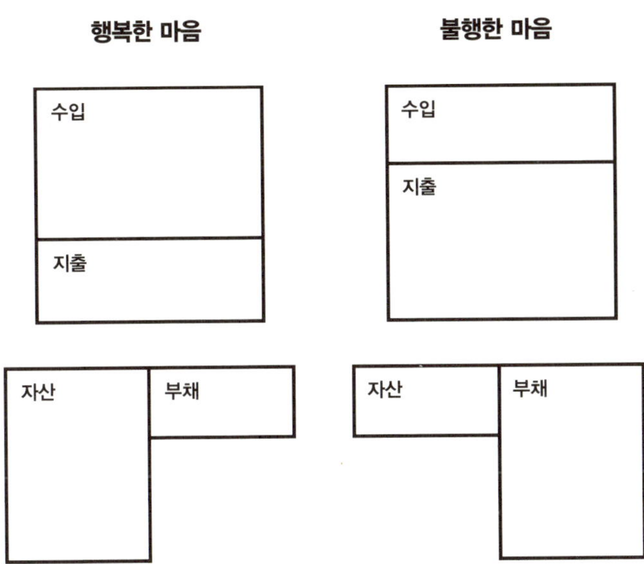

이해를 돕기 위해 금융 재무제표와 심적 재무제표를 서로 비교해
보면 다음과 같다.

비고	금융 재무제표	잠재의식 재무제표
흐름(Flow)	현금 흐름(Cash Flow)	에너지 흐름(Energy Flow)
자산	호주머니에 돈이 들어오는 것	의식 영역에 에너지를 공급해 주는 것 ex)긍정적 신념이나 감정

부채	호주머니에서 돈이 나가는 것	의식 영역의 에너지를 빼앗아 가는 것 ex)부정적 신념이나 감정
풍요의 개념	자산 〉 부채　⇨ 부자 수입 〉 지출	잠재의식 자산 〉 잠재의식 부채　⇨ 행복 긍정적 에너지 〉 부정적 에너지
결핍의 개념	자산 〈 부채　⇨ 빈자 수입 〈 지출	잠재의식 자산 〈 잠재의식 부채　⇨ 불행 긍정적 에너지 〈 부정적 에너지

　즉 부자가 되기 위한 핵심은 플러스(+) 현금 흐름이 많아야 하고, 행복한 사람이 되기 위해서는 플러스(+) 에너지 흐름 많아야 한다는 의미이다. 그리고 플러스 현금 흐름과 플러스 에너지 흐름은 풍성한 자산으로부터 창출된다. 여러분은 어떤 잠재의식 자산을 가지고 있는가? 이를 심적 재무제표를 통해 가시화하는 것은 에너지 재산 관리에 큰 도움이 될 것이다.

나의 잠재의식 활용 능력은
얼마나 되는지 알아보자.
잠재의식 지능(SQ) 테스트

	Yes	No

1. 나는 잠재의식, 무의식의 의미에 대해 알고 있다.

2. 나는 잠재의식의 특징과 영향력에 대해 이해하고 있다.

3. 나는 평소에 무의식적으로

    긍정적인 생각을 자주 하는 편이다.

4. 아무리 당황스럽고 어려운 상황이 닥쳐도

    결국에는 다 잘될 것이라고 믿는 편이다.

5. 실패는 성공을 위한 과정이라고 생각한다.

    나는 실패에 대한 두려움이 없는 편이다.

6. 나는 잠들기 전과 잠에서 깬 후에 주로 기분이 좋은 편이다.

7. 나는 자주 무엇인가에 몰입하는 편이다.

    (공부, 독서, 운동, 여가 활동 등)

8. 나는 새로운 일을 접하면 호기심을 느끼고

    잘할 수 있다는 자신감을 느낀다.

| | Yes | No |

9. 나는 내 감정에 대해서 잘 이해하고 있으며 잘 다룰 수 있다.

10. 즐길 수 있는 예술 활동(음악, 미술, 문학 등)이 있다.

11. 내가 언제 기분이 좋고,
    언제 기분이 안 좋은지를 잘 알고 있다.

12. 나는 나 자신을 행복하게 해 줄 수 있는
    여러 가지 방법을 알고 있다.

13. 나는 언제 어떤 경우에 내 몸과 마음이
    편안해지거나 긴장되는지를 알고 있다.

14. 나는 심신이 긴장되었을 경우에
    이를 이완하는 방법들을 알고 있다.

15. 나를 사랑하고 인정하고 지지해 주는 사람들이 주변에 있다.

16. 나는 주변 사람들의 감정과 기분을 잘 이해하는 편이다.

17. 나는 스스로와 주변의 사람들과 환경에 감사하는
    마음을 느끼고 자주 표현한다.

18. 나는 나 자신의 직감을 신뢰하는 편이다.

Yes   **No**

19. 나는 자주 웃는 편이다.

20. 나는 긍정적인 유머 감각이 풍부한 편이다.

21. 나는 일주일에 반나절 이상은
    일상의 긴장으로부터 벗어나 푹 쉬는 편이다.

22. 나는 자연을 좋아하며 자연 속에서 자주 머무른다.

23. 나는 타인에게 무엇인가 주거나 도움을 줄 때 기쁨을 느낀다.

24. 나는 정기적으로 봉사 활동을 한다.

25. 나는 내면의 소리에 귀 기울이기 위해
    정기적으로 명상이나 기도를 한다.

26. 나는 꿈의 상징적 의미를 이해할 수 있다.

27. 나는 스스로를 쉽게 용서할 수 있다.

28. 나는 다른 사람을 쉽게 용서할 수 있다.

29. 나는 감수성이 풍부하며
    이를 건전한 방식으로 잘 표현할 수 있다.

Yes　No

30. 나는 미래를 생각할 때 호기심과 기대감을 느낀다. ☐ ☐

31. 나는 상상력이 풍부하며, 긍정적인 미래를 자주 그려 본다. ☐ ☐

32. 나는 나 자신을 좋아하고 매력적이라고 느낀다. ☐ ☐

33. 나는 내가 누구인지, 나의 강점과 약점은 ☐ ☐
　　무엇인지 잘 알고 있는 편이다.

총합 Yes _______ 개 / No _______ 개

> ## 테스트 결과(각 문항당 3점)
>
> **90점 이상:** 잠재의식에 대해 깊이 이해하고 지혜롭게 관계 맺을 줄 아는 SQ 활용의 달인.
>
> **60점 이상~90점 미만:** 잠재의식에 대해 어느 정도 이해하고 있으나 충분히 활용하고 있지는 못하다. 실천적으로 지식을 익히고 체계적으로 행동으로 옮겨 본다면 곧 SQ 활용의 달인이 될 수 있을 것이다.
>
> **30점 이상~60점 미만:** 지금까지 잠재의식에 대해 진지하게 생각하지 않고 살아왔을 가능성이 높다. 자신이 원하는 자유롭고 행복한 삶을 원한다면 SQ에 대해 공부해 볼 것을 권한다.
>
> **30점 미만:** 잠재의식에 대한 지식이 거의 없다. 자신이 꿈을 이루는 것은 불가능하다고 느낄지도 모른다. SQ 높이기를 적극 권장한다.

고수 엄마의 재무제표 워크북

스스로에게 자산이 되는 투자 태도와 부채가 되는 투자 태도를 적어 보자.

자산이 되는 투자 태도	부채가 되는 투자 태도
긍정적 사고 방식	부정적 사고 방식
긍정적 투자 습관	부정적 투자 습관
실수를 대하는 태도	실수를 대하는 태도
믿고 있는 긍정적 투자 조언	믿고 있는 부정적 투자 조언
기타	기타

행복의 자산이 되는 투자 태도와 부채가 되는 투자 태도를 적어 보자.

행복 자산	불행 부채
긍정적 신념	부정적 사고 신념
자신이 주로 느끼는 긍정적인 감정	자신이 주로 느끼는 부정적인 감정
긍정적 습관	부정적 습관
기타 요소	기타 요소

이번엔 위의 도표들을 참조로 아래의 재무제표를 작성해 보자.

완성한 재무제표를 벽에 붙여 놓고, 자신의 상태를 정기적으로 점검해 보자.

<table>
<tr><td>수입</td></tr>
<tr><td>지출</td></tr>
</table>

<table>
<tr><td>자산</td><td>부채</td></tr>
</table>

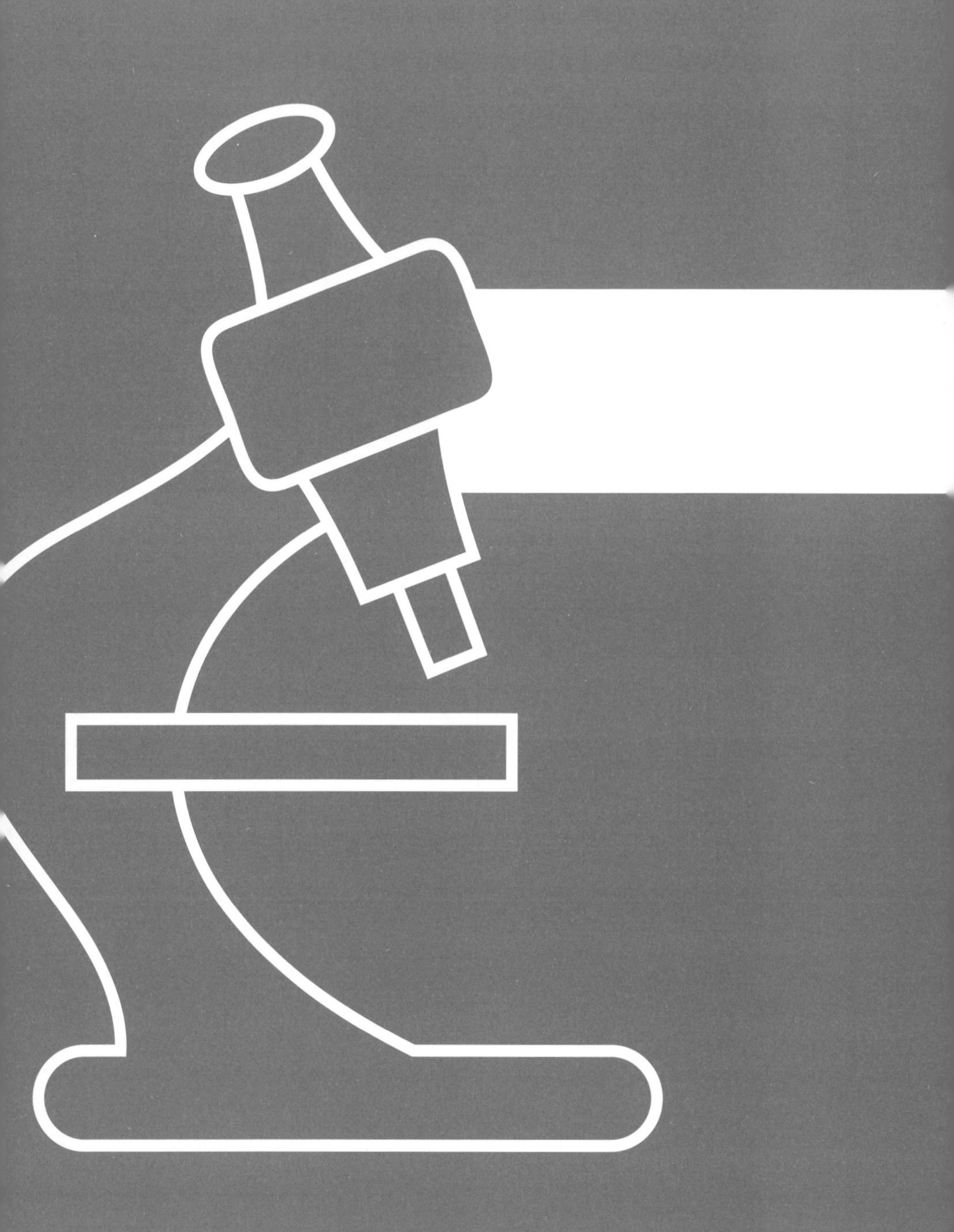

Chapter 04

고급편
현미경으로 자세히 보라

진정한 고수 엄마로 거듭나기 위한
교육 투자의 심층 지혜를 전한다

요즘 교육계의 화두가 되고 있는 네 가지 용어가 있다. 바로 자기 주도 학습, 창의력, 몰입 그리고 진로이다. 4부에서는 이 용어들을 자세히 살펴보고, 미래를 살아갈 우리 아이들을 위해 엄마들이 앞서 가는 투자를 할 수 있도록 깊은 통찰력과 지혜를 갖출 수 있게 도울 것이다.

유대인 엄마들은 아이들에게 꿈을 강요하지 않는다.

아이에게 어떤 대학을 가라거나,

어떤 전공을 택하라거나,

어떤 직업인이 되라고 지시하는 경우가 거의 없다.

그것보다는 아이가 무엇을 하고 싶어 하는지

스스로 찾아낼 수 있을 때까지 대화를 나눈다.

자기 주도 학습이란?

최근의 학습 유행어 중 하나는 '자기 주도 학습'으로, 이미 수많은 책들이 이 유행의 봇물을 타고 출간되었다. 하지만 실제로 자기 주도 학습이 이루어지는 경우는 쉽게 찾아보기 어려운 것이 현실이다. 그 이유는 무엇일까?

세계적인 베스트셀러 작가 말콤 글래드웰의 『아웃 라이어』를 통해 널리 알려진 1만 시간의 법칙은 신경과학자 다니엘 레비틴이 "어느 분야에서든 세계 수준의 전문가, 마스터가 되려면 1만 시간의 연습이 필요하다."라고 말한 것에서 비롯되었다. 작곡가, 야구 선수, 소설가, 스케이트 선수, 피아니스트, 하다못해 범죄자에 이르기까지 어떤 분야에서든 1만 시간의 노력을 기울인 사람들만이 그 분야의 세계적인 전문가가 된다는 법칙을 의미한다. 이 1만 시간은 대략 하루 3시간, 일주일에 20시간씩 10년간 연습한 것과 같다. 하지만 10년 동안 꾸준히 1만 시간의 노력을 쏟아부을 수 있는 사람이 몇이나 될지를 생각해 볼 때, 더 중요한 질문은 "도대체 어떻게 그 어마어마한 1만 시간의 노력을 기꺼이 쏟아부을 것인가?"라고 생각한다. 그래서 이런 질문을 던지게 된다.

"도대체 어떻게 해야 스스로 공부하는 자기 주도 학습이 가능할까?"

이 질문에 답하기 위해 먼저 왜 자기 주도 학습이 중요하게 되었는지에 대해 살펴보도록 하자.

자기 주도 학습은 아주 간단히 말하면 '스스로 하는 공부'이다. 학창 시절 친숙한 용어로는 '자율 학습'이라고도 할 수 있을 것이다. 그러한 관점에서 본다면 자기 주도 학습이 요새 나타난 새로운 개념이라고만은 할 수 없다. 그런데 왜 요즘 자기 주도 학습이 특별히 더 강조되고 있을까? 앞의 2부에서 살펴보았듯이 그것은 바로 급변하고 있는 시대적 특성과 관련 있다. 급격한 시대 변화에 따라 필요한 지식도 빠르게 변하고 있다. 과거 한 개인이 고3까지만 열심히 공부해 좋은 대학만 가면 안정된 직업이 보장되고, 평생 고용이 보장되었던 경제 고성장기가 이미 지났기 때문이다. 지속적으로 빠르게 변화하는 지식을 끊임없이 습득해야 생존이 가능해진 현 시대 상황 속에 한 개인은 필연적으로 평생을 학습해야 한다. 이러한 평생 학습을 위해서는 언제까지나 타율적인 학교에만 의지할 수 없기 때문에 학교 졸업 이후에도 주도적으로 스스로의 학습을 지속할 수 있는 자기 주도성이 매우 중요해진 것이다.

그렇다면 자기 주도 학습이란 무엇일까? 자기 주도 학습이 무엇인가에 대한 여러 학자들의 의견[41]에 귀 기울여 보도록 하자.

자기 주도 학습이란 타인의 도움 없이 자기 스스로가 주도권을 가지고 자신의 학습 욕구를 진단하고, 학습 목표를 설정하고, 효율적인 학습 전략을 사용하며, 학습 결과를 스스로 평가하는 일련의 과정이다. — 놀스(1975)

학습할 때 동기적, 초인지적, 행동적으로 적극 참여하는 것을 의미한다.
— 짐머만(1990)

학습자가 자신의 학습 활동의 주인이 되어 학습 목표와 학습 동기를 진단하고, 학습에 필요한 인적·물적 자원을 관리하며, 학습의 모든 과정에서 의사 결정과 행위의 주체가 되는 자기 학습이다. — 정미경(2003)

학습자가 다른 사람의 지도를 받는지 여부에 상관없이 학습자 스스로의 통제와 관리에 의하여 학습에 임하는 일련의 초인적 행동을 수행하는 과정이다. — 개리슨(1997)

위의 의견들을 종합하여 자기 주도 학습을 아주 쉽게 정의 내려 본다면 '스스로 계획(Plan)하고, 실행(Do)하고, 진단(See)하는 학습 활동'이라고 정리해 볼 수 있다.

하지만 이것을 실행에 옮기기란 쉽지 않다. 보다 쉽게 실천할 수 있는 방법은 없을까?

셀프 주도 학습 vs. 에고 주도 학습

자기 주도 학습이란 영어로는 'Self-directed learning'이라고 표현한다. 즉 자기(Self)가 주도해(directed) 나가는 배움(learning)이란 의미가 된다. 자기(Self)가 주도해 나간다면 자기(Self)가 무엇인지를 아는 것이 무엇보다 중요한 일이 될 것이다. 자기(Self)란 도대체 무엇일까?

『이너 게임 오브 테니스 *The Inner Game of Tennis*』는 스포츠계의 역사를 획기적으로 바꾼 기념비적인 책으로 널리 알려져 있다. 이 책의 저자인 티머시 골웨이는 하버드 대학 재학 시 테니스 주장을 맡았고, 미국 최고의 사립 학교 중 하나인 필립스 아카데미에서 테니스를 지도하던 중 이너 게임이라는 획기적인 학습과 코칭의 방법을 계발하였다. 이 경험을 바탕으로 1974년 저술한 『이너 게임 오브 테니스』는 세계적인 베스트셀러가 되었으며, 이때부터 이너 게임 원리는 스포츠, 교육, 기업 경영, 의료, 음악 등 다양한 분야에 적용되기 시작했다.

'이너 게임 오브 테니스'라는 제목을 우리말로 쉽게 풀어 보면, '마음으로 배우는 테니스'라 할 수 있는데, 이 책을 관통하는 핵심 내용은 다음과 같다.

우리 안에는 셀프 1(Self 1)과 셀프 2(Self 2)라는 두 개의 '자기(Self)'가 공존하고 있는데, 주로 판단하고, 비판하고, 깎아내리는 내면의 비판자인 셀프 1 모드(mode)를 끄고(off), 우리 본연의 모습에 가까운 셀프 2 모드(mode)를 켜면(on) 누구라도 큰 노력 없이, 무엇이든 자연스럽게 배울 수 있다는 것이다. 『이너 게임 오브 테니스』는 이와 같이 '나' 혹은 '자기(Self)'라는 개념을 Self 1과 Self 2로 나누어 표현하고 있다 이와 유사하게 모든 위대한 종교의 지혜들도 공통적으로 우리 안에는 '거짓 나(ego)'와 '참된 나(SELF)'라는 두 가지 '나'가 있다고 말한다. 예를 들면 유교에서는 소인(小人)과 대인(大人)으로, 불교에서는 이를 가아(假我)와 진아(眞我)로, 유대 기독교 문화에서는 옛 사람과 새 사람으로 표현하고 있다. 이 책에서는 이를 소문자 에고(ego)와 대문자 셀프(SELF)로 표현하겠다. 이해를 돕기 위해 위의 유사 개념을 정리하여 도표로 나타내 보면 다음과 같다.

비고	에고(ego)	셀프(SELF)
이너 게임	Self 1	Self 2
유교	소인(小人)	대인(大人)
불교	가아(假我)	진아(眞我)
기독교	옛 사람	새 사람
미운 아기 오리	미운 오리	백조
미녀와 야수	야수	왕자
갈매기의 꿈	괴짜 갈매기	위대한 갈매기

효과적인 자기 주도 학습을 이해하기 위해서는 위와 같이 우리 안에는 '두 명의 나'가 있다는 사실을 아는 것이 굉장히 중요하다. 왜냐하면 '어떤 나'가 주도하느냐에 따라 학습 결과가 확연히 달라지기 때문이다. 『이너 게임 오브 테니스』를 기반으로 두 자아의 주도에 따른 학습법 차이를 정리해 보면 다음과 같다.

에고 주도 학습 (ego-directed learning)	셀프 주도 학습 (SELF-directed learning)
지난 일을 비난하고 판단한다. "도대체 내가 왜 그렇게 행동한 거지?"	판단하는 마음 없이 지금 이 순간의 행동을 관찰한다. "흠, 잘 안 되네?"
스스로에게 명령하며 고치려 든다. "미치겠네, 어떻게든 제대로 해야 해!"	바라는 결과를 마음속에 그린다. "괜찮아, 할 수 있을 거야!"
열심히 시도한다. 고치고 제대로 하기 위해 노력한다. "그래, 이제부터라도 열심히 하는 거야!"	저절로 일어나게 하고 나 자신을 신뢰한다. "와, 조금씩 나아지고 있는걸!"
결과에 대해 비난하고 판단한다. 악순환을 반복한다. "역시 안 돼. 내가 원래 그렇지 뭐."	결과를 고요히 관찰하고 지속적으로 배워 간다. "그래, 한 번 더 해 봐야지."

즉, 에고 주도(ego-directed)의 긴장된 상태가 아닌, 셀프 주도(SELF-directed)의 자연스럽게 이완된 상태에 있을 때, 우리의 배움이 가장 효과적이며 극대화될 수 있는 진정한 자기 주도 학습(SELF-directed learning)이 가능해진다. 즉 에고와 셀프를 인식하고 이 둘을 분별하여 자신의 학습에 적용할 수 있는 것이 효과적인 자기 주도 학습의 비결인 것이다.

셀프 주도 상태는 스포츠계에서 존(Zone)이라는 현상으로 알려져 있는데, 김연아 선수가 무아지경 상태에서 빙판 위의 요정과 같은 모습으로 피겨 스케이팅을 하는 모습을 떠올려 보면 쉽게 이해할 수 있다. 김연아 선수는 세계 최정상급 선수들과 함께 챔피언 자리를 다투는 올림픽 경기라는 압박감 속에서도 강한 집중력을 유지하면서 여유 있고 우아한 연기를 펼친다. 보는 이들이 김연아 선수에게 매료되는 이유는 단지 뛰어난 기술 때문만은 아니다. 김연아 선수는 내면의 욕구와 재능을 조화시켜서 내면의 기쁨을 표현할 줄 아는 능력 즉, 에고의 저항력을 제거하고 타고난 셀프의 재능과 자질을 남김없이 마음껏 표출했기 때문이다.

이러한 셀프 주도 학습은 창의성 연구로 유명한 칙센트미하이 박사가 전 분야에서 최고 수준의 탁월한 성과를 이루는 사람들을 연구하는 가운데 발견한 공통적으로 경험하는 몰입 상태(Flow State)와도 일맥상통하는 개념이다. 창의성 또한 이 셀프 주도하에서 발현된다고 할 수 있다.

에고 주도 학습과 셀프 주도 학습의 활용 에너지 차이를 정리해 보면 다음과 같다.

비고	에고 주도 학습	셀프 주도 학습
감정 상태	두려움 불안 초조 좌절 불행 죄책감 수치심	기쁨 즐거움 사랑 용기 행복감 자유로움 자부심
결과	불안정한 심리 상태 산만한 집중력 흥분하고 동요되기 쉬운 심리 상태 근육의 긴장 낮은 수준의 학습 성과	안정된 심리 상태 높은 집중력 몰입 근육의 이완 높은 수준의 학습 성과

칙센트미하이 박사가 시카고 과학 고등학교 학생들을 대상으로 한 학습 성과 연구 결과 역시 에고 주도 학습과 셀프 주도 학습의 성과가 얼마나 큰 차이를 나타내는지를 잘 보여 준다.

비고	하위권 학생	상위권 학생
평균 공부 시간	15시간	27시간
시간 활용의 질	몰입 상태 16퍼센트	몰입 상태 40퍼센트
학습 시 몰입 상태에 머무는 시간	2.4시간	10.8시간

주로 머무는 기분 상태	비몰입 상태로 공부의 즐거움을 느끼지 못하며 자신의 능력 이상을 발휘해야 하는 데서 오는 불안감과 좌절감을 주로 느낌.	몰입을 통해 즐거움, 행복감, 자신감, 의욕 충만과 같은 기분을 경험하며 뿌듯한 성취감을 느낌.

위 연구 자료에 따르면 두 그룹의 학생들이 일주일간 평균 학습 시간은 15시간과 27시간으로 2배 정도 차이가 나지만 하위권 학생들이 하루 동안 셀프 주도 학습을 하는 시간은(15시간×0.16=2.4시간)이고 상위권 학생들이 일주일 동안 평균 셀프 주도 학습을 하는 시간은(27시간×0.4=10.8시간)으로 셀프 주도 학습 시간은 4.5배 차이가 나게 된다. 쉽게 말하면 상위권 학생들이 학습 시 더 오랜 시간을 행복한 기분의 셀프 주도 상태로 높은 학습 효과를 내는 반면, 하위권 학생들은 부정적인 감정을 주로 경험하는 에고 주도 상태에서 저조한 학습 효과를 내고 있는 것이다. 일주일이라는 짧은 기간 동안 이토록 큰 차이가 난다면 세월이 흐를수록 얼마나 격차가 벌어질지는 명약관화하다. 우리는 위 연구 자료를 통해 효과적인 자기 주도 학습을 위해서는 셀프 주도 상태에 머무를 수 있는 능력과 훈련이 중요하다는 사실을 명확히 알 수 있다.

뇌파 과학 또한 셀프 주도 학습의 이해에 도움을 준다. 사람이 흥분해서 이성을 잃은 상태에서는 뇌파의 진동수가 70헤르츠까지 올라가 감마 영역의 상한선까지 올라갈 수 있다. 이 상태에서는 창의력이 거의 0에 이른다. 에고 주도 상태로 부정적인 감정에 휩쓸린 사람은 좋은 해결책을 찾아낼 수 없는 것이다. 뇌파가 상당히 높은 베타 영역인 21~38헤르츠에 해당되는 상태에서는 초조, 스트레스, 두려움이 지배한다. 그러나 심신을 안정시키고 주의 깊게 들을 수 있는 셀프 주도 상태에 이르면 뇌파의 진동수는 20헤르츠 아래로 떨어진다. 내면을 차분히 성찰할 수 있는 명상 때와 같은 깊은 이완 상태로 들어갈 때 뇌파의 진동수는 14헤르츠 이하로 떨어진다. 그리고 이때 알파 상태라는 창의력이 뚜렷하게 상승하는 상태에 도달한다. 안정 상태가 더욱 심도 깊은 차원에 이르면 뇌파의 진동수가 7헤르츠 이하로 떨어지는데, 이 범위를 세타 영역이라고 하며 이때 창의력이 한층 더 높아진다. 뇌파의 진동수가 그 보다 더 떨어져 3헤르츠 이하가 되면 깊은 수면 상태인 델타 영역에 들어서게 되며, 이 영역에서는 수도자나 승려들과 같은 영적 수행자들의 발전된 의식 상태가 활동한다.[42]

즉 셀프 주도 상태에서는 알파파나 세타파와 같은 창의력이 높은 안정된 상태가 유지가 되고, 에고 주도 상태에서는 감마파나 베타파와 같은 부정적인 감정의 쓰나미에 휩쓸리기 쉬운 불안정한 상태가 되고 마는 것이다.

그렇다면 이를 자기 주도 학습에 어떻게 응용할 수 있을까?

효과적인 셀프 주도 학습의 비결

한 늙은 인디언 추장이 손자에게 귀중한 지혜를 유산으로 남겨 주기 위해 이야기를 꺼냈다.

"얘야, 우리 마음 안에는 두 마리의 늑대가 있단다. 한 마리는 나쁜 늑대로 화, 질투, 슬픔, 후회, 탐욕, 거만, 자기 동정, 죄의식, 회한, 열등감, 거짓, 자만심, 우월감, 그리고 이기심이란다. 한 마리는 좋은 늑대로 기쁨, 평안, 사랑, 소망, 인내심, 평온함, 겸손, 친절, 동정심, 아량, 진실, 그리고 믿음이란다."

손자는 할아버지 추장에게 물었다.

"할아버지, 그러면 어떤 늑대가 이기나요?"

추장은 간단하게 대답했다.

"네가 먹이를 주는 놈이 이기지."

위의 이야기가 잘 보여 주듯이 셀프 주도 학습의 성공 비결은 우리가 내면의 에고 대신 셀프를 선택하는 것이 핵심이다. 즉 셀프 주도 학습의 효과는 좋은 늑대인 셀프의 잠재력이 발현되는 것을 방해하는 나쁜 늑대인 에고의 저항력을 최대한 억제하는 데 달려 있다는 의미이다. 필자는 티머시 골웨이 코치의 이너 게임 이론을 응용하여 효과적인 셀프 주도 학습법을 다음과 같이 정리해 보았다.

셀프 주도 학습을 위한 핵심 능력 3요소는 관찰(observe), 선택

(choice), 포커스(focus)의 삼각형으로 이루어진다.

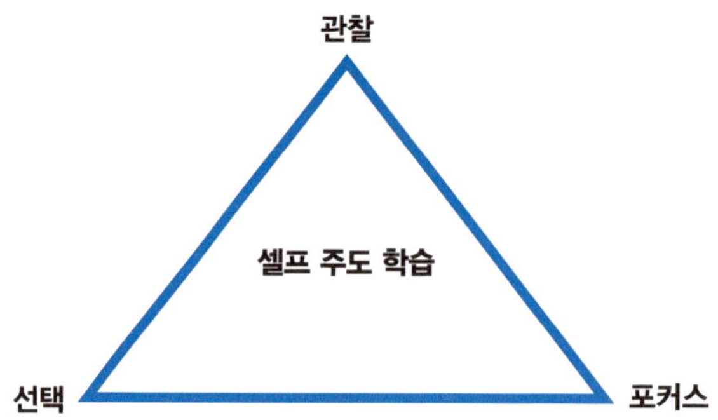

첫째, 관찰이란 현재 자신이 셀프 주도 상태인지 에고 주도 상태에 있는지를 있는 그대로 알아차릴 수 있는 능력을 의미한다. 자신이 에고 주도 상태인지 셀프 주도 상태인지를 분별하기 쉬운 가장 좋은 방법은 자신의 감정이 좋은지 나쁜지를 관찰하는 것이다. 현재 내가 두려움과 불안과 초조함과 같은 부정적인 감정을 느끼고(Feel Bad) 있다면 그것은 에고 주도 상태에 있다는 의미이다. 역동적 균형감, 즐거움, 성장의 뿌듯함과 같은 긍정적인 감정을 느끼고(Feel Good) 있다면 그것은 셀프 주도 상태에 있다는 의미가 된다. 즉, 우리의 감정이 바로 우리가 에고 주도 상태인지 셀프 주도 상태인지를 가르쳐 주는 나침반인 것이다. 이러한 관찰에서 가장 중요한 것은 자신의 상태에 대해 판단하고 평가하거나 남과 비교하지 않는 것이다. 왜냐하면 판단과 평가, 외적인 비교는 에고에게 에너지를 제공하여 우리를 에고 주도 상태로 함몰시키는 지름길이 되기 때문이다. 주로 엄마들이 아이들에게 하는 잔소리는 아이들에게 도움이 되기보다는 아이들의 에고를 자극하

여 에고의 저항을 강화하기 때문에 매우 주의해야 한다. 학습자 자신의 상태에 대한 판단이나 평가, 외적 비교 없이 있는 그대로 알아차릴 수 있는 객관적 관찰 능력은 셀프 주도 학습의 첫 디딤돌이 된다.

둘째, 선택이란 거짓 자아인 에고보다 타고난 진정한 자기인 셀프를 선택하여 믿고 내맡길 수 있는 능력을 의미한다. 이 선택 능력은 효과적인 학습 성과를 달성하기 위해 절대적으로 필요한 요소이다. 사람은 가장 근본적인 욕구인 안정성에 문제가 생기면 자신에게 일어나는 모든 것을 위협으로 받아들여 두려움과 불안, 초조와 같은 부정적인 감정에 휩싸이기 쉽다. 그 결과 에고 주도 상태로 함몰되어 완벽주의와 지나친 통제, 안전제일주의에 빠지기 쉬울 뿐 아니라 동기와 집중력을 잃게 되어 결과적으로 자신의 목표에 도달하기 매우 어려워진다. 따라서 에고를 잠재울 스킬을 배우는 것이 필요하다. 에고를 잠재우기 위해서는 먼저 에고와 싸워서는 절대 이길 수 없다는 사실을 명심해야 한다. 우리는 헤라클레스의 사과 이야기에서 에고를 다루는 지혜를 배울 수 있다.

헤라클레스는 세상에서 가장 힘이 센 사람이었다. 어느 날, 헤라클레스가 산길을 가다가 벼랑에 있는 아주 좁은 길을 만났다. 그런데 그 길 한가운데 찌그러진 사과 한 개가 놓여 있는 게 아닌가? 불쾌한 생각이 든 헤라클레스는 그걸 발로 툭 차 버렸다. 그랬더니 사과가 수박처럼 커다랗게 부풀었다. 화가 난 헤라클레스는 그걸 다시 발로 걷어찼다. 이번에는 어느새 바위만큼 커져 버렸다. 헤라클레스는 잔뜩 흥분해서 들고 있는 몽둥이로 사과를 힘껏 내려쳤다. 그러자 사과가 집채만큼 커져서 좁은 길을 완전히 막아 버렸다. 어쩔 줄 모르게 된 헤라클레스는 씩씩대며 사과를 노려보았다. 그때 갑자기 아름다운 여신이 헤라클레스의 앞에 나타나서는, 고운 목소리로 노래 부르며 커다란 사과를 어루만지기 시작했다. 그러자 집채만 하던 사과가 순식간에 원래 크기로 돌아가 버렸다. 어리둥절해하는 헤라클레스를 향해 여신이 미소를 지어 보이더니 말했다.

"그 사과는 당신의 에고와 같아요. 억누르거나 부딪치면 자꾸 커지지만, 부드럽게 어루만지면 눈 깜짝할 사이에 사라지지요. 당신이 나쁘다고 여기는 것들은 모두 에고에서 우러난 부정적인 감정들이 원인이에요. 하지만 에고를 적대적으로 대하는 것은 백해무익하답니다. 당신의 에고를 다루기 위해서는 공격하거나 싸우지 말고 제가 사과를 부드럽게 어루만진 것처럼 에고를 대하세요. 그리고 비록 사과가 길을 막고 있다고는 하지만 살짝 옆으로 비켜 갈 수 있지요. 그렇게 자신의 길을 가면 된답니다."

위 이야기에서 잘 알 수 있듯이 우리의 에고는 우리가 주의를 기울이면 기울일수록 더욱 강해지는 특성이 있다. 따라서 에고를 통제하거나 에고와 싸우려는 태도로는 백전백패할 수밖에 없다. 유일한 방법은 에고의 방해를 개의치 말고 셀프의 힘을 믿고 선택하는 것에 있다. 그런데 에고와 셀프의 갈등상태에서 이것이 가능할까? 가능하다! 왜냐하면 내 마음속에서 에고와 셀프의 갈등이 느껴진다는 것은 셀프가 존재하고 있다는 확실한 증거로 받아들일 수 있기 때문이다. 셀프가 없다면 갈등도 일어나지 않았을 것이다. 또한 갈등이 있다는 것은 셀프가 저항하고 에고에게 완전히 지배당하지 않았다는 증거 역시 되어 준다. 이 갈등을 통해 셀프의 존재를 확인하고, 셀프의 존재를 믿고 선택함으로써 셀프의 긍정적 에너지를 전달받으면 된다. 효과적인 셀프 주도 학습을 위해서는 셀프를 의도적으로 선택함으로써 방해꾼 에고의 소리를 무시해 버리는 것이 최선의 방법이라는 의미이다. 이러한 지속적인 선택을 통해 우리 안에서 에고의 영향력은 점차 줄어들고 셀프의 잠재력을 점점 더 활용할 수 있게 된다. 결과적으로 우리가 에고 주도의 필사적인 노력을 중단하고, 자신 내면의 참된 에너지인 셀프 파워를 신뢰하고 내맡길 때, 마법과 같이 신기할 정도로 쉽게 긍정적인 변화가 나타남을 경험하게 된다.

셋째, 포커스란 에고보다 셀프 주도 상태로 현재 몰입하고자 하는 대상에 초점을 맞추고 이를 유지할 수 있는 능력을 의미한다. 모든 영역에서 최고의 성과를 내는 비결은 주어진 과제에 얼마나 주의를 집중하고 그 집중력을 유지할 수 있느냐에 달려 있다. 효과적인 집중을 위해서는 먼저 이완된 집중 상태인 셀프 포커스와 긴장된 집중 상태인 에고 포커스를 구분하는 것이 중요하다. 단순하게 억지로 집중하려는 에고 포커스의 노력은 쉽게 집중할 수도 없고 잠시 집중이 되었다 해도 단기간밖에 유지되지 않기 때문에 쉽게 좌절감을 느끼게 되어 사람을 지치게 만든다. 결과적으로 에고 포커스적인 노력은 근본적으로 재미가 없으며 장기적 관점에서 볼 때 효과적이지도 못하다. 하기 싫어 온몸을 비비 꼬면서 억지로 공부하는 학생의 태도에서 우리는 쉽게 에고 포커스의 역효과를 잘 관찰해 볼 수 있다. 이와 반대로 셀프 포커스가 이루어지면 마치 마법과 같은 일어난다. 셀프 주도 상태가 되면서 에고가 일으키는 가혹한 자기 평가나 과잉 통제를 일으키는 불안감과 의심 그리고 걱정이나 지루함이 사라지고 내면의 기쁨이 솟아오르는 몰입 상태에 다다르게 된다. 억지로 하는 노력이 아닌 저절로 자연스러운 행동이 일어나게 되는 것이다. 이러한 자연스러운 몰입 상태인 셀프 포커스를 위한 필수 요소는 학습자 내면의 순수한 욕구이다. 쉽게 말해, 하고 싶은 일을 할 때는 셀프 포커스가 발현되지만 억지로 일을 할 때는 산만한 에고 포커스 상태가 된다는 뜻이다. 그렇기 때문에 효과적인 셀프 포커스를 위해서는 학습자가 본래 가지고 있는 호기심과 관심에 과제를 연결하는 것이 필수적이다. 명심해야 할 사항은 이러한 집중은 흥미에서 나오며 흥미는 절대 강요할 수 없다는 것이다. 따라서 아이들의 흥미를 이끌어 내기 위해서는 과제를 강압적으로 부과하기보다는 자신의 관심사와 능력에 따라 스스로가 과제를 선택할 수 있는 기회를 주는 것이 매우 중요하다. 다시 말해 엄마가 학습에 대해 통제하고 지시하려는 욕망을 자제하고 학습에 대한 최종적인 권한과 책임을 아이에게 주어야 한다는 의미이다. 이러한 방법은 에고 주도 학습에 익숙해 있는 엄마나 아이에게 처음에는 불안함을 일으킬 수도 있으나, 궁극적으로는 학습을 자연스럽고 효과적으로 이끌어 갈 수 있는 더 좋은 길임을 명심해야 한다.

다음으로 효과적인 집중을 위해 중요한 것은 집중을 유지한다는 의미를 이해하는 것이다. 집중 유지란 집중을 절대로 잃는 것이 아니라, 집중을 잃는 순간을 가능한 한 짧게 만드는 것을 의미한다. 따라서 집중 훈련의 목표는 집중을 잃었을 경우 얼마나 빨리 집중 상태로 돌아오도록 하느냐에 달려 있다. 우리는 걱정, 싫증, 혼란과 같은 에고 주도 상태일 경우에 주의 집중을 잃게 된다. 학생들의 경우에는 주어진 과제가 자신의 수준보다 지나치게 높을 경우 안정감을 잃고 초조함을 느낀다. 반대로 너무 낮을 경우에는 싫증을 느끼고 집중 상태를 잃곤 한다. 따라서 안정감과 적정 수준의 도전성을 갖추어 주는 것이 주의 집중을 유지하는 데 매우 중요하다.

위에서 살펴 본 효과적인 셀프 주도 학습의 비결을 정리해 보면 우리가 현재 자신의 감정을 알아차림으로써 에고 주도 상태인지 셀프 주도 상태인지를 분명히 분별하여 인지하고, 셀프의 효과적인 잠재력을 신뢰하고 선택함으로써, 지속적이고 탄력적으로 셀프 포커스 상태를 유지하는 데 달려 있다고 요약할 수 있다.

사실 셀프 주도 학습법은 엄마들 모두가 알고 있는 학습법이다. 자녀들이 처음 걸음마 배울 때를 기억해 보자. 아이가 균형을 잃고 넘어지더라도 엄마는 아기가 서투르다고 비난하거나 언짢아하지 않는다. 그저 아기가 넘어진 사건 자체를 평가하는 마음 없이 받아들이고, 아이가 걸을 수 있는 능력이 있다는 것을 의심 없이 온전히 신뢰하며, 아기의 용기를 북돋을 수 있는 말이나 몸짓을 하며 아이가 걸을 때까지 지속적으로 지지하고 격려했을 것이다. 이것이 바로 셀프 주도 학습의 전형적인 사례이다.

따라서 엄마가 셀프 주도 학습 코치로서 가져야 하는 세 가지 책임은 첫째, 판단이나 평가, 비교가 없는 자연스러운 학습을 환경을 만들어 주고 둘째, 아이들이 셀프의 역량을 믿고 선택할 수 있도록 격려하며 셋째, 셀프 포커스를 활용할 수 있도록 돕는 일이 된다.

셀프 주도 학습은 밖으로부터 주입하는 전통적인 에고 주도 학습과는 달리 자신의 역량을 '안에서 밖으로' 끌어내는 새로운 학습 방법이기 때문에 매우 즐거운 경험이 될 것이다. 셀프 주도 상태를 회복하고 유지할 수 있는 셀프 주도 학습 명상법을 소개하면 다음과 같다.

셀프 주도 학습 명상법

1. 혀끝을 앞니 바로 뒤 입천장에 가져다 댄다.

2. 코로 천천히 들이쉬면서 다섯을 세고 천천히 내쉬면서 다섯을 세는 것을 한 번으로 3회 심호흡하며 명상을 시작한다.

3. 발끝부터 머리끝까지 천천히 순서대로 욕조에 담긴 따듯한 물속에 들어간다는 기분으로 온몸의 긴장을 편안히 푼다.

4. 오른손을 왼편 심장에 가져다 대고 심장 박동을 느껴 본다.

5. 자신이 가장 행복했던 시절이나 내가 사랑하고 감사한 사람들을 마음속에 떠올려 본다.

6. 행복하고 감사한 이미지들 천천히 음미해 본다.

7. 코로 천천히 들이쉬며 다섯을 세고 천천히 내쉬며 다섯을 세는 것을 3회 반복하고 명상을 마친다.

필자는 교육 프로그램을 진행할 때 처음과 끝을 항상 이 셀프 주도 학습 명상법으로 시작하는데, 학생들과 학부모 모두에게서 간단하지만 큰 효과를 볼 수 있었다. 마찬가지로 학습 전이나 시험 전, 하루를 마치고서 이 간단한 명상법을 실천해 보면 큰 유익을 직접 경험할 수 있을 것이다.

몰입 학습의 지혜

우리 행동을 스스로 조절할 수 있으며, 내 운명의 주인이 나인 듯한 느낌이 드는 순간들이 있을 것이다. 이때 우리의 기분은 마냥 고양되고, 행복감을 만끽할 수 있다. 좋아하는 음악에 푹 빠져들었을 때, 해맑게 웃는 아이의 얼굴을 바라볼 때 우리가 느낄 수 있는 감정이다. 그리고 이런 경험들은 우리의 뇌리에 오랫동안 남고, 더 나아가서 자신이 지향하는 삶의 이정표가 될 수 있다. 이런 경험을 최적 경험(Optimal Experience)이라고 한다. 앞서 이를 셀프 주도 상태로 명명하였다. 칙센트미하이 교수는 그의 놀이와 일에 관한 독창적인 책『몰입의 기술*Beyond Boredom and Anxiety*』에서 이 상태를 다음과 같이 묘사한다.

"플로우(Flow) 상태에서는 내적 순서에 따라서 한 행위가 끝나면 다음 행위가 이어진다. 행위자가 어떤 의도적인 노력을 할 필요가 없는 것처럼 보인다. 그 상태에 있는 사람은 마치 물이 흐르는 것처럼 한 상태에서 다음 상태로 흘러가는 경험을 한다. 그 흐름 속에서 그는 자신의 행위를 통제하고 있다. 그 흐름 속에는 나와 내가 아닌 것, 자극을 주는 것과 반응하는 것, 그리고 과거, 현재, 미래의 구분이 거의 없다."[43]

플로우는 어떤 행위에 깊게 몰입하여 시간의 흐름이나, 공간 더 나아가서는 자기 자신에 대한 생각까지도 잊어버리게 되는 심리 상태를 의미한다. 우리에게 익숙한 동양적 용어들로는 삼매경, 무아지경이 있다. 플로우는 요즘 한국에서는 몰입이라는 번역으로 널리 알려져 있는데, 말 그대로 '흐름(플로우)'이라는 번역이 그 본래의 의미를 잘 나타내 준다고 생각한다. 왜냐하면 칙센트미하이 교수가 최적 경험 상태를 경험한 사람들을 인터뷰한 결과 이 상태에 대해 공통적으로 '마치 하늘을 자유롭게 날아가는 느낌' 혹은 '물 흐르는 것처럼 편안한 느낌'이라고 묘사하였기 때문이다.

　필자는 유학 준비 과정에서 스트레스를 관리하고 건강을 유지하기 위해 태극권을 시작해 현재까지 8년째 수련하고 있는데, 지난 8년 동안 태극권 관장으로부터 줄곧 듣는 말은 바로 "힘 빼라!"이다. 진정한 큰 힘인 진력(眞力, 파워(Power))을 쓰기 위해서 불필요한 작은 힘인 졸력(拙力, 포스(Force))을 빼라는 뜻이다. 태극권의 진력과 졸력 개념과 셀프 주도 학습의 개념을 바탕으로 플로우를 다음과 같이 정리해 볼 수 있다.

셀프 파워 – 에고 포스 = 플로우

셀프 파워: 긍정적인 에너지, 진력

에고 포스: 부정적인 에너지, 졸력

셀프 주도 상태에서 나온 긍정적인 힘을 셀프 파워(SELF Power)로, 에고 주도 상태에서 나온 부정적인 힘을 에고 포스(ego Force)로 표현하고, 이 셀프 파워와 에고 포스의 힘의 차이가 바로 에너지의 흐름인 플로우가 된다는 의미이다.

셀프 파워 〉에고 포스 → 플러스 플로우 → 셀프 주도 상태

셀프 파워 〈 에고 포스 → 마이너스 플로우 → 에고 주도 상태

위 플로우 공식은 몰입의 정도는 마치 폭포의 높이가 높으면 높을수록 폭포수의 흐름이 강해지듯이, 셀프 파워와 에고 포스의 격차가 크면 클수록 우리가 활용할 수 있는 내면 에너지 폭포의 양과 속도가 결정된다는 사실을 알기 쉽게 나타내 준다.

즉, 몰입할 수 있는 정도는 우리가 얼마나 큰 셀프 파워와 에고 포스의 격차를 만들어 낼 수 있느냐에 달려 있다.

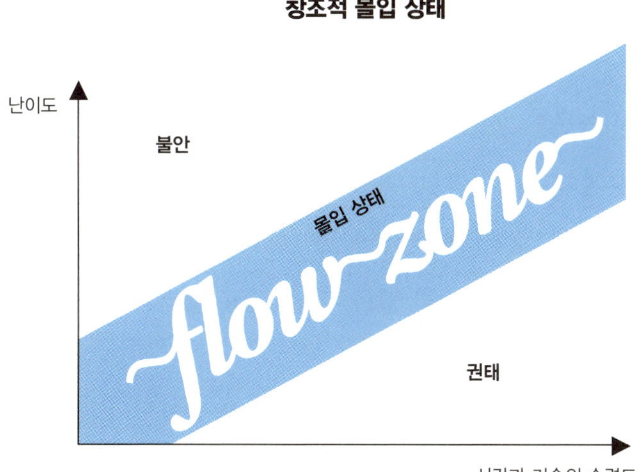

셀프 파워와 에고 포스의 격차가 클수록 더욱 잘 몰입할 수 있다.

이 플로우를 경험한 이들의 묘사는 다음과 같다.

"온몸이 이상하게 고요하게 변하는 걸 느꼈어요. 텅 비어 버린 황홀경이라고 할까? 그 상태에 들어서자 온종일 뛰어도 전혀 피곤하지 않을 것 같다는 느낌이 들었죠. 공을 몰고 상대팀 어느 선수가, 아니 그 팀의 모든 선수가 한꺼번에 방어해도 뚫고 나갈 확신이 드는 거예요."—축구 황제 펠레[44]

"경주 도중 갑자기 남들을 앞서 가기 시작했어요. 그러면서 제 의지가 아닌 무아지경의 상태로 운전하고 있다는 걸 느꼈죠. 그건 완전히 다른 차원의 세계였습니다. 전 분명히 제 한계를 넘어섰는데도 전혀 힘이 들지 않는 상태로 자꾸만 앞서 나가고 있었어요."—F1 세계 자동

차 경주 챔피언 아일톤 세나[45]

"황홀한 느낌에 사로잡혀서 마치 내가 존재하지 않는 것처럼 느껴진다. 이러한 경험은 그전에도 여러 번 반복되었다. 내 손은 나의 통제를 벗어나 혼자 움직이고, 나는 현재 이루어지는 일에 대해서 아무것도 하는 일이 없다. 그저 가만히 앉은 채 놀라움과 경이로운 마음으로 지켜보기만 할 뿐이다. 그러면 멜로디가 저절로 흘러 나온다."—음악가[46]

"강력한 이완과 차분함이 찾아옵니다. 실패할 거라는 걱정은 없어요. 얼마나 강하고 따스한 느낌인지! 나 자신을 넓혀서 세상을 끌어안고 싶어집니다. 아름답고 고상한 일을 해낼 막대한 힘이 있다고 느끼죠."—무용가[47]

"그것은 딱 떨어지는 연기다. 내 말은 모든 게 잘 흘러갔고 좋았다는 거다. 상당한 열망이 느껴져 하고 또 하고 할 수 있을 것 같은 느낌, 너무 잘 돼서 멈추고 싶지 않은 느낌이다. 생각하지 않아도 모든 게 저절로 진행되는 느낌, 자동 조종 장치에 타고 있어서 아무 생각도 할 필요가 없는 것 같다. 음악이 들리지만 들린다는 것을 인식하지 않느다. 음악이 전체의 일부가 되어 버리기 때문이다."—피겨 스케이팅 선수[48]

"아이와 함께 뭔가 할 때, 아이가 뭔가 새로운 것을 배울 때에 삶의 가장 만족스러운 경험을 느껴요. 아이가 직접 만든 새로운 쿠키나 자랑스러워하는 미술 작품 같은 거요. 독서도 우리 애가 무척이나 빠져 있는 일이어서 함께 읽기도 해요. 아이가 제게 읽어 주고 제가 딸에게 읽어 주고, 바로 그럴 때 바깥세상과 끊어지는 느낌이 들면서 하는 일에 완전히 몰두하게 되죠."—어머니[49]

이러한 플로우(흐름)의 유익은 크게 세 가지로 정리해 볼 수 있다.

첫째, 플로우는 탁월성의 원동력이 되어 주기 때문에 이를 잘 활용하는 사람들은 남들이 생각지 못하는 수준의 일을 해낼 수 있다. 둘째, 창조력의 근원이 되기 때문에 우리 안의 잠재의식을 깨워 창조성을 활용하도록 해 준다. 셋째, 심리적 에너지의 근원으로 육체적인 피곤함이나 스트레스를 사라지게 해 준다.

그렇다면 어떻게 아이들이 이 플로우를 경험하도록 도울 수 있을까? 칙센트미하이 박사는 플로우를 경험할 수 있는 가정 환경을 창조하는 다섯 가지 요건을 다음과 같이 제시하는데, 셀프 주도 학습을 위한 좀 더 명확한 힌트를 얻을 수 있다.

첫째, 뚜렷함이다. 뚜렷함이란 부모가 원하는 바를 아이들이 뚜렷하게 알 수 있도록 도와주는 일이다. 어떤 행동을 하길 원하는지, 무엇을 해내길 바라는지를 아이들과 솔직한 대화를 통해 아이들이 스스로 느끼고 알아갈 수 있도록 도와주어야 한다. 자신이 해내야 할 것이 무엇인지 알게 되면, 아이들은 고민하거나 헷갈리지 않고 자신의 힘을 그곳에 집중할 수 있다.

둘째, 현재에 대한 관심이다. 이것은 아이들이 지금 당장 하고 있는 일에 부모가 깊은 관심을 보이는 것을 말한다. 자녀가 훌륭한 대학을 나와 좋은 직장에 들어가는 데 목표를 두는 부모들이 많지만, 그런 먼 미래에 대한 관심은 자칫 현재의 성취를 무시하는 결과를 낳을 수 있다. 예를 들어, 수학에서 70점을 맞던 아이가 열심히 공부해서 80점을 받아왔는데도 그 노력과 성취에 대해 함께 기뻐해 주지 못하고 이렇게 말하는 것이다.

"나중에 좋은 대학 가려면 수학에서 적어도 95점은 맞아야 해! 앞으로 점점 더 문제가 어려워질 텐데, 겨우 80점이 뭐니?"

하지만 부모가 아이들의 현재에 관심을 가지고 작은 성취나 그 과정을 함께 고민해 주면 아이들이 안심하고 한 가지에 몰입할 수 있게 된다.

셋째, 선택이다. 선택은 눈앞에 펼쳐진 다양한 가능성을 아이 스스로 고를 수 있게 하는 것을 말한다. 설사 부모가 원하는 바와 다르다고 해도, 그 결과를 아이가 책임질 수 있다면 과감히 선택할 수 있도록 허락하는 것이다. 사람은 자신이 선택한 일에 더 힘을 기울이기 마련이다. 결과는 과정의 부산물일 뿐이다. 성공하든 실패하든 간에, 아이는 그 과정을 통해 많은 것을 배우고 종종 몰입을 경험하게 된다.

넷째, 믿음이다. 믿음은 아이들이 하는 일을 부모가 전폭적으로 신뢰하는 걸 말한다. '아이들은 부모의 눈빛을 느끼며 자란다.'라는 말이 있다. 부모의 시선이 따스하면 아이들은 용기와 자신감을 얻게 된다. 운동 경기를 생각해 보자. 지든 이기든 언제나 믿어 주는 든든한 응원단이 있다면, 그 선수는 어떤 경기든 기쁜 마음으로 최선을 다할 수 있기 마련이다.

다섯째, 헌신이다. 헌신이란 아이들이 도전할 수 있도록 부모의 욕심을 버리는 걸 말한다. 부모는 인생 경험이 많기 때문에 아이들이 더 안정되고 덜 힘든 일을 하기 바란다. 하지만 자라는 아이들은 때론 무모하고 실패가 뻔한 일도 해 보길 원한다. 그럴 때가 바로 부모의 희생이 필요한 때이다. 자신을 낮추고 아이들이 나아가도록 도와줄 때, 아이들은 아무 걱정 없이 좀 더 어려운 일에 몰입할 수 있다.[50]

플로우 상식[51]

플로우의 특징

1. 무엇을 해야 하는지 분명히 알게 된다.

2. 자신이 얼마나 잘하고 있는지 알고 있다.

3. 자신의 능력이 주어진 일을 하기에 적절하다고 느낀다.

4. 평소에 우리는 무엇을 하면서 곧잘 다른 곳에 정신을 팔고 있다. 하지만 플로우 상태에서는 지금 이 자리에서 하는 일만 의식하게 된다.

5. 무엇인가에 전념해 있는 나머지 실패를 걱정할 여유가 없다.

6. 남을 전혀 의식하지 않고 하는 일에 몰두하게 된다.

7. 시간을 잊게 되고 몇 시간이 마치 몇 분처럼 흘러갈 수 있다.

8. 무슨 일이든 즐기면서 할 수 있게 된다.

플로우를 경험하기 위한 일곱 가지 조건

1. 분명한 목표가 있어야 한다.

2. 어느 정도 잘하고 있는지를 알아야 한다.

3. 도전과 능력이 균형을 이루어야 한다.

4. 행위와 인식이 하나가 되어야 한다.

플로우를 활용하는데 명심해야 하는 것 두 가지가 있다.

첫째, 중독과 플로우에 대한 구별이다. 중독과 플로우는 시간과 공간을 잊는 몰입 상태를 경험하게 한다는 것에서 유사점이 있지만, 그 행위 자체를 멈출 수 있느냐 없느냐에 차이가 있다. 오락 중독이나 알코올 중독과 같이 중독은 중독된 행위 자체를 멈추기가 어렵지만 플로우는 원한다면 멈출 수 있다. 또한 중독과 플로우는 경험 이후의 느낌에 차이가 있다. 쉽게 예를 들면, 오락을 한 후에 대부분은 행복감을 느끼기보다는 시간 낭비에 대한 죄책감과 육체적 피로를 경험하며 에너지가 고갈되었다고 느끼기 쉽다. 반면, 플로우 경험 이후에는 보람과 뿌듯함으로 오히려 에너지가 충만해지는 느낌을 경험하게 되는 것이다. 둘째, 마중물의 개념이다. 마중물이란 펌프에서 물이 잘 나오지 않을 때 물을 끌어올리기 위하여 위에서 붓는 물을 의미한다. 마찬가지로 셀프 파워를 끌어올리기 위해서는 어느 정도의 마중물이 반드시 필요하다. 저명한 물리학자이자 작가인 프리먼 다이슨은 플로우를 위한 마중물의 경험을 다음과 같이 묘사한다.

"글쎄요, 일종의 투쟁이라고 할까요. 시작한다는 것은 엄청나게 힘듭니다. 첫 페이지를 쓰기 위해 일주일 동안 죽으라고 매달리기도 하죠. 정말 피와 눈물과 땀이라고밖에 달리 표현할 길이 없군요. 무언가 훌륭한 결과가 나오리라는 희망을 갖고 자신을 계속해서 밀어붙여야 하고, 자연스러운 몰입이 시작될 때까지 견뎌야 합니다. 나 자신을 밀어붙이고 강요하지 않으면 아무것도 일어나지 않을지도 모릅니다. 일단 플로우 상태에 들어가면 좋은 시간을 가질 수 있지만 거기에 도착하기 위해서는 높은 장벽을 넘어가야 합니다. 그전까지는 그저 순수한 고통일 따름입니다.”[52]

따라서 플로우 상태로 진입하기 위해서는 어느 정도의 마중물이 필수적이라는 사실을 명심하는 것이 중요하다. 그렇다면 어떻게 플로우 상태에 진입하기 위한 마중물을 부을 수 있을까?

첫째, 진정 자신이 좋아하는 일을 하는 것이다. 자신이 깊이 사랑하는 일을 한다면 어려움에도 불구하고 그 일을 위해 기꺼이 에너지를 쏟을 것이기 때문이다. 둘째, 플로우를 방해하는 잡념을 다루는 법을 익혀야 한다. 아무리 좋아하는 일을 한다고 해도 인간인 이상 하기 싫은 마음이나 잡념이 들기 마련이다. 이를 위해 플로우 주문이 도움이 된다. 예를 들어 부정적인 감정과 잡념이 들 때, ‘그만(Stop) — 다 괜찮아(All is well) — 지금 여기에서(Now and Here) — 플로우(Flow)’를 반복해 읊조리면서 다시 하던 일로 주의를 돌리면 큰 도움이 될 것이다. 셋째로는 시스템이 중요하다. 앞서 언급했듯이 필자는 8년째 태극권을 수련하고 있다. 그동안 배운 내용만으로도 집에서 혼자 수련할 수 있겠지만, 일부러 시간과 돈, 에너지를 투자하며 먼 거리에 있는 도장에 매일 가는 이유는 시스템 때문이다. 태극권 도장에 가면 도복으로 갈아입고, 일정한 시간에, 일정한 장소에서 일정한 사람들과 함께 수련하게 하는 시스템이 제공된다. 그리고 바로 이 시스템이 수련을 하기 싫어 꾀를 부리고 싶을 때, 게으른 마음이 들 때, 싫증이 날 때에도 할 수밖에 없도록 도와준다. 이것이 꾸준한 수련을 가능하게 해 주고, 꾸준한 수련이 결과적으로 실력 향상을 가능하게 만드는 것이다. 마찬가지로 플로우를 경험하기 위해서는 할 수밖에 없는 시스템을 구축하는 것이 큰 도움이 된다.

이와 같이 자발적이고 자연스러운 내면의 힘인 셀프 파워 에너지를 쓸 것인가, 억지로 쥐어짜는 외적인 힘인 에고 포스 에너지를 쓸 것인가가 바로 효과적인 몰입 학습을 위한 플로우 경험의 성공과 실패를 결정하게 될 것이다.

21세기 핵심 역량, 창의성을 키우려면

앞서 2부에서 자세히 살펴보았듯이 21세기 뉴 글로벌 르네상스 시대는 무엇보다 창조적 상상력이 중시되는 시대다. 『해리 포터』의 작가 조앤 롤링은 하버드 졸업 축하 연설에서 "세상을 변화시키기 위해 우리에게 필요한 것은 마법이 아닙니다. 우리 안에는 이미 세상을 변화시킬 수 있는 힘이 있습니다. 우리에게는 더 나은 세상을 상상할 수 있는 힘이 있는 것입니다."라고 말하며 상상력의 중요성을 강조했다. 경제적 관점에서 보아도 조앤 롤링이 자신의 상상력으로 창조한 『해리 포터』 이야기는 67개국 언어로 번역되어 4억 5000만 권 이상이 판매되었으며, 2011년까지 영화만으로 약 7조 8000억 원의 수익을 창출했다. 이 뿐만 아니라 『해리 포터』 시리즈가 1997년부터 2006년까지 관련 산업을 통해 올린 매출액은 우리 돈 약 308조 원으로 같은 기간 한국의 반도체 수출 총액 231조 원의 1.3배 이상에 달한다고 한다. 한 싱글 맘이 카페에서 구상한 『해리 포터』 이야기가 상상을 초월하는 경제적 효과를 창출한 것이다. 이와 같이 21세기 뉴 글로벌 르네상스 시대에는 인간의 상상력과 창의성이 경제 영역뿐 아니라 전 세계적으로 다양한 차원의 변화를 일으키고 있다.

그렇다면 우리는 한 가지 질문을 해 보아야 한다. 창의성이란 과연 무엇일까? 잠깐 책 읽기를 멈추고 스스로 답해 보자.

창의성이란 무엇인가?

어떠한가? 명확히 답할 수 있는가? 아마도 막연하게 생각이 맴돌 수는 있어도 창의성이 무엇인지 답하기가 쉽지 않을 것이다. 사실 세계적인 학자들도 창의성에 관해 각자 다른 의견을 가지고 있어 간단히 정의하기가 쉽지 않은 것이 사실이다. 필자는 스티브 잡스와 같은 통합적인 인재를 양성하기 위해 큰 예산을 투입해 설립된 포항 공대 창의 IT 융합 공학과에서 창의 인재 선발을 위한 입학 사정 프로세스 개발 의뢰를 받고, 평가 매뉴얼과 개인 면접 질문 및 집단 면접 선발 프로세스를 직접 개발한 경험이 있다. 이 개발 과정을 통해, 창의성에 관한 다양한 자료들을 연구하며 창의성의 세 가지 조건을 다음과 같이 정리해 보았다.

창의성이란

1. **Valuable** — 가치가 있어야 한다.

2. **Different** — 차별화되어야 한다.

3. **Creatable** — 결과로 창조할 수 있어야 한다.

첫째, 창의성은 가치가 있어야 한다. 예를 들어 금융 피싱과 같은 범죄를 위해 발휘되는 창의성이라면 그 창의성은 무가치함을 넘어 파괴적일 것이기 때문이다. 둘째, 창의성은 가치가 있으면서 차별화되어야 한다. 이는 우리가 가장 쉽게 알아차릴 수 있는 창의성의 특징이다. 스티브 잡스의 대표작인 아이폰이 바꾸어 낸 세계적 변화를 생각해 보면 쉽게 이해할 수 있을 것이다. 셋째, 창의성은 결과를 창조할 수 있는 능력까지 포함해야 한다. 왜냐하면 창의적인 수많은 아이디어들 중 다수는 현실화되지 못한다면 한갓 백일몽에 지나지 않을 경우가 많기 때문이다. 대기업들은 단지 창의적인 아이디어만을 원하지 않는다. 대기업의 관점에서는 창의적인 아이디어들은 넘친다고 생각하기 때문에, 그 창의성을 현실에 유용한 결과로 구현해 내는 것을 더 중시한다고 한다. 즉 창의적 아이디어들을 실제 유용한 결과로 창출해 낼 수 있는 능력까지 겸비할 수 있어야 통합적인 창의성이 될 수 있는 것이다.

지금까지 창의성의 세 가지 특징에 대해 살펴보았다. 그렇다면 다음 질문을 던질 차례이다. 이 창의성은 도대체 어디서 오는 것인가?

귀찮다고 여기지 말고 반드시 적어 보자. 고수 교육 투자가가 되기 위한 기본 중의 기본은 깊이 생각하고 실천에 옮기는 힘이기 때문이다.

창의성은 어디에서 오는가?

브레인스토밍

____

____

____

창의성은 다름 아닌 풍부한 감정에서 시작된다. 감정은 강력한 창조 에너지로 우리 삶에 엄청난 영향을 미칠 뿐 아니라 창조의 자양분이 되기 때문이다. 예를 들어 많은 예술가들이 강한 창조의 원동력을 사랑이라는 감정에서 얻으며, 과학자들이나 발명가들도 창조의 원동력을 호기심에서 얻는 것을 생각해 본다면 쉽게 이해할 수 있을 것이다.

이제 다음 질문을 할 차례이다. 창조의 원동력이 되는 감정을 풍성하게 하려면 어떻게 해야 하는가? 마찬가지로 자신만의 답을 적어 보자. 다시 한 번 강조하지만 고수 엄마 투자가의 기본기 중 기본기는 '스스로 생각하는 힘'이다.

어떻게 해야 풍부한 감정을 가질 수 있을까?

풍부한 감정은 섬세한 감수성에서 비롯된다. 섬세한 감수성을 지닌 아이가 풍성한 감정을 느끼는 것은 너무 당연한 일이기 때문이다. 어떻게 하면 섬세한 감성을 지닌 아이들로 키워 줄 수 있을까? 자신만의 답을 적어 보라. 틀려도 좋다. 거듭 말하지만 내가 생각해 봤다는 그 사실이 중요하다.

그렇다면 섬세한 감수성은 어디에서 오는가?

섬세한 감수성은 다음과 같은 세 가지에서 온다.

첫째, 감수성은 자연에서 온다. 이탈리아 유명 패션 회사들의 디자인 부서는 자연 속에 위치하는 경우가 많다고 한다. 자연만큼 인간에게 영감을 주고 창의성을 북돋아 주는 것은 없다고 믿기 때문이다. 실제로 인류의 많은 예술과 과학적 발명들이 자연을 창조적으로 모방함으로써 탄생한 경우가 많다. 세계적인 심리학의 대가였던 제임스 힐먼 교수는 상상력은 자연 세계 속에 열중하지 않거나 자연의 경이로움과 가끔이라도 만나지 못하면 결코 발생하지 않는다고 말한다. 비틀즈의 멤버 존 레넌의 사례를 들어보자. 존 레넌은 도시에서 자랐다. 그러다가 사춘기 초반의 어느 날에 스코틀랜드를 방문해 시골 길을 걷다가 문득 다음과 같은 생각을 했다고 한다.

"무아지경에 빠졌다……. 땅이 사람과 들판 아래로 꺼지기 시작하더니 멀리서 이 산을 볼 수 있었다. 그리고 이런 느낌이 엄습했다. '아, 이게 바로 그들이 항상 말하던 그것이구나! 너무나 압도적이어서 누군가에게 말하지 않으면 견딜 수 없는, 결국 그것을 그림으로 그리고 글로 쓰게 만드는 것이구나. 그래서 시를 쓰게 되는 것이구나!'"[53]

하버드 대학의 박사이자 퓰리처상 수상자인 에드워드 오스본 윌슨은 아이들에게 생명애 교육이 중요하다고 강조한다. 생명애란 '다른 동식물과 관계 맺으려는 의지'를 의미하는데, 윌슨 박사는 인간은 누구나 본능적으로 자연 세계와의 친밀감으로 느낀다고 한다.[54] 아이가 성장해 나가는 데 있어, 생물학적으로 자연과의 친밀한 관계가 필요하다는 의미이다.

노스캐롤라이나 주립 대학교수이자 국가 학습 연구소의 소장인 로

빈 무어는 "어린이들은 감각을 통해 살아간다. 직접적인 감각을 활용한 경험을 통해 바깥 세계와 내적인 정서 세계가 서로 이어진다. 자연환경은 감각적 자극의 주된 원천이므로, 자신만의 공간에서 혼자 시간을 보내며 감각을 이용해 주변을 탐색하면서 마음껏 놀 수 있어야 건강하게 자랄 수 있다. 이런 자발적이고 능동적인 상호 활동을 자유로운 놀이라고 부른다. 어린이들은 환경과 상호 작용하고 자신의 잠재력을 활성화시키고 문화를 재구성하면서 자신을 실험해 본다. 탁 트인 자연환경 속에서는 창의적인 활동을 할 수 있는 가능성이 무한하다. 반면 경직되고 틀에 맞춘 인공적인 환경은 어린이의 건강한 성장과 발달을 제한한다."라고 말했다.[55]

전문가들은 현대 도시 문명으로 인해 아이들이 자연과 단절되면서 신체적 건강과 정서적인 발달에 문제가 생기고 있다고 말한다. 대자연 속에서 마음껏 자유롭게 뛰어놀 때, 온몸의 감각으로 느껴지는 자연의 신비함과 경외감, 호기심이 바로 아이에게 영감을 주는 귀중한 창조성의 보고가 되어 주는 것이다.

둘째, 감수성은 예술로부터 온다. 한국의 사상가 함석헌은 세계를 지배하는 가장 하위의 힘을 폭력, 그 위의 힘은 금력, 그 위의 힘은 권력, 그리고 그 위에 있는 힘이 다름 아닌 예술이라고 말했다. 언뜻 보아서는 고개를 갸우뚱하게 되는 이야기일지도 모른다. 하지만 한 번 생각해 보자. 인간이 돈을 지불하고 살 수 있는 가장 비싼 것은 무엇일까? 다른 말로 하자면 인류가 창조한 유산 중 가장 가치 있게 여기는 것은 무엇인가라는 질문이다. 그것은 다름 아닌 예술품이다. 레오

나르도 다빈치의 역작 「모나리자」는 한 계산법에 따르면 무려 시가가 40조 원에 달한다고 한다. 그 외에도 피카소, 세잔느, 잭슨 폴록, 르누아르, 뭉크, 고흐 등 유명 화가의 그림 경매가도 무려 수천억 원에 이를 정도다. 캔버스에 그린 그림 하나가 이러한 엄청난 가치를 지닐 수 있다는 사실이 언뜻 보면 이해하기 어려운 일일 수도 있다. 하지만 조금만 더 생각해 본다면 쉽게 이해할 수 있다. 예를 들어 세계 패션계에서 가장 영향력이 높은 디자이너 중 한 명으로 손꼽히는 루이비통의 수석 디자이너 마크 제이콥스는 순수 예술가들을 굉장히 부러워한다고 한다. 그는 자주 순수 예술가들의 작품 전시회장을 찾는데 그곳에서 느낀 영감을 소재로 자신의 디자인을 창조해 내기 위해서라고 한다. 그는 순수 예술로부터 영감을 받아 창조한 디자인으로 막대한 부를 창출하고 있는 것이다. 아인슈타인은 "상대성 이론은 직관적으로 떠오른 것이며, 그 직관을 떠오르게 한 것은 바로 음악이었다. 나의 새로운 발견은 음악적 지각에 따른 결과였다."라고 말했다. 아인슈타인과 교류했던 음악 교육의 개척자 스즈키 신이치도 "나는 음악과 미술에 대한 감수성과 애정이 정치인, 과학자, 사업가, 노동자를 막론하고 모든 사람들에게 아주 중요하다고 믿는다. 우리는 어린아이들을 전문 음악가로 만들려고 가르치지 않는다. 재능 교육이란 평생 교육이다."[56]라고 했다.

이와 같이 미술뿐 아니라 음악과 같은 예술은 우리에게 창조적 영감을 줌으로써 우리가 일하는 분야에서 창조성을 발휘하도록 돕는 마중물이 됨을 이해할 수 있다.

<table>
<tr><td rowspan="2">**주로 머무는
기분 상태**</td><td>비몰입 상태로 공부의 즐거움을 느끼지 못하며 자신의 능력 이상을 발휘해야 하는 데서 오는 불안감과 좌절감을 주로 느낌.</td><td>몰입을 통해 즐거움, 행복감, 자신감, 의욕 충만과 같은 기분을 경험하며 뿌듯한 성취감을 느낌.</td></tr>
</table>

위 연구 자료에 따르면 두 그룹의 학생들이 일주일간 평균 학습 시간은 15시간과 27시간으로 2배 정도 차이가 나지만 하위권 학생들이 하루 동안 셀프 주도 학습을 하는 시간은(15시간×0.16=2.4시간)이고 상위권 학생들이 일주일 동안 평균 셀프 주도 학습을 하는 시간은(27시간×0.4=10.8시간)으로 셀프 주도 학습 시간은 4.5배 차이가 나게 된다. 쉽게 말하면 상위권 학생들이 학습 시 더 오랜 시간을 행복한 기분의 셀프 주도 상태로 높은 학습 효과를 내는 반면, 하위권 학생들은 부정적인 감정을 주로 경험하는 에고 주도 상태에서 저조한 학습 효과를 내고 있는 것이다. 일주일이라는 짧은 기간 동안 이토록 큰 차이가 난다면 세월이 흐를수록 얼마나 격차가 벌어질지는 명약관화하다. 우리는 위 연구 자료를 통해 효과적인 자기 주도 학습을 위해서는 셀프 주도 상태에 머무를 수 있는 능력과 훈련이 중요하다는 사실을 명확히 알 수 있다.

뇌파 과학 또한 셀프 주도 학습의 이해에 도움을 준다. 사람이 흥분해서 이성을 잃은 상태에서는 뇌파의 진동수가 70헤르츠까지 올라가 감마 영역의 상한선까지 올라갈 수 있다. 이 상태에서는 창의력이 거의 0에 이른다. 에고 주도 상태로 부정적인 감정에 휩쓸린 사람은 좋은 해결책을 찾아낼 수 없는 것이다. 뇌파가 상당히 높은 베타 영역인 21~38헤르츠에 해당되는 상태에서는 초조, 스트레스, 두려움이 지배한다. 그러나 심신을 안정시키고 주의 깊게 들을 수 있는 셀프 주도 상태에 이르면 뇌파의 진동수는 20헤르츠 아래로 떨어진다. 내면을 차분히 성찰할 수 있는 명상 때와 같은 깊은 이완 상태로 들어갈 때 뇌파의 진동수는 14헤르츠 이하로 떨어진다. 그리고 이때 알파 상태라는 창의력이 뚜렷하게 상승하는 상태에 도달한다. 안정 상태가 더욱 심도 깊은 차원에 이르면 뇌파의 진동수가 7헤르츠 이하로 떨어지는데, 이 범위를 세타 영역이라고 하며 이때 창의력이 한층 더 높아진다. 뇌파의 진동수가 그 보다 더 떨어져 3헤르츠 이하가 되면 깊은 수면 상태인 델타 영역에 들어서게 되며, 이 영역에서는 수도자나 승려들과 같은 영적 수행자들의 발전된 의식 상태가 활동한다.[42]

즉 셀프 주도 상태에서는 알파파나 세타파와 같은 창의력이 높은 안정된 상태가 유지가 되고, 에고 주도 상태에서는 감마파나 베타파와 같은 부정적인 감정의 쓰나미에 휩쓸리기 쉬운 불안정한 상태가 되고 마는 것이다.

그렇다면 이를 자기 주도 학습에 어떻게 응용할 수 있을까?

learning)이 가능해진다. 즉 에고와 셀프를 인식하고 이 둘을 분별하여 자신의 학습에 적용할 수 있는 것이 효과적인 자기 주도 학습의 비결인 것이다.

셀프 주도 상태는 스포츠계에서 존(Zone)이라는 현상으로 알려져 있는데, 김연아 선수가 무아지경 상태에서 빙판 위의 요정과 같은 모습으로 피겨 스케이팅을 하는 모습을 떠올려 보면 쉽게 이해할 수 있다. 김연아 선수는 세계 최정상급 선수들과 함께 챔피언 자리를 다투는 올림픽 경기라는 압박감 속에서도 강한 집중력을 유지하면서 여유 있고 우아한 연기를 펼친다. 보는 이들이 김연아 선수에게 매료되는 이유는 단지 뛰어난 기술 때문만은 아니다. 김연아 선수는 내면의 욕구와 재능을 조화시켜서 내면의 기쁨을 표현할 줄 아는 능력 즉, 에고의 저항력을 제거하고 타고난 셀프의 재능과 자질을 남김없이 마음껏 표출했기 때문이다.

이러한 셀프 주도 학습은 창의성 연구로 유명한 칙센트미하이 박사가 전 분야에서 최고 수준의 탁월한 성과를 이루는 사람들을 연구하는 가운데 발견한 공통적으로 경험하는 몰입 상태(Flow State)와도 일맥상통하는 개념이다. 창의성 또한 이 셀프 주도하에서 발현된다고 할 수 있다.

에고 주도 학습과 셀프 주도 학습의 활용 에너지 차이를 정리해 보면 다음과 같다.

비고	에고 주도 학습	셀프 주도 학습
감정 상태	두려움 불안 초조 좌절 불행 죄책감 수치심	기쁨 즐거움 사랑 용기 행복감 자유로움 자부심
결과	불안정한 심리 상태 산만한 집중력 흥분하고 동요되기 쉬운 심리 상태 근육의 긴장 낮은 수준의 학습 성과	안정된 심리 상태 높은 집중력 몰입 근육의 이완 높은 수준의 학습 성과

칙센트미하이 박사가 시카고 과학 고등학교 학생들을 대상으로 한 학습 성과 연구 결과 역시 에고 주도 학습과 셀프 주도 학습의 성과가 얼마나 큰 차이를 나타내는지를 잘 보여 준다.

비고	하위권 학생	상위권 학생
평균 공부 시간	15시간	27시간
시간 활용의 질	몰입 상태 16퍼센트	몰입 상태 40퍼센트
학습 시 몰입 상태에 머무는 시간	2.4시간	10.8시간

여 에고의 저항을 강화하기 때문에 매우 주의해야 한다. 학습자 자신의 상태에 대한 판단이나 평가, 외적 비교 없이 있는 그대로 알아차릴 수 있는 객관적 관찰 능력은 셀프 주도 학습의 첫 디딤돌이 된다.

둘째, 선택이란 거짓 자아인 에고보다 타고난 진정한 자기인 셀프를 선택하여 믿고 내맡길 수 있는 능력을 의미한다. 이 선택 능력은 효과적인 학습 성과를 달성하기 위해 절대적으로 필요한 요소이다. 사람은 가장 근본적인 욕구인 안정성에 문제가 생기면 자신에게 일어나는 모든 것을 위협으로 받아들여 두려움과 불안, 초조와 같은 부정적인 감정에 휩싸이기 쉽다. 그 결과 에고 주도 상태로 함몰되어 완벽주의와 지나친 통제, 안전제일주의에 빠지기 쉬울 뿐 아니라 동기와 집중력을 잃게 되어 결과적으로 자신의 목표에 도달하기 매우 어려워진다. 따라서 에고를 잠재울 스킬을 배우는 것이 필요하다. 에고를 잠재우기 위해서는 먼저 에고와 싸워서는 절대 이길 수 없다는 사실을 명심해야 한다. 우리는 헤라클레스의 사과 이야기에서 에고를 다루는 지혜를 배울 수 있다.

헤라클레스는 세상에서 가장 힘이 센 사람이었다. 어느 날, 헤라클레스가 산길을 가다가 벼랑에 있는 아주 좁은 길을 만났다. 그런데 그 길 한가운데 찌그러진 사과 한 개가 놓여 있는 게 아닌가? 불쾌한 생각이 든 헤라클레스는 그걸 발로 툭 차 버렸다. 그랬더니 사과가 수박처럼 커다랗게 부풀었다. 화가 난 헤라클레스는 그걸 다시 발로 걸어 찼다. 이번에는 어느새 바위만큼 커져 버렸다. 헤라클레스는 잔뜩 흥분해서 들고 있는 몽둥이로 사과를 힘껏 내려쳤다. 그러자 사과가 집채만큼 커져서 좁은 길을 완전히 막아 버렸다. 어쩔 줄 모르게 된 헤라클레스는 씩씩대며 사과를 노려보았다. 그때 갑자기 아름다운 여신이 헤라클레스의 앞에 나타나서는, 고운 목소리로 노래 부르며 커다란 사과를 어루만지기 시작했다. 그러자 집채만 하던 사과가 순식간에 원래 크기로 돌아가 버렸다. 어리둥절해하는 헤라클레스를 향해 여신이 미소를 지어 보이더니 말했다.

"그 사과는 당신의 에고와 같아요. 억누르거나 부딪치면 자꾸 커지지만, 부드럽게 어루만지면 눈 깜짝할 사이에 사라지지요. 당신이 나쁘다고 여기는 것들은 모두 에고에서 우러난 부정적인 감정들이 원인이에요. 하지만 에고를 적대적으로 대하는 것은 백해무익하답니다. 당신의 에고를 다루기 위해서는 공격하거나 싸우지 말고 제가 사과를 부드럽게 어루만진 것처럼 에고를 대하세요. 그리고 비록 사과가 길을 막고 있다고는 하지만 살짝 옆으로 비켜 갈 수 있지요. 그렇게 자신의 길을 가면 된답니다."

위 이야기에서 잘 알 수 있듯이 우리의 에고는 우리가 주의를 기울이면 기울일수록 더욱 강해지는 특성이 있다. 따라서 에고를 통제하거나 에고와 싸우려는 태도로는 백전백패할 수밖에 없다. 유일한 방법은 에고의 방해를 개의치 말고 셀프의 힘을 믿고 선택하는 것에 있다. 그런데 에고와 셀프의 갈등상태에서 이것이 가능할까? 가능하다! 왜냐하면 내 마음속에서 에고와 셀프의 갈등이 느껴진다는 것은 셀프가 존재하고 있다는 확실한 증거로 받아들일 수 있기 때문이다. 셀프가 없다면 갈등도 일어나지 않았을 것이다. 또한 갈등이 있다는 것은

효과적인 셀프 주도 학습의 비결

한 늙은 인디언 추장이 손자에게 귀중한 지혜를 유산으로 남겨 주기 위해 이야기를 꺼냈다.

"얘야, 우리 마음 안에는 두 마리의 늑대가 있단다. 한 마리는 나쁜 늑대로 화, 질투, 슬픔, 후회, 탐욕, 거만, 자기 동정, 죄의식, 회한, 열등감, 거짓, 자만심, 우월감, 그리고 이기심이란다. 한 마리는 좋은 늑대로 기쁨, 평안, 사랑, 소망, 인내심, 평온함, 겸손, 친절, 동정심, 아량, 진실, 그리고 믿음이란다."

손자는 할아버지 추장에게 물었다.

"할아버지, 그러면 어떤 늑대가 이기나요?"

추장은 간단하게 대답했다.

"네가 먹이를 주는 놈이 이기지."

위의 이야기가 잘 보여 주듯이 셀프 주도 학습의 성공 비결은 우리가 내면의 에고 대신 셀프를 선택하는 것이 핵심이다. 즉 셀프 주도 학습의 효과는 좋은 늑대인 셀프의 잠재력이 발현되는 것을 방해하는 나쁜 늑대인 에고의 저항력을 최대한 억제하는 데 달려 있다는 의미이다. 필자는 티머시 골웨이 코치의 이너 게임 이론을 응용하여 효과적인 셀프 주도 학습법을 다음과 같이 정리해 보았다.

셀프 주도 학습을 위한 핵심 능력 3요소는 관찰(observe), 선택

(choice), 포커스(focus)의 삼각형으로 이루어진다.

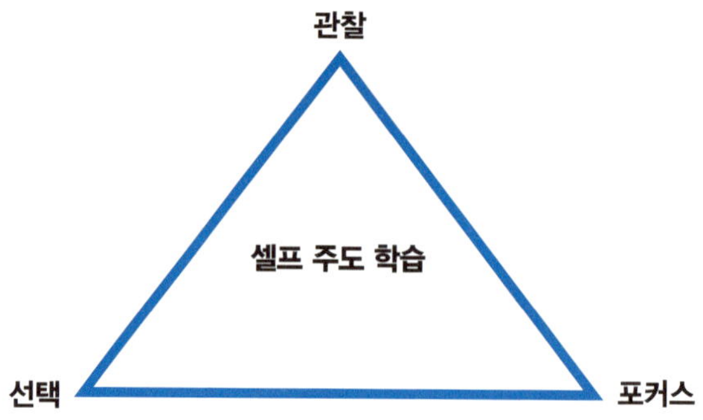

첫째, 관찰이란 현재 자신이 셀프 주도 상태인지 에고 주도 상태에 있는지를 있는 그대로 알아차릴 수 있는 능력을 의미한다. 자신이 에고 주도 상태인지 셀프 주도 상태인지를 분별하기 쉬운 가장 좋은 방법은 자신의 감정이 좋은지 나쁜지를 관찰하는 것이다. 현재 내가 두려움과 불안과 초조함과 같은 부정적인 감정을 느끼고(Feel Bad) 있다면 그것은 에고 주도 상태에 있다는 의미이다. 역동적 균형감, 즐거움, 성장의 뿌듯함과 같은 긍정적인 감정을 느끼고(Feel Good) 있다면 그것은 셀프 주도 상태에 있다는 의미가 된다. 즉, 우리의 감정이 바로 우리가 에고 주도 상태인지 셀프 주도 상태인지를 가르쳐 주는 나침반인 것이다. 이러한 관찰에서 가장 중요한 것은 자신의 상태에 대해 판단하고 평가하거나 남과 비교하지 않는 것이다. 왜냐하면 판단과 평가, 외적인 비교는 에고에게 에너지를 제공하여 우리를 에고 주도 상태로 함몰시키는 지름길이 되기 때문이다. 주로 엄마들이 아이들에게 하는 잔소리는 아이들에게 도움이 되기보다는 아이들의 에고를 자극하

중 훈련의 목표는 집중을 잃었을 경우 얼마나 빨리 집중 상태로 돌아오도록 하느냐에 달려 있다. 우리는 걱정, 싫증, 혼란과 같은 에고 주도 상태일 경우에 주의 집중을 잃게 된다. 학생들의 경우에는 주어진 과제가 자신의 수준보다 지나치게 높을 경우 안정감을 잃고 초조함을 느낀다. 반대로 너무 낮을 경우에는 싫증을 느끼고 집중 상태를 잃곤 한다. 따라서 안정감과 적정 수준의 도전성을 갖추어 주는 것이 주의 집중을 유지하는 데 매우 중요하다.

위에서 살펴 본 효과적인 셀프 주도 학습의 비결을 정리해 보면 우리가 현재 자신의 감정을 알아차림으로써 에고 주도 상태인지 셀프 주도 상태인지를 분명히 분별하여 인지하고, 셀프의 효과적인 잠재력을 신뢰하고 선택함으로써, 지속적이고 탄력적으로 셀프 포커스 상태를 유지하는 데 달려 있다고 요약할 수 있다.

사실 셀프 주도 학습법은 엄마들 모두가 알고 있는 학습법이다. 자녀들이 처음 걸음마 배울 때를 기억해 보자. 아이가 균형을 잃고 넘어지더라도 엄마는 아기가 서투르다고 비난하거나 언짢아하지 않는다. 그저 아기가 넘어진 사건 자체를 평가하는 마음 없이 받아들이고, 아이가 걸을 수 있는 능력이 있다는 것을 의심 없이 온전히 신뢰하며, 아기의 용기를 북돋을 수 있는 말이나 몸짓을 하며 아이가 걸을 때까지 지속적으로 지지하고 격려했을 것이다. 이것이 바로 셀프 주도 학습의 전형적인 사례이다.

따라서 엄마가 셀프 주도 학습 코치로서 가져야 하는 세 가지 책임은 첫째, 판단이나 평가, 비교가 없는 자연스러운 학습을 환경을 만들어 주고 둘째, 아이들이 셀프의 역량을 믿고 선택할 수 있도록 격려하며 셋째, 셀프 포커스를 활용할 수 있도록 돕는 일이 된다.

셀프 주도 학습은 밖으로부터 주입하는 전통적인 에고 주도 학습과는 달리 자신의 역량을 '안에서 밖으로' 끌어내는 새로운 학습 방법이기 때문에 매우 즐거운 경험이 될 것이다. 셀프 주도 상태를 회복하고 유지할 수 있는 셀프 주도 학습 명상법을 소개하면 다음과 같다.

셀프 주도 학습 명상법

1. 혀끝을 앞니 바로 뒤 입천장에 가져다 댄다.

2. 코로 천천히 들이쉬면서 다섯을 세고 천천히 내쉬면서 다섯을 세는 것을 한 번으로 3회 심호흡하며 명상을 시작한다.

3. 발끝부터 머리끝까지 천천히 순서대로 욕조에 담긴 따듯한 물속에 들어간다는 기분으로 온몸의 긴장을 편안히 푼다.

4. 오른손을 왼편 심장에 가져다 대고 심장 박동을 느껴 본다.

5. 자신이 가장 행복했던 시절이나 내가 사랑하고 감사한 사람들을 마음속에 떠올려 본다.

6. 행복하고 감사한 이미지들 천천히 음미해 본다.

7. 코로 천천히 들이쉬며 다섯을 세고 천천히 내쉬며 다섯을 세는 것을 3회 반복하고 명상을 마친다.

필자는 교육 프로그램을 진행할 때 처음과 끝을 항상 이 셀프 주도 셀프가 저항하고 에고에게 완전히 지배당하지 않았다는 증거 역시 되어 준다. 이 갈등을 통해 셀프의 존재를 확인하고, 셀프의 존재를 믿고 선택함으로써 셀프의 긍정적 에너지를 전달받으면 된다. 효과적인 셀프 주도 학습을 위해서는 셀프를 의도적으로 선택함으로써 방해꾼 에고의 소리를 무시해 버리는 것이 최선의 방법이라는 의미이다. 이러한 지속적인 선택을 통해 우리 안에서 에고의 영향력은 점차 줄어들고 셀프의 잠재력을 점점 더 활용할 수 있게 된다. 결과적으로 우리가 에고 주도의 필사적인 노력을 중단하고, 자신 내면의 참된 에너지인 셀프 파워를 신뢰하고 내맡길 때, 마법과 같이 신기할 정도로 쉽게 긍정적인 변화가 나타남을 경험하게 된다.

셋째, 포커스란 에고보다 셀프 주도 상태로 현재 몰입하고자 하는 대상에 초점을 맞추고 이를 유지할 수 있는 능력을 의미한다. 모든 영역에서 최고의 성과를 내는 비결은 주어진 과제에 얼마나 주의를 집중하고 그 집중력을 유지할 수 있느냐에 달려 있다. 효과적인 집중을 위해서는 먼저 이완된 집중 상태인 셀프 포커스와 긴장된 집중 상태인 에고 포커스를 구분하는 것이 중요하다. 단순하게 억지로 집중하려는 에고 포커스의 노력은 쉽게 집중할 수도 없고 잠시 집중이 되었다 해도 단기간밖에 유지되지 않기 때문에 쉽게 좌절감을 느끼게 되어 사람을 지치게 만든다. 결과적으로 에고 포커스적인 노력은 근본적으로 재미가 없으며 장기적 관점에서 볼 때 효과적이지도 못하다. 하기 싫어 온몸을 비비 꼬면서 억지로 공부하는 학생의 태도에서 우리는 쉽게 에고 포커스의 역효과를 잘 관찰해 볼 수 있다. 이와 반대로 셀프 포커스가 이루어지면 마치 마법과 같은 일어난다. 셀프 주도 상태가 되면서 에고가 일으키는 가혹한 자기 평가나 과잉 통제를 일으키는 불안감과 의심 그리고 걱정이나 지루함이 사라지고 내면의 기쁨이 솟아오르는 몰입 상태에 다다르게 된다. 억지로 하는 노력이 아닌 저절로 자연스러운 행동이 일어나게 되는 것이다. 이러한 자연스러운 몰입 상태인 셀프 포커스를 위한 필수 요소는 학습자 내면의 순수한 욕구이다. 쉽게 말해, 하고 싶은 일을 할 때는 셀프 포커스가 발현되지만 억지로 일을 할 때는 산만한 에고 포커스 상태가 된다는 뜻이다. 그렇기 때문에 효과적인 셀프 포커스를 위해서는 학습자가 본래 가지고 있는 호기심과 관심에 과제를 연결하는 것이 필수적이다. 명심해야 할 사항은 이러한 집중은 흥미에서 나오며 흥미는 절대 강요할 수 없다는 것이다. 따라서 아이들의 흥미를 이끌어 내기 위해서는 과제를 강압적으로 부과하기보다는 자신의 관심사와 능력에 따라 스스로가 과제를 선택할 수 있는 기회를 주는 것이 매우 중요하다. 다시 말해 엄마가 학습에 대해 통제하고 지시하려는 욕망을 자제하고 학습에 대한 최종적인 권한과 책임을 아이에게 주어야 한다는 의미이다. 이러한 방법은 에고 주도 학습에 익숙해 있는 엄마나 아이에게 처음에는 불안함을 일으킬 수도 있으나, 궁극적으로는 학습을 자연스럽고 효과적으로 이끌어 갈 수 있는 더 좋은 길임을 명심해야 한다.

다음으로 효과적인 집중을 위해 중요한 것은 집중을 유지한다는 의미를 이해하는 것이다. 집중 유지란 집중을 절대로 잃는 것이 아니라, 집중을 잃는 순간을 가능한 한 짧게 만드는 것을 의미한다. 따라서 집아가서는 자기 자신에 대한 생각까지도 잊어버리게 되는 심리 상태를 의미한다. 우리에게 익숙한 동양적 용어들로는 삼매경, 무아지경이 있다. 플로우는 요즘 한국에서는 몰입이라는 번역으로 널리 알려져 있는데, 말 그대로 '흐름(플로우)'이라는 번역이 그 본래의 의미를 잘 나타내 준다고 생각한다. 왜냐하면 칙센트미하이 교수가 최적 경험 상태를 경험한 사람들을 인터뷰한 결과 이 상태에 대해 공통적으로 '마치 하늘을 자유롭게 날아가는 느낌' 혹은 '물 흐르는 것처럼 편안한 느낌'이라고 묘사하였기 때문이다.

필자는 유학 준비 과정에서 스트레스를 관리하고 건강을 유지하기 위해 태극권을 시작해 현재까지 8년째 수련하고 있는데, 지난 8년 동안 태극권 관장으로부터 줄곧 듣는 말은 바로 "힘 빼라!"이다. 진정한 큰 힘인 진력(眞力, 파워(Power))을 쓰기 위해서 불필요한 작은 힘인 졸력(拙力, 포스(Force))을 빼라는 뜻이다. 태극권의 진력과 졸력 개념과 셀프 주도 학습의 개념을 바탕으로 플로우를 다음과 같이 정리해 볼 수 있다.

> **셀프 파워 – 에고 포스 = 플로우**
>
> 셀프 파워: 긍정적인 에너지, 진력
>
> 에고 포스: 부정적인 에너지, 졸력

셀프 주도 상태에서 나온 긍정적인 힘을 셀프 파워(SELF Power)로, 에고 주도 상태에서 나온 부정적인 힘을 에고 포스(ego Force)로 표현하고, 이 셀프 파워와 에고 포스의 힘의 차이가 바로 에너지의 흐름인 플로우가 된다는 의미이다.

> 셀프 파워 〉 에고 포스 → 플러스 플로우 → 셀프 주도 상태
>
> 셀프 파워 〈 에고 포스 → 마이너스 플로우 → 에고 주도 상태

위 플로우 공식은 몰입의 정도는 마치 폭포의 높이가 높으면 높을수록 폭포수의 흐름이 강해지듯이, 셀프 파워와 에고 포스의 격차가 크면 클수록 우리가 활용할 수 있는 내면 에너지 폭포의 양과 속도가 결정된다는 사실을 알기 쉽게 나타내 준다.

즉, 몰입할 수 있는 정도는 우리가 얼마나 큰 셀프 파워와 에고 포스의 격차를 만들어 낼 수 있느냐에 달려 있다.

학습 명상법으로 시작하는데, 학생들과 학부모 모두에게서 간단하지만 큰 효과를 볼 수 있었다. 마찬가지로 학습 전이나 시험 전, 하루를 마치고서 이 간단한 명상법을 실천해 보면 큰 유익을 직접 경험할 수 있을 것이다.

몰입 학습의 지혜

우리 행동을 스스로 조절할 수 있으며, 내 운명의 주인이 나인 듯한 느낌이 드는 순간들이 있을 것이다. 이때 우리의 기분은 마냥 고양되고, 행복감을 만끽할 수 있다. 좋아하는 음악에 푹 빠져들었을 때, 해맑게 웃는 아이의 얼굴을 바라볼 때 우리가 느낄 수 있는 감정이다. 그리고 이런 경험들은 우리의 뇌리에 오랫동안 남고, 더 나아가서 자신이 지향하는 삶의 이정표가 될 수 있다. 이런 경험을 최적 경험(Optimal Experience)이라고 한다. 앞서 이를 셀프 주도 상태로 명명하였다. 칙센트미하이 교수는 그의 놀이와 일에 관한 독창적인 책『몰입의 기술*Beyond Boredom and Anxiety*』에서 이 상태를 다음과 같이 묘사한다.

"플로우(Flow) 상태에서는 내적 순서에 따라서 한 행위가 끝나면 다음 행위가 이어진다. 행위자가 어떤 의도적인 노력을 할 필요가 없는 것처럼 보인다. 그 상태에 있는 사람은 마치 물이 흐르는 것처럼 한 상태에서 다음 상태로 흘러가는 경험을 한다. 그 흐름 속에서 그는 자신의 행위를 통제하고 있다. 그 흐름 속에는 나와 내가 아닌 것, 자극을 주는 것과 반응하는 것, 그리고 과거, 현재, 미래의 구분이 거의 없다."[43]

플로우는 어떤 행위에 깊게 몰입하여 시간의 흐름이나, 공간 더 나

좋아한다는 것은 가장 나답게 느껴지는 것, 내가 살아 있다는 생동
감을 가장 잘 느낄 수 있는 것, 내 가슴을 두근거리게 하는 것, 끊임없
는 열정과 지치지 않는 내면의 에너지가 끓어오르는 것, 어떤 대가를
치르더라도 꼭 해 보고 싶은 것을 의미한다. 다시 말해 가장 나답게
살아 있는 충만함으로 가슴이 뛰는 느낌을 주는 그 무엇인가가 바로
좋아하는 일의 정의이다. 우리는 이러한 일을 할 때 가장 깊게, 자주
몰입을 경험하게 됨으로써 행복을 누리며 살 수 있다. 이 질문은 자녀
가 아직 어려서 경제적 책임감으로부터 자유로울 수 있을 때, 더욱 주
의 깊게 물어봐야 할 질문이며, 향후 100년 이상을 살아야 하는 아이
가 인생을 행복하게 살아갈 수 있도록 도울 수 있는 매우 중요한 질문
이다. 성공한 사업가이자 부자 연구가인 혼다 켄은 "부모로부터 적절
한 교육을 받는다면 15세 정도가 되면 자신이 하고 싶은 일을 찾을 수
있다. 하지만 일반적인 가정에서 자란 사람은 서른 살이 넘어야 자신
을 찾는 여행에 나선다."라고 말한다.[68] 부모 자신이 좋다고 생각하는
것이나 사회적으로 좋아 보인다는 이유로 아이에게 특정한 목표를 강
요하기보다는 "네가 진정으로 좋아하는 일은 무엇이니?"라는 질문과
세심한 관찰을 통해 아이가 어린 시절부터 진정으로 좋아하는 일을
찾을 수 있도록 도와야 한다. 유대인 엄마들은 아이들에게 꿈을 강요
하지 않는다. 아이에게 어떤 대학을 가라거나, 어떤 전공을 택하라거
나, 어떤 직업인이 되라고 지시하는 경우가 거의 없다. 그것보다는 아
이가 무엇을 하고 싶어 하는지 스스로 찾아낼 수 있을 때까지 대화를
나눈다. 아이의 생각이 다소 엉뚱하더라도 자신이 원하는 일이라면

든든한 상담자와 조력자 역할을 해 준다. 아이가 스스로 자신만의 개성 있는 삶을 가꿔 나가는 것을 옆에서 도와주면서, 자신이 진정 좋아하는 일을 하는 것이 행복이란 것을, 또한 사람이 추구하는 행복은 제각각 모두 다르다는 것을 일깨워 준다. 이렇게 교육받은 유대인 아이들은 대학을 선택할 때도 졸업 후 좋은 회사에 들어갈 수 있을지를 기준으로 하기보다는 자신이 진정 무엇이 되고 싶은지 어떻게 되고 싶은지에 기준을 두고 대학을 선택한다.[69] 좋아하는 일을 찾기 위해서는 어린 시절, 특히 6~7세 이전에 순수하게 좋아했던 것들이 무엇인지를 곰곰이 떠올려 보거나 현재 하고 있는 일 중에서도 재미있고 즐거워서 저절로 마음이 끌리는 일들이 무엇인지를 찾아서 조금씩 시도해 보는 것이 좋다. 자신이 좋아하는 일이 무엇인지를 발견하는 것은 행복한 인생을 살기 위한 최고의 비결이기 때문이다.

그렇다면, 마지막으로 '가치 있다'는 것은 무슨 의미일까?

브레인스토밍

많은 경우 보람되고 가치 있는 삶을 살아야 한다고 말하지만 이 또한 상당히 추상적인 개념으로만 이해하고 있는 경우가 대부분이다. 내가 생각하는 '가치 있는 일'이란 무슨 의미인가를 생각해 적어 보도록 하자.

가치 있는 일이란 세상을 바라볼 때, 내 마음에 연민과 동병상련의 마음이나 자비의 마음(Compassion)을 느끼게 해 주는 일이다. 예를 들어 대한민국의 구시대 유물인 산업화 교육 투자 패러다임에 얽매여 과도한 경쟁 속에서 시달리는 청소년들과 엄마들을 볼 때 가슴이 가장 아프고 절절할 수 있다. 또는 자신의 의지와 상관없이 고통받고 불행함을 느끼는 사람들 혹은 유기견 등 사람들로 인해 고통받는 동물들을 볼 때, 가장 가슴이 아플 수도 있다. 즉 자신의 가슴에 가장 절절하게 다가오는 대상을 위한 일을 하는 것이 자신에게 가치 있는 일을 한다는 것이다.

'내가 잘하는 일은 무엇인가(재능과 경제적 독립)?' '내가 좋아하는 일이 무엇인가(열정과 기쁨)?' '내가 가치 있게 여기는 일은 무엇인가(공감과 보람)?' 이 세 가지 질문이 진로의 나침반이 되어 줄 것이다. 가능한 한 어린 시절부터 이 세 가지 질문에 대해 탐구할수록 자신만의 꿈과 소명을 찾는 데 훨씬 유리할 것이다.

하지만 현실적으로 이 세 가지 조건을 다 만족하지 못하는 경우에는 어떻게 해야 하는가? 좋아하고 잘하는 일을 하고 있으나, 가치 있는 일과는 연관이 없는 경우에는 봉사를 함으로써 이를 보완할 수 있다. 잘하거나 가치 있는 일이지만 좋아하는 일과 연관이 없는 경우는 취미 생활로써 이를 보완할 수 있다. 가치 있고 좋아하는 일이지만 자신이 잘 못하는 경우, 잘하는 사람을 파트너로 삼거나, 지원함으로써 보완할 수 있다. 즉 위의 세 가지 질문을 가지고 자신의 현실적인 삶에 있어 실용적으로 적용할 수 있는 균형의 지혜가 중요하다.

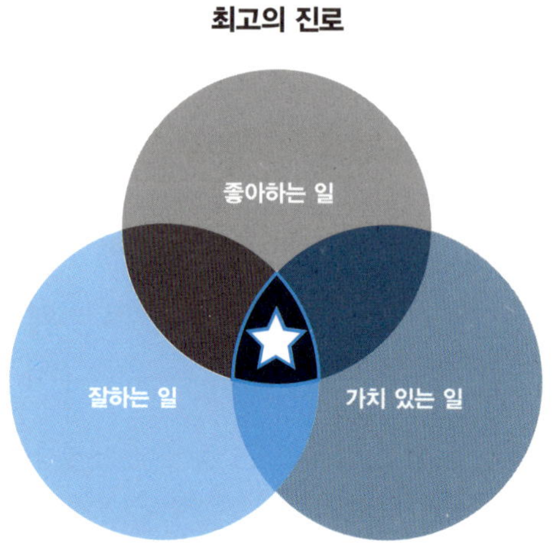

좋아하는 일, 잘하는 일, 가치 있는 일의 교집합이 나에게 가장 잘 맞는 진로이다.

　　캐나다 오타와 심장 연구소 봅 로버츠 박사와 영국 BBC 방송은 인간의 평균 수명이 150살로 연장될 것이라고 예견했다. 우리 아이들이 살아갈 미래에는 인류의 평균 수명이 더욱더 길어질 것으로 예측하고 있는 것이다. 이 말은 우리의 아이들이 사회에 진출하기 위해 자신의 진로를 준비하는 10~20년의 기간이 이후 100년 이상 아이들의 삶에 영향을 미치게 될 것이라는 의미가 된다. 하지만 100년 동안 하고 싶지 않은 일을 먹고살기 위해서만 한다면 행복하게 살기 쉽지 않을 것이다. 따라서 새 시대를 대비하는 지혜로운 진로 지도 방법은 자녀에게 어린 시절부터 위의 세 가지 질문을 꾸준히 함으로써 인생의 방향성을 잡아 주는 것이다. 그것이 엄마 투자가로서 앞으로 평균 수명이 대폭 늘어나는 미래 시대를 살아갈 아이들에게 자신만의 성공과 행복을 향해 가는 징검다리를 놓아 주는 일이다.

진로 찾기 ＝ 나를 찾아가는 여행

저명한 정신 분석학자 칼 융은 우리 안의 두 개의 나인 셀프 나(SELF I)와 에고 나(ego I)를 다음과 같은 모형으로 표현하였다.

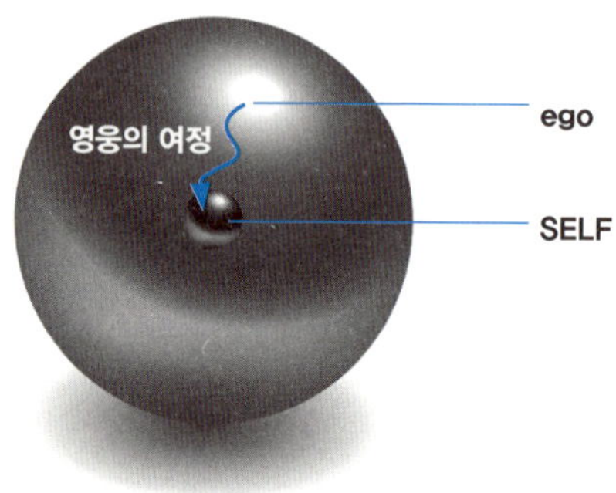

그리고 인간의 삶을 구 표면의 에고 나에서 구 중심의 셀프 나를 찾아가는 여정이라고 말했다. 조지 루카스라는 걸출한 영화감독에게 영감을 불러일으켜 「스타워즈」를 만들게 한 장본인이며, 20세기 최고의 신화 해설가요, 비교 신화학자였던 조셉 캠벨은 이를 영웅의 여정이라 명명했다. 우리가 잘 알고 있는 『반지의 제왕』, 『해리 포터』, 『갈매기의 꿈』, 『연금술사』, 『라이온 킹』과 같은 동화와 신화적 이야기 속에 담긴 이야기, 미운 오리 새끼가 자신의 진짜 정체성인 백조를 찾아가는 여행이 바로 상징적으로 이 영웅의 여정을 나타낸다. 영웅의 여정을 도식화하면 다음과 같다.

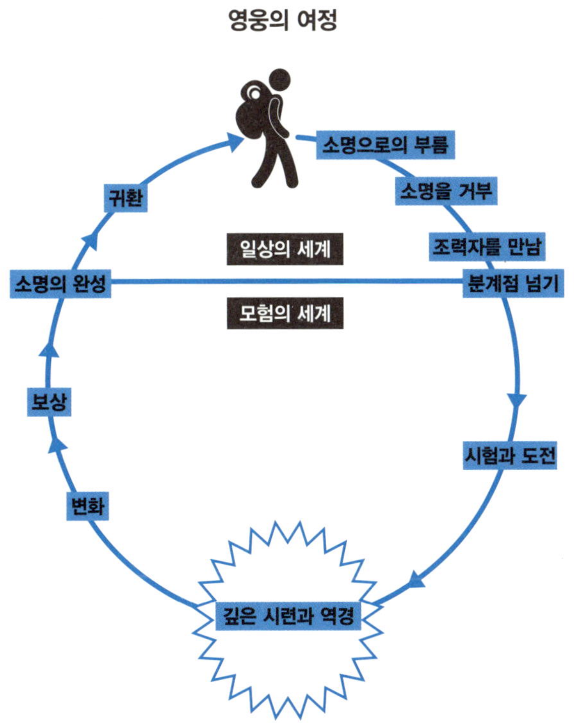

하지만 이러한 영웅의 여정은 결코 특별한 영웅에게만 해당하는 삶이 아니다. 우리 모두가 각자 자기 자신의 인생 여정에 있어서 영웅이라는 의미이다.

조셉 캠벨은 영웅의 여정으로 상징되는 인간의 삶을 "영웅적인 모험 여행, 그 목적지는 바로 당신 자신이다. 당신 자신을 발견하는 것이다."라고 말했다. 캠벨은 "한 사람이 진정한 자신의 삶을 살기 위해서 어떻게 해야 하는가?"라는 질문에 다음과 같이 답했다. "당신의 내면 깊은 곳에서 솟아나는 진정한 기쁨을 따르라(Follow your bliss). 만일 당신 안의 기쁨을 따른다면, 당신은 언제나 당신을 기다리고 있던 그 길을 걷고 있는 셈이다. 내면의 기쁨을 따르기로 마음먹을 때, 벽으로 둘러싸여 아무런 문도 없던 그곳에, 우주는 당신을 위한 문을 활짝 열어 줄 것이다."[70] 쉽게 말하면 가슴이 뛰는 일을 하고 살라는 의미이다. 하지만 대부분의 우리들은 내면의 소리를 듣도록 훈련받지 못해 좀 막막하게 들리기도 한다. 조셉 캠벨의 이야기를 좀 더 이해하기 위해 자신의 존재 법칙에 따라 자신만의 인생을 충실히 산 이들의 이야기에 귀 기울여 보자.

"죽음은 어느 누구도 피할 수 없고 삶은 그리 길지 않다. 다른 사람들의 눈치를 보거나 그들의 이야기에 얽매여 '자신의 삶'이 아닌 '다른 사람의 삶'을 살면서 시간을 낭비하지 마라. 다른 사람들의 생각에 얽매이지 마라. 타인의 소리가 내면의 진정한 목소리를 방해하지 못하게 하라. 가장 중요한 것은 심장과 직관이 지시하는 대로 살아갈 수 있는 용기다. 당신의 심장과 직관은 당신이 진짜로 원하는 것이 무엇인지 이미 잘 알고 있다. 나머지는 다 부차적인 것이다."—스티브 잡스

"우리는 이미 자신이 원하는 바를 분명히 알고 있다. 다만 그 사실을 인정하는 게 두려울 뿐이다. 자신이 원하는 바를 인정하는 순간, 그것을 얻고자 행동해야 한다. 그렇지 않으면, 행동하지 않은 이유에 대해 구차한 변명을 늘어놓아야 한다. 이것은 둘 다 우리를 불편하게 한다. 그래서 우리는 스스로에게 '난 아직 내가 원하는 것을 찾지 못했어.'라고 거짓말을 한다."—브라이언 트레이시

"자신이 좋아서 하는 일을 찾아서 하는 것이 성공의 지름길이다. 나는 아침에 일어날 때면 너무나 흥분되어 밥조차 먹을 수 없을 때가 있

다. 하루 종일 정신없이 영화에 몰입하다가 하루가 저물어서 작업을 멈춰야 하는 것이 너무나 아쉬울 때도 많다. 심지어는 일이 너무 하고 싶어 해가 지지 않았으면 하는 바람을 가지기도 했다.”—스티븐 스필버그

“여러분과 나에게 차이가 있다면 그것은 나는 매일 아침 내가 하고 싶은 일을 할 수 있는 기회를 누리고 있다는 것이다. 그것도 하루도 빠짐없이 말이다. 돈보다 자신이 좋아하는 일을 하라. 진로를 선택할 때, 돈을 많이 벌어 줄 것 같은 일을 하지 말고, 자신이 좋아하는 일을 해야 한다. 나는 운 좋게도 어릴 때 좋아하는 일을 발견했다.”—워런 버핏

“행복해지고 싶다면 좋은 느낌을 주는 일에 시간을 더 많이 투자하라. 보통 사람들은 자신들이 좋아하는 일에 시간을 투자하지 못한다. 대다수의 사람들이 좋아하는 일에 투자한 시간은 하루 평균 2시간 42분에 불과했다. 반면 즐겁지 않은 일에 사용한 시간은 9시간 36분에 달했다.”—대니얼 카너먼(2002년 노벨상 경제학 수상자)[71]

조셉 캠벨은 내면의 기쁨을 따라 사는 열 가지 방법을 다음과 같이 설명한다.

1. 당신의 삶에 대해 고요히 생각해 볼 수 있는 곳을 찾아 당신만의 특별한 장소로 만들라. 정기적으로 그곳으로 가 자신을 새롭게 재충전하라. 이곳이 바로 당신이 의미 있는 삶을 창조할 수 있는 당신만의 장소다.

2. 당신의 가슴에 호소하는 책들을 모두 읽으라. 언제나 생각하고, 읽고, 성장하라.

3. 당신이 누구인지 발견하라. 당신의 시간을 당신이 사랑하는 일을 하는 데 써라.

4. 결코 돈을 위한 목적으로 일하지 마라. 당신이 의미 없다고 생각하는 일을 함으로써 돈을 번다면, 당신은 그 대가로 당신의 영혼을 팔고 있는 것이다.

5. 내면의 기쁨을 따르기 시작했다면, 온 마음과 힘을 다하여 그것을 따르라. 담대하고 용감하게 내면의 기쁨을 추구하라.

6. 비록 우리들이 모두 다른 성장 배경, 문화, 종교를 가지고 있다고 하더라도 우리 모두는 저마다 소망과 꿈을 가진 연약한 존재라는 공통점으로 하나가 될 수 있다. 우주는 하나이며 우리는 그것의 번영에 대해 함께 책임을 져야 한다. 긍휼의 마음을 가지고 당신의 이웃을 사랑하라.

7. 만약 당신이 당신 안의 내면의 기쁨을 따르면, 우주는 당신을 위하여 길을 열어 줄 것이다. 하지만 그 길이 언제나 평탄하리란 뜻은 아니라는 사실을 명심하라.

8. 삶이란 환희와 비극으로 가득 차 있고, 그 자체로 완전하다. 당신이 대자연을 변화시킬 수 없듯이 당신이 세상의 모든 슬픔을 없앨 수는 없다. 하지만 당신에게는 당신의 삶을 변화시켜 원하는 삶을 창조할 수 있는 힘이 있다.

9. 당신의 삶에 고난이 찾아와 낙심하고 좌절할 때, 그 상황을 바꿀 수 있는 모든 것을 하라. 다른 누군가가 당신을 구원해 주기를 기다리지 마라. 오직 당신만이 자신을 구원할 수 있다.

10. 특별한 자신만을 삶을 살라. 그 어떤 것과도 타협하지 말라.[72]

조셉 캠벨 자신은 과연 내면의 기쁨을 따라 살았을까? 그렇다. 조셉 캠벨은 자기 내면의 기쁨을 충실하게 따랐다. 그는 박사 학위가 자신에게 기쁨을 줄 수 없다고 판단하자 콜롬비아 대학 박사 과정을 그만두고 숲속으로 들어갔다. 그는 4년 동안 숲속 작은 오두막에 살면서 가끔 돈을 벌기 위해 재즈 밴드의 색소폰 연주자로도 일하며, 자신이 읽고 싶은 책들을 마음껏 읽었다. 조셉 캠벨은 오로지 자신의 내면이 지시하는 대로 하루를 보냈다. 독서와 산책, 사색이 그것이다. 특히 그에게 산책은 '사물들을 자세히 관찰하고 자신의 소명을 탐색하는 기회'였다. 읽고 싶은 책들을 거의 읽어 가던 무렵 한 대학이 조셉 캠벨에게 교수 자리를 제안했고 캠벨은 강의를 하면서 자신의 관심사인 신화를 연구했다. 그 후 30년 동안 신화에 자신을 온전히 몰두했던 조셉 캠벨은 세계적인 신화학의 대가가 되었다.

인디언의 비전 퀘스트 또한 이 영웅의 여정을 따라 사는 삶에 대한 지혜를 들려준다.

인디언들은 성인이 되기 전에 비전 퀘스트(Vision Quest)라는 성인식을 치렀다고 한다. 라코타 수우 족 인디언의 언어로는 '헴블레체야'라고 하는데, '꿈을 요청하는 외침'이라는 뜻이다. 때가 되면 인디언 아이들은 일종의 한증막인 땀 천막 안에서 몸을 정화한 후, 홀로 산의 정상에 오른다. 그리고 '메디슨 휠(Medicine Wheel, 치유의 원)'이라고 부르는 돌로 만든 원형 안에서 음식과 물 없이 며칠간 금식하며 침묵하는 가운데, 자신이 누구이며, 왜 이 세상에 왔고, 이곳에서 할 일이 무엇인지를 묻는다. 대자연과 하나가 됨으로써 작은 나인 에고를 비우고 진정한 나인 셀프의 목소리에 귀를 기울이는 것이다. 이러한 비전 탐구 의식을 마친 아이는 다시 땀 천막에서 정화 의식을 치르고 마을 사람들 속으로 돌아간다. 아이는 이러한 비전 퀘스트 과정을 통하여 자기 인생의 주인공이 되는 북극성, 즉 인생의 방향성과 비전을 얻게 되고, 더 이상 아이가 아닌 성인으로서 자신의 삶을 시작하게 된다. 인디언들의 비전 퀘스트는 대자연의 소리와 자기 내면 깊은 곳에서 들려오는 소리에 귀를 기울이며, '나는 누구인가?'에 대한 답을 구한다. 자기 삶의 방향을 결정한 후 숲에서 나와 비로소 성인으로 인정받는 지혜로운 인생 진로 교육의 전통인 것이다.

인디언 비전 퀘스트와 같은 성인식을 유대인들은 '바르 미츠바(Bar Mitzvah)' 또는 '바트 미츠바(Bat Mitzvah)'라고 부른다. 유대인 아이들은 열셋에 미츠바 성인식을 치르는데, '바르'는 아들, '바트'는 딸, 그리고 '미츠바'는 율법, 성서라는 의미로, 그들은 신과 계율로써 맺어진 '신의 아들, 딸'이라는 뜻이다. 유대인들의 종교관에 의하면 사람에게는 영혼의 세계에 여러 개의 층이 있는데 스스로 지각이 있는 판단력을 지닐 수 있다고 믿는 '네샤마(Neshamah)'의 영혼이 열세 살부터 시작된다고 믿으므로 열세 살에 성인식을 치른다. 따라서 유대인의 성인식은 유대인의 일생 중 가장 의미 있고 성대한 행사 중 하나이다. 본인이나 가족은 물론 온 친지들이 정성을 다하여 준비하고, 보통 유대인의 안식일인 토요일에 유대 회당인 시나고그에 모여 진행된다. 유대인들은 열세 살이 되면 자녀들이 부모의 아들, 딸인 동시에 신의 아들과 딸로써 성경을 공부하고 성경의 가르침대로 살아가겠다고 선서

함으로 새로운 정체성을 확립하는 것이다.

유대인의 성인식인 미츠바 의식을 비롯해 세계 각 문화권에 성인식 의례는 공통적으로 퍼져 있다. 우리가 재미로 즐기는 번지 점프도 남태평양의 펜타코스트 섬 원주민들의 성인식에서 유래되었다. 펜타코스트 섬에서는 성인이 되는 자격 요건으로 체력, 담력과 용기를 시험하기 위해 높은 나무에서 발목에 넝쿨이나 뿌리를 감고 맨땅으로 뛰어내리게 한다. 이와 같은 성인식 의례를 통하여 부모는 아이를 자신의 품에서 떠나보내고, 아이는 독립된 성인으로 살아갈 정신적 자격을 갖춘다. 필자는 한국의 청소년들이 사춘기 진통을 심하게 겪는 것과 성인이 되어서도 부모에게서 독립하지 못한 캥거루 족이나 니트 족으로 살아가게 되는 주요한 이유 중 하나가 이러한 성인식 의례를 제대로 경험하지 못한 데 있다고 생각한다.

사람이 인생에서 성공하려면 무엇보다 먼저 자신이 누구인지에 대한 확고한 신념이 있어야 한다. 그리고 모든 존재에는 목적이 있고 이유가 있다. 하지만 이 존재에 대한 목적과 이유에 대한 답은 외적인 수단으로는 결코 찾을 수가 없다. 비전 퀘스트처럼 '나는 누구인가?' '나는 왜 사는가?'와 같은 질문을 통해 우리 내면에서 답을 찾아야 한다. 설혹 단기간에 이 질문들에 대한 답을 얻을 수 없을지도 모르지만 답을 찾으려 노력하는 가운데, 전에는 결코 생각하지 못했던 새로운 삶의 가능성들을 찾아낼 수 있다. 스스로 묻는 비전 퀘스트의 질문을 통해 우리가 인생에서 나아가야 할 방향을 더 분명하게 할수록, 우리는 더 많은 자신감을 가지고 우리의 인생을 살아 나갈 수 있게 될 것이다. 고대 인디언들처럼 깊은 산속에 들어가서 금식하며 고행하지 않더라도 우리는 나 자신이 미처 모르는 나에 대해 알기 위해 다음과 같은 질문들을 가지고 여행을 떠나거나 템플 스테이를 하거나 혹은 조용한 방이나 정원에 앉아 명상을 함으로써 자신에 대한 비전 탐구를 시작해 볼 수 있다.

나는 누구인가?

내가 진정 원하는 것은 무엇인가?

- **가족 경험:** 나는 집에서 자라면서 무엇을 배웠는가?
- **교육 경험:** 학교에 다니면서 가장 좋아했던 과목과 가장 싫어했던 과목은 무엇인가?
- **활동 경험:** 집이나 학교 외에 다른 곳에서 활동을 하면서 가장 좋아했던 일은 무엇이고, 가장 잘했던 일은 무엇인가?
- **아픈 경험:** 나는 살면서 어떤 문제와 아픔과 시험 들을 겪었고, 이를 통해 무엇을 배웠는가?

현재 장기적 관점을 가진 엄마 투자가로서 자녀들이 이 영웅의 여정을 살도록 진로 지도를 하고 있는가? 혹은 자신이 이 영웅의 여정에 따라 살고 있는가? 그렇지 않다고 느낀다면, 이때가 바로 자신의 영웅 여정인 비전 퀘스트를 떠나야 할 때이다. 『반지의 제왕』에서 프로도가 자신의 안전지대였던 마을을 떠났을 때부터 비로소 진정한 삶이 시작되었듯이 비전 퀘스트는 우리가 삶에서 당면하는 문제들로부터 도망치는 대신 그것들을 껴안도록 도와준다. 미운 오리 새끼가 과거의 잘못된 자아상인 미운 오리의 자아상을 극복하고 새로운 백조의 정체성으로 다시 태어나는 것처럼, 비전 퀘스트는 우리가 이 땅에 온 본모습대로 살아가기 위한 용기와 지혜, 힘을 지니게 한다. 수많은 신화와 영웅의 이야기가 속삭여 주듯이 진정한 삶의 진로란 자신이 안주하던 세계를 떠나 새로운 가능성을 탐험하고 발견하며, 더 깊고 높은 세계를 현실로 만나는 일이다. 그리하여 지금까지 살아온 삶에서 의식하지 못했던 것, 혹은 잊고 있던 열쇠와 보물을 찾아 다시 세상으로 귀환하는 일이다. 그리고 조셉 캠벨이 말하듯이 이 영웅 여정의 최종 목적지는 다름 아닌 당신 자신이다. 바로 진정한 나 자신을 발견하는 것이 진정한 진로인 것이다.

교사와 학부모들이 많은 경우 아이들에게 꿈을 가지라고 말하면서, 아이 자신의 고유한 자아 정체감과 자신만의 꿈을 꾸도록 도와주는 대신, 이 사회에서 좋다고 말하는 꿈들을 주입하거나, 본인들이 이루지 못한 꿈을 강요하며 아이들의 인생을 통해 패자 부활전 경기를 하고 있는 것은 아닌가 하는 생각이 들 때가 있다. 칼 융은 "자신의 존재 법칙에 충실하는 것이야말로 인생에서 가장 용기 있는 행동이다."라고 말했다. 자녀를 자신의 고유한 존재 법칙에 충실하게 살아갈 수 있도록 진로 교육을 할 수 있는 용기를 가지고 있는가?

가장 빠르고 탁월한 학습 성과의 비결은?

한 사람의 학습에 가장 큰 영향을 주는 것은 무엇일까?

그것은 다름 아닌 '나는 누구(Who am I)?'라고 믿는 자아 정체감(Identity), 즉 스스로가 자기 자신에 대해 어떻게 정의하고 있느냐의 셀프 이미지(Self Image)에 달려 있다. 이에 관한 연구로는 '피그말리온 효과'가 널리 알려져 있다. 1968년 하버드 대학교 사회 심리학과 교수인 로버트 로젠탈과 미국에서 20년 이상 초등학교 교장을 지낸 레노어 제이콥슨은 미국 샌프란시스코의 한 초등학교에서 실험을 진행했다. 한 반을 처음 맡게 된 교사에게 평범한 학생들을 지적 능력이나 학업 성취의 향상 가능성이 높다고 믿게 했더니, 실제로 그 학생들의 성적이 크게 향상되었다. 즉, 교사들이 학생들을 바라보는 기대와 관심이 학생들의 셀프 이미지를 변화시켰고 이것이 성적으로 직결된 것이었다.

이와 유사한 사례로 조지아 주의 초등학교 교사 크리스탈 존스는 빈민 지역의 1학년 아이들을 '학자'라고 불러 주었다. 아이들을 이렇게 부름으로 아이들이 스스로를 학자로 여기도록 한 것이다. 열악한 환경에서 자라난 결과 공부라면 얼굴을 돌릴 정도로 학습 의욕이 부진했던 아이들은 이 실험이 시작된 지 불과 9개월 만에 90퍼센트 이상이 3학년 수준을 넘는 읽기 능력을 갖추게 되었다.[73]

개리 맥퍼트 교수의 연구도 유사한 결과를 보여 준다. 실력과 지능이 비슷한 세 그룹의 학생들을 나누고 다음과 같이 다른 마음 상태로 영어 공부를 시작하게 하였다. A그룹은 1년만 영어 공부하다가 그만둘 마음을 먹은 학생들, B그룹은 취직하기 전까지만 공부하다가 그만둘 마음을 먹은 학생들, C그룹은 평생 영어 공부를 하기로 마음먹은 학생들로 구성되어 있다.

이 세 그룹의 학생들은 처음에는 공부 효과가 비슷하게 나타나지만 같은 시간을 학습했음에도 불구하고 시간이 흐를수록 점점 더 큰 실력 차이가 나기 시작하다가 1년쯤 지났을 경우 평생 영어 공부를 하기로 마음먹은 C그룹의 학생들이 1년만 공부하기로 마음먹은 A그룹의 학생들보다 무려 네 배나 뛰어난 실력을 가지게 되었다. 다시 말해 C그룹의 학생들은 일주일에 불과 30분씩만 공부하더라도 A그룹의 학생들이 2시간 공부한 것과 동일한 효과를 지니게 되는 것이다. 왜 이런 차이가 벌어지게 되는 것일까? 이 역시 바로 셀프 이미지에 달려 있는 것이다. 평생 영어 공부를 하기로 마음 먹은 C그룹의 학생들은 스스로를 영어 공부를 하는 학생이라는 정체감을 진지하게 받아들인 데 반하여, 1년만 공부하기로 마음먹은 A그룹의 학생들은 상대적으로 스스로를 영어 공부를 진지하게 하는 학생으로 받아들이지 않았기 때문에 발생한 결과라 할 수 있다. 맥퍼슨 교수는 157명의 음악 활동을 장기간 조사해서도 같은 결과를 얻었다.[74]

이러한 연구 결과들을 통하여 우리는 결국 자신을 어떤 존재로 정의하느냐의 셀프 이미지가 학습 효과 차이의 핵심이 되어 준다는 사실을 알 수 있다.

셀프 이미지에 영향을 주는 대표적인 것으로는 이름을 들 수 있는데, 잘 알려진 것 중에 중요한 사례로는 이름과 시험 점수에 관한 연구가 있다. 레이프 넬슨과 조지프 시먼스는 이름이나 성이 A나 B로 시작하는 사람은 무의식적으로 시험을 잘 봐야 한다는 자극을 느끼는 반면, C나 D로 시작하는 사람은 높은 점수를 받으려고 노력하지 않는게 아닐까 추측했다. 이 과감한 가설이 옳은지 확인하기 위해 두 사람은 미국의 큰 대학에서 15년에 걸쳐 학생들의 평균 학점을 분석해 보았다. 그런데 놀랍게도, 이름이나 성이 A나 B로 시작하는 학생은 C나 D로 시작하는 학생에 비해 훨씬 높은 학점을 받는 것으로 드러났다.[75]

셀프 이미지의 변화가 가져올 수 있는 놀라운 변화는 다중 인격 장애에 관한 연구에서 찾아볼 수 있다. 미국의 정신과 의사 프레드릭 푸트남은 다중 인격 장애에 관한 많은 논문을 발표하였다. 푸트남 박사의 연구에 따르면 다중 인격 장애란 한 인격체에서 다른 인격체로 개인의 정체성이 완전히 바뀌는 질환을 말하는데, 한 사람이 평균 8∼13가지의 다른 인격들을 가진다고 한다. 놀라운 사실은 인격이 한 인격에서 다른 인격으로 바뀔 때 인격뿐만 아니라 감정, 의식, 필체, 예술적 재능, 지능 지수, 외국어 구사력, 뇌파, 자율 신경 기능, 시력 등이 모두 바뀌고, 종양이 있기도 하고 없어지기도 하며, 고질적인 알레르기성 피부병이 있기도 하고 없어지기도 하며, 월경력도 달라진다고 한다.[76] 다중 인격에 관한 이 연구는 자신의 정체성에 대한 믿음이 몸에 얼마나 놀라운 변화를 일으킬 수 있는지 잘 보여 준다.

하버드 대학 심리학과의 앨렌 랭거 교수는 후보생에게 전투기 조종사 역할을 하도록 한 뒤 시력을 측정해 보았다. 여기서 랭거 교수는 먼저 19명의 아직 전투기 조종사가 되지 못한 사관 후보생들의 시력을 검사하고, 무작위로 두 그룹으로 나누었다. 그리고 한 그룹에는 교관의 지시에 따라 한 명씩 비행 시뮬레이터에 탑승하여 비행기를 조종해 보도록 했다. 반면 다른 그룹 생도들에게는 시뮬레이터 조종석에 올라가도록 했으나, 고장 때문이라며 즉시 내려오도록 했다. 조종석에서 내려오기 전, 연구 팀은 생도 모두에게 조종석 창문으로 비행기 측면의 글자를 읽어 보도록 했다. 그 결과, 조종사인 것처럼 행동한 생도들의 시력은 40퍼센트나 좋아진 반면, 다른 그룹에서는 거의 변화가 나타나지 않았다.[77]

실제 셀프 이미지를 실생활에 적용한 놀라운 연구는 러시아에서 이루어졌다. 그림을 처음 배우는 학생에게 눈을 감고 레오나르도 다빈치가 되어 그림을 그리도록 상상하게 한 뒤, 그림을 그리게 한다. 학생은 다빈치 못 않은 그림을 그려 낸다.

러시아의 심리학자 블라디미르 라이코프 박사는 이런 효과를 정식으로 실험해 보았다. 그는 27세의 한 기술자에게 렘브란트가 되었다고 최면을 건 뒤 그림을 그려 보도록 했다. 결과는 놀랍게도 그림과는 아무 상관없는 삶을 살았던 기술자가 렘브란트와 비슷한 그림을 그려 놓았다. 더욱 놀라운 것은 시간이 지나도 그림 솜씨가 줄어들지 않는 것이었다. 이처럼 자신이 어떤 분야의 천재라고 상상하면 실제로 그 천재성이 자신에게 나타는 현상을 '라이코프 효과(Raikov Effect)'라고 한다. 라이코프 박사는 이런 방법으로 지금까지 4,000명이 넘는 평범한 사람들을 천재적인 음악가, 화가, 디자이너, 스포츠 챔피언 등으로 길러 냈다.

심리학자들은 이를 실생활에 응용해 보는 법을 계발했는데 이는 다음과 같다. 예를 들어 학생들이 시험을 치기 전에 '난 선생님이다.'라고 5분간 상상해도 실제 점수가 오른다. 또 중국어를 못하는 사람이 '난 중국인이다.'라고 상상해도 평소보다 정말 잘하게 된다는 의미이다.[78]

자아 정체감이 결과에 미치는 효과를 도식으로 나타내면 다음과 같다.

자아 이미지 인식의 순환 과정

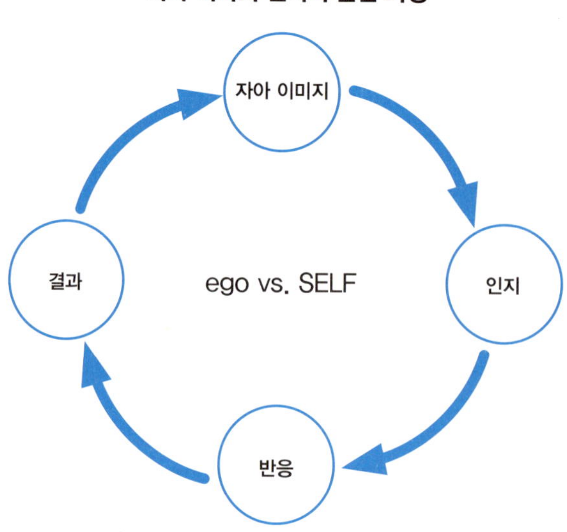

만약 왜곡된 자아 이미지인 에고 이미지를 갖게 된다면 악순환이 되고 만다.

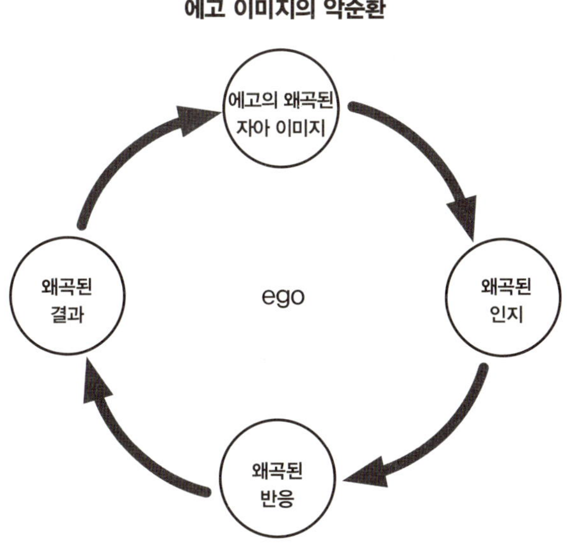

반대로 올바른 셀프 이미지를 갖는다면 선순환이 된다.

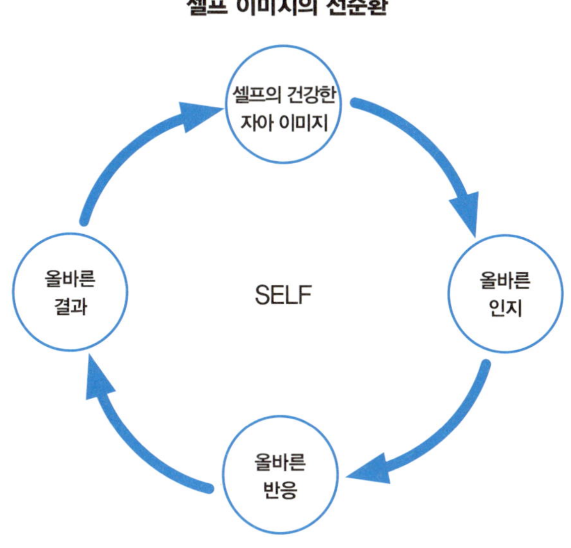

한편 NLP의 뉴롤로지컬 레벨에 따르면, 우리가 접하는 문제의 수준
은 '환경―행동―능력―믿음―가치관―정체성―영성'의 차례로 규
정된다고 한다.

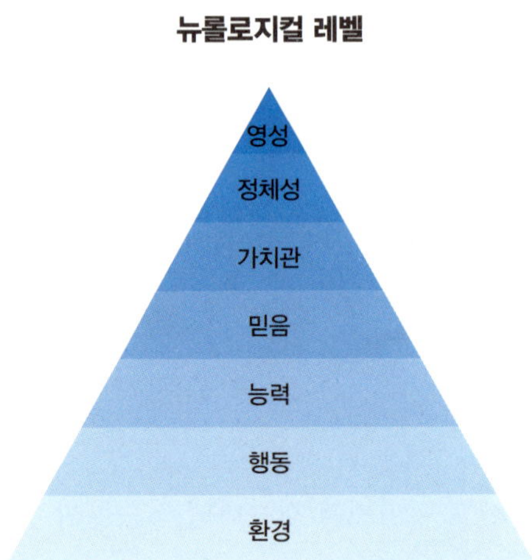

그런데 우리가 개선해야 할 심리적 갈등 등의 문제들은 대부분이
'환경―행동―능력'의 하위 레벨에서 일어난다. 그러나 문제의 근원
은 상위 레벨에 존재하는 경우가 많기 때문에 가치관, 정체성 같은 상
위 레벨에서 문제를 해결하지 않으면 안 된다. 먼저 문제가 어느 레벨
의 것인가를 밝혀낸 후 이에 걸맞는 질문을 하는 것이 문제 해결 방법
이다.

따라서 정체성을 묻는 후(Who)와 이유를 묻는 와이(Why)의 질문
이 하우(How)의 질문에 선행될 때, 현재 봉착하고 있는 문제의 실마
리가 잡히기 시작할 것이다. 즉 "나는 누구인가(Who am I)?" "나는 왜

사는가(Why do I live)?"와 같은 질문이 현재 내가 봉착하고 있는 하위 수준과 관련된 문제들(How — Where — When)을 풀 수 있는 효과적인 길이 되는 것이다.

이를 좀 더 쉽게 설명하기 위해 다음의 이야기를 살펴보자.

한 사냥꾼이 사냥을 갔다가 둥지에서 떨어진 아기 독수리를 발견하고 가여운 마음에 집으로 데리고 와 자신의 닭장 속에 넣고 닭들과 함께 키웠다. 어린 시절부터 닭들 속에서 자라난 아기 독수리는 자신을 닭이라고 생각하며 닭처럼 걷고, 닭처럼 모이를 쪼아 먹으며 살았다. 하지만 다른 생김새로 인해 다른 병아리들에게 따돌림을 당하며 서럽게 살아가던 아기 독수리는 어느 날 하늘을 보다 높은 상공을 비상하는 거대한 새를 보게 된다. 그리고 그날 이후로 자신처럼 닭장에 갇혀 다른 병아리들의 괴롭힘을 당하며 사는 신세와는 다르게 자유롭게 하늘의 누비는 독수리를 마음으로 흠모하게 되었다. 그러던 어느 날 큰비가 와서 닭장 안에도 커다란 물웅덩이가 만들어졌다. 그날도 다른 닭들에게 몰려 구석에서 웅크리고 있던 아기 독수리는 물에 비친 자신의 모습을 바라보며 자신이 닭이 아닌 독수리라는 사실을 깨닫게 되었다. 진정한 자신을 깨닫게 된 아기 독수리에게는 어떤 일이 일어나게 될까?

먼저 셀프 이미지의 변화가 일어난다.

"나는 닭이 아닌 독수리이다. 나는 하늘의 왕이다."

다음으로 신념의 변화가 일어난다.

"나의 날개와 부리는 어떤 새보다도 강하며 나는 자유롭게 하늘을 날 수 있다.”

다음으로 능력의 변화가 일어난다.

“독수리답게 하늘을 비상할 수 있는 능력과 날카로운 눈빛을 통한 강력한 카리스마를 뿜어내기 시작한다.”

다음으로 행동의 변화가 생긴다.

“하늘의 왕처럼 위풍당당하고 자신감 있게 행동한다.”

다음으로 환경의 변화가 생긴다.

“아기 독수리의 기세에 눌린 주변의 닭과 병아리들이 독수리를 리더로 대하기 시작한다.”

마찬가지로 ‘나는 누구인가?’에 대한 셀프 이미지는 우리 삶의 모든 영역에 변화를 가져오는 강력한 변화의 시발점이 된다. 특히 아이들은 엄마가 자신을 바라보는 관점과 시선 속에서 자신만의 셀프 이미지를 형성하게 되고, 이 셀프 이미지가 자신의 평생을 결정하는 주요 요인이 된다. ‘아이를 어떻게 바라볼 것인가?’는 결국 다시 ‘나 자신을 어떻게 바라볼 것인가’를 거쳐 ‘나는 누구인가?’의 질문으로 돌아오게 된다. 나 자신을 보는 방식으로 내 아이를 바라보게 되기 때문이다.

이와 같이 ‘나는 누구인가?’라는 질문을 통해 왜곡된 에고 이미지가 아닌 건강한 셀프 이미지를 구축해 가는 셀프 주도 학습은 가장 빠르고 지속적으로 성과를 높여 주는 최고의 학습 비결이다.

지능 너머 지능, 21세기 성공 지능

거의 알려지지 않은 과학적 실패 중 대표 사례는 지능 검사가 그를 뒷받침할 만한 이론적인 근거를 갖추고 있지 못하고 있다는 사실이다. UC 버클리의 심리학자 존 킬스톰과 미시간 대학의 낸시 캔터에 따르면 지능 검사는 아예 이론적 기반을 거의 가지고 있지 않으며 단순히 아이들이 학교에서 하는 일들의 종류를 모델화하기 위해 만들어진 것에 불과하다.[79]

사실 지능의 개념은 시대에 따라, 문화에 따라, 심지어 한 문화권 내에서조차 서로 다르다. 사실 연구자들 사이에서는 지능이 무엇인가에 대한 합의가 아직 이루어지지 않았고, 따라서 지능 평가에 사용할 수 있는 문제에 대한 합의도 이루어지지 않은 상태이다. 지능에 대한 다양한 관점을 이해하기 위해 지능 연구의 역사에 대해 간략히 살펴보도록 하자.

지능을 연구했던 초창기 유전학자 프란시스 골턴은 1884년 런던에 위치한 켄싱턴 과학 박람회장에 6년 동안 인체 측정 실험실을 설립하여 방문객들의 머리 크기, 기억력, 기타 변인을 측정했다. 하지만 머리 크기를 기준으로 할 때 실망스럽게도 저명한 과학자들과 일반 시민들의 지능이 구분되지 않았다.

지능 지수(IQ)

1905년 알프레드 비네와 테오도르 시몽은 어떤 아이들이 학업에 성공하고 실패하는가를 예측하려고 여러 시도를 한 끝에 아이들을 상대로 한 최초의 심리 검사를 발표했다. 그러나 지능을 측정해서 수치로 나타낸 표준화된 지능 검사, 지능을 인지적 추론 능력으로 정의한 고전적 접근에 반대한 심리학자들도 있었다. 그들은 IQ 검사로 대표되는 심리 검사와 점수는 여러 가지 문화에서 일반화하기가 어렵고, 더 나아가 인생의 성공을 예언하기에도 매우 부적절하다고 생각했다. 예를 들어 하버드 대학 의과 대학의 조지 베일런트 교수는 1940년대에 실시한 기념비적인 연구에서 하버드 졸업생들의 삶을 중년까지 추적하여 학생들의 지능과 성공의 관계를 비교했다. 베일런트 교수는 연구 결과 학생 시절의 지능이 중년 시절의 급여, 생산성, 직업상의 지위, 만족도, 행복 등과 무관하다는 사실을 밝혀냈다. 이러한 비판적 연구 결과로 인하여 20세기 후반에 들어서며 심리학자들과 연구자들은 분석적 지능이 효율적인 업무 수행과 성공에 중요하다는 전통적인 생각을 버리고 다양한 인간의 지능에 시선을 돌렸다. 더 이상 지능은 고정되고, 명확한 실체가 있는 것으로 받아들여지지 않기 시작한 것이다. 쉽게 전통적인 지능 이론은 인간의 지능을 키와 같이 변화시킬 수 없다는 관점에서 본 반면, 현대의 지능 이론은 팔 근육과 같이 변화시킬 수 있다는 관점에서 바라보고 있는 것이다.

다중 지능(MI)

1980년대에 지능을 바라보는 관점에 혁신적인 변화가 생겼다. 1983년, 존 듀이 이후 최고의 교육학 이론가로 손꼽히는 하버드 대학교의 하워드 가드너 교수는 다중 지능 이론을 발표함으로써 기존의 획일적인 지능관에 이의를 제기했다. 가드너 교수는 다중 지능 이론을 통하여 기존의 문화가 지능을 너무 폭 좁게 해석하고 있으며, 인간의 지능은 단일한 능력이 아니라 다수의 능력으로 구성된다고 주장하였다. 가드너 교수는 인류학, 심리학, 뇌 연구, 인지 과학, 위대한 업적을 남긴 위인전 등에서 찾아낸 사실을 기초로 지능에는 적어도 일곱 가지 종류가 있다는 결론을 내렸다. 가드너 교수가 제시한 지능은 언어 지능, 신체 운동 지능, 공간 지능, 음악 지능, 논리 수학 지능, 대인 관계 지능, 자기 이해 지능이다. 좌뇌의 논리 및 추론 기능과 관련된 지능 이외에 다른 지능이 있다는 가드너 교수의 생각은 또 다른 지능이 추가될 수 있는 여지와 많은 사람들이 지능 높은 사람으로 인정받을 수 있는 새로운 환경을 창조하였다.

감성 지능(EQ)

1990년대에 들어 감성 지능과 사회 지능을 뒷받침하는 증거가 발견되면서 이미 알던 지능의 의미에 많은 변화가 생겼다. 예일 대학교 심리학과 피터 샐로이베 교수와 뉴햄프셔 대학 심리학과 존 메이어 교수는 감성 지능을 자신과 주변 사람의 감성을 관찰하고 차이를 구별하며, 이를 토대로 자신의 사고와 행동을 조절하는 능력으로서, 사회 지능의 하위 단위라고 정의했다. 그리고 이 이론은 몇 해가 지나, 하버드 대학 심리학과 교수 대니얼 골먼의 베스트셀러『감성 지능』을 통해 대중에게 널리 알려졌다. 대니얼 골먼은 감성 지능을 자신과 주변 사람의 정서를 인식하는 능력으로 정의했다. 또 자신의 감정을 적절히 조절 · 제어하고 어떠한 일에 실패했을 때도 좌절하지 않고 자신을 다잡으며, 타인의 감정에 공감하고, 원만한 인간관계를 구축할 수 있는 사회적 능력 등의 요소를 강조했다. 전통적인 지적 능력을 나타내는 지능 지수(IQ)에 대조되는 개념으로 '정서 지능(EQ)'이라고도 한다. 대니얼 골먼은 사업과 인간관계에서 성공하는 데에는 감성 지능이 일반적인 지능(IQ)보다 더 중요하다고 강조한다.

사회 지능(SQ)

1920년대 초반 컬럼비아 대학의 심리학과 교수인 에드워드 손다이크가 최초로 공식화한 개념이다. 그러나 손다이크는 사회 지능을 측정하는 방법을 발견하는 데는 실패했다. 하지만 최근 들어 뇌 과학과 사회 신경 과학의 출현으로 이에 대한 연구가 활발해지고 있다.

대니얼 골먼 교수는『감성 지능』에서 사회 지능을 크게 사회적 자각과 사회적 능력으로 나누어 제시한다. 사회적 자각이란 다른 사람의 내적 상태를 그 자리에서 느끼는 것에서부터 상대의 감정과 생각을 이해하고, 복잡한 사회적 상황에 참여하는 것까지 아우르는 스펙트럼을 말한다. 예를 들면 원초적 감정 이입, 파장 맞추기, 구체적 감정 인지, 사회적 인지가 이에 해당한다. 사회적 능력이란 사회적 자각을 바탕으로 원활하고 효과적인 상호 작용을 구축하는 것을 의미한다. 예를 들면 일체성, 자기표현, 영향력, 배려심이 이에 해당한다. 사회 지능이 높은 사람은 환경을 인식하고 상호 작용하며, 문제를 해결하며, 복잡하고 역동적인 다양한 사회 영역을 관리할 수 있다.[80]

비전 지능(VQ)

위에서 중요한 지능 연구에 대한 역사를 간략히 살펴보았는데, 그 중에서 가장 많은 주목을 받았던 지능 이론은 하워드 가드너의 다중 지능 이론일 것이다. 하버드 대학의 하워드 가드너 교수가 1983년 그의 기념비적인 저서 『마음의 틀: 다중 지능 *Frames of Mind: The Multiple Intelligences*』을 출간한 이후 많은 사람들은 기존의 일곱 가지 다중 지능 외에 어떤 지능이 추가될지 궁금해했다. 하워드 가드너 교수는 당분간 다중 지능 목록에 손대지 않기로 마음먹었으나, 본래 발표했던 일곱 가지 다중 지능에 16년 후 자연 친화 지능을 더하였고, 아홉 번째 지능인 영성 지능 혹은 존재 지능에 대한 의견을 밝히기도 했다. 그리고 더 나아가 다중 지능들을 통합해서 창조적이고 생산적인 목적에 활용하는 상위 지능이 존재한다는 확신을 솔직히 밝혔다.

조지 메이슨 대학의 토조 대첸커리 교수와 캐롤 매츠커 교수는 신경과학 분야뿐만 아니라, 긍정 심리학, 사회적 구성주의의 비약적인 연구 성과를 참고하여, 이 상위 지능이 안목 지능(Appreciative Intelligence)과 유사하다고 주장한다. 즉 안목 지능은 언어 지능, 논리 수학 지능, 음악 지능, 공간 지능, 신체 운동 지능, 대인 지능, 관계 지능, 자기 이해 지능 등을 통합하고 향상하고 확장하는 지능이다. 간결하고 은유적인 표현으로 안목 지능은 '도토리 속에 거대한 참나무를 보는 능력'이며, 현재에 내재한 긍정적이고 생산적인 잠재력을 인식하는 능력을 의미한다. 또한 안목 지능은 주어진 상황을 재구성하고, 긍정성을 인정하고, 미래가 현재 상황의 생산적 측면에서 전개되는 방법을 아는 능력이다.[81]

이 책에서는 안목 지능 개념을 바탕으로 보이지 않는 것을 볼 수 있는 능력, 즉 본질을 꿰뚫어 보는 눈, 숨은 가치를 알아보는 눈, 고정 관념을 뛰어넘어 볼 수 있는 눈, 현실을 넘어 새로운 미래를 볼 수 있는 능력이라는 의미를 포괄적으로 담아 이를 비전 지능(Vision Quotient, VQ)이라고 이름 붙여 보았다.

비전 지능(VQ)을 키운다는 것은 세 가지 측면에서 정리할 수 있다.

첫째, 사물의 본질을 꿰뚫어 보는 통찰력과 직관을 갖춘 마음의 눈을 계발해야 한다. 좋은 투자의 기회는 육체의 눈으로 볼 수 있는 것이 아니라 마음의 눈으로만 볼 수 있다. 남들이 보지 못하는 것을 더 멀리, 더 깊게 바라볼 수 있을 때 투자의 기회를 잡을 수 있기 때문이다. 세상을 바라볼 때, 내면의 두려움이나 불안, 초조함과 같은 감정적 편견 없이 있는 그대로를 볼 수 있는 마음의 눈을 키워야 한다. 본질을 있는 그대로 볼 수 있는 시각만이 '본다―느낀다―변한다'의 변화 프로세스를 통해 진정한 변화를 가능케 하는 근본이 되기 때문이다.

둘째, 꿈을 마음속으로 그리고 더 나아가 상상을 현실화 할 수 있는 능력을 키워야 한다. 잠시 책에서 눈을 떼고 주의를 둘러보라. 무엇이 보이는가? 컴퓨터? 텔레비전? 냉장고? 시계? 스마트 폰? 주변에 보이는 모든 것이 과거에는 누군가 꿈으로 상상하던 것에 불과했다. 우리가 지금 당연히 누리고 있는 것들은 불과 100년 전만 해도 공상 과학 소설에나 존재했다. 우리는 바로 누군가가 마음속으로 꿈꾸고 미리 보았던 세상을 현실로 살고 있는 것이다. 나폴레옹은 "상상력이 세계를 지배한다."고 말했으며, 괴테는 "인간의 지적 요소 중 가장 중요한 것은 상상력이다."라고 말했다. 아인슈타인은 "상상은 지식보다 강하다."라고 말했으며, 미래학자 앨빈 토플러는 "미래는 예측하는 것이 아니라 상상하는 것이다."라고 했다. 자신의 꿈과 미래를 상상하여 창조할 수 있는 창조적 상상력을 키워야 한다.

셋째, 지혜를 키워야 한다. 현재 대한민국의 교육은 아직도 산업화 시대의 주입식 지식 중심 교육에서 크게 벗어나지 못하고 있다. 하지만 21세기는 정보와 지식이 홍수처럼 넘치는 시대이다. 급속하게 변하는 시대 상황으로 말미암아 지식의 시기적 유용성 또한 급격히 하락하고 있는 상황에서 상대적으로 불변하는 지혜의 중요성이 더욱 중요해졌다. "물고기를 잡아 주면 하루를 살 수 있지만 물고기를 잡는 방법을 가르쳐 주면 일생을 살 수 있다."는 널리 알려진 탈무드의 격언이다. 격변하는 시대에 필요한 물고기(지식)는 달라질 수 있지만, 낚시하는 방법(지혜)을 익힌 사람은 언제든지 자신이 필요한 물고기(지식)를 건져 올릴 수 있다. 지혜란 곧 슬기롭고 현명한 판단을 내릴 수 있는 안목을 의미한다. 그리고 이러한 지혜는 학교나 학원이 아닌 가정에서 부모로부터 배울 수 있는 것이다.

정리해 보면, 인간의 창조적 상상력과 도전 정신이 핵심 능력으로 부상한 21세기 뉴 글로벌 르네상스 시대에는 숨어 있는 진실을 볼 줄 아는 눈과 변화의 본질을 꿰뚫어 볼 수 있는 통찰력, 변화를 알고 이에 대처할 수 있는 유연성과 더불어 섬세한 감성, 새로운 발상이 필요하다. 하지만 현재 진행되고 있는 많은 교육들은 대부분 에고 중심적인 스펙을 쌓고 많은 돈을 벌기 위해 기술과 데이터를 습득하는 표층 지식 교육 과정이 대부분이다. 하지만 이런 단기 투기적 성격의 표층 지식 교육 투자는 평균 수명이 100세를 훌쩍 넘어서게 되는 뉴 글로벌 르네상스 시대에는 적절하지 못하다. 따라서 아이들의 정신과 마음을 다듬어 주고 내면 깊은 곳에 있는 숨은 재능을 일깨워 주는 심층 지혜 교육을 추구하는 엄마들의 통찰력과 혜안이 강력히 요청되고 있는 시점이다. 다시 말해 시대 변화를 따라 급변하는 표층 지식을 넘어선, 불변하는 심층 지혜 교육의 가치가 그 중요성을 날로 더해 가고 있는 것이다. 장기 가치 투자의 관점으로 심층 지혜 교육에 투자하기 위해서는 한치 앞을 내다보기 어려운 급변하는 21세기에 보이지 않는 것을 볼 수 있는(See the Unseen) 능력인 VQ가 필수적이다. 또한 앞서 3부에서 설명한 잠재의식 지능(SQ)과 4부에서 설명한 영성 지능(SQ) 역시 21세기 엄마 투자가들이 꼭 알아 두어야 할 미래 성공 지능이다.

혼자 꾸면 꿈이지만
함께 꾸면 현실입니다

수많은 학부모들과 교사들을 만나며 다음과 같은 문답을 종종 주고받게 된다.

"강연 잘 들었습니다. 좋은 말씀인 것은 알겠지만, 우리의 교육 제도와 환경이 그렇지 못한데, 어쩔 수 없지 않나요?"

"맞습니다. 혼자 힘으로 현재의 교육 상황을 바꾸기란 쉽지 않습니다. 그래서 저는 타잔이 되어야 한다고 생각합니다."

"타잔이라니요?"

"우리가 지금 처해 있는 교육 상황을 정글에 비유해 보면, 불도저나 막대한 자금이 없는 이상 정글을 뒤엎을 수는 없을 것입니다. 하지만 타잔이 될 수는 있습니다. 나무 타기를 배우고, 정글에서의 생존법을 익혀 가고, 동물 친구들과 힘을 모아 위험에 대비하는 타잔말입니다. 어머님이나 선생님 개개인의 힘이 부족할지도 모르겠습니다. 하지만 최소한 내 아이를 위해서 혹은 우리 반 학생들을 위해서 내가 할 수 있는 범위에서의 변화를 시도할 수 있다는 의미입니다."

이렇게 말하면서 청중에게 기러기가 브이(V) 자로 날아가는 이미지 사진을 보여 준다.

"맨 앞의 기러기가 날아가는 데 필요한 힘을 100이라고 가정해 보면 다음 날아가는 기러기의 힘은 얼마나 들까요?"

"20이요."

"70이요."

"정확한 답은 29입니다. 과학자들이 기러기 몸에 측정 장치를 달아 확인해 본 결과 맨 앞의 기러기에 비해서 따라가는 기러기들은 29퍼센트의 힘만 든다고 합니다. 마찬가지로 누군가 꿈을 꾸고 시도를 한다면, 함께하는 시도는 더욱 쉬워질 것이며, 언젠가는 우리가 꾸는 꿈이 현실로 이루어질 것이라고 생각합니다. 여러분이 계신 바로 그 자리에서 내가 할 수 있는 가장 쉬운 일부터 시작해 보시기 바랍니다. 하지만 변화는 결코 크게 시작해서는 안 됩니다. 변화는 먼저 변하지 않아도 괜찮다는 마음의 안정감에서 시작하며, 다음으로 가랑비에 옷 젖듯 작게 꾸준히 지속해야 하고, 마지막으로는 변화를 위한 모임을 만들어 함께하는 것이 효과적입니다."

예전에 영어 공부를 위해, 마틴 루서 킹의 기념비적인 연설문 「나에게는 꿈이 있습니다(I have a dream)」를 여러 번 받아쓰기한 적이 있다. 1963년 8월 23일 워싱턴 D.C. 링컨 기념관에서 마틴 루서 킹이 열변을 토했던 실제 육성 테이프를 들을 때마다 나도 모르게 온몸에 소름이 돋고는 했다. 그리고 하버드 케네디 스쿨 재학 시절 오바마 후보자의 연설을 들으며 다시 한 번 소름이 돋았다. 마치 마틴 루서 킹의 꿈이 되살아나는 듯한 느낌이었다. 그리고 오바마는 2009년 1월 20일 제44대 미국 대통령으로 정식 취임하여 233년 미국 역사상 첫 흑인 대통령이 되었다. 마틴 루서 킹이 꾸던 꿈이 눈앞에 현실화되던 그날의 감동은 아직까지 가슴속에 생생히 남아 있다.

그렇다. 누군가 꿈을 꾸고, 그 꿈을 함께 꾼다면 그것은 언젠가 현실이 된다. 이제는 우리가 새로운 꿈을 꾸고, 그 꿈을 함께 꾸기 시작해야 할 때이다. 엄마로서 어떤 세상을 아이들을 위해 꿈꾸고 창조하고 싶은가? 필자는 다음과 같은 세상을 꿈꿔 본다.

- 마음껏 뛰노는 아이들의 행복한 웃음소리가 들리는 세상
- 아이들이 자신만의 진정한 꿈을 마음껏 꿀 자유를 누릴 수 있는 세상
- 아이들이 돈 때문이 아닌, 자신이 진정 사랑하는 일을 직업으로 가질 수 있는 세상
- 엄마와 아이가 함께 행복하게 웃을 수 있는 세상
- 물질적 풍요를 넘어 마음과 정신적 풍요를 누릴 수 있는 세상
- 희망이 살아 숨 쉬는 세상

문화 인류학자 마가렛 미드는 "사려 깊고 헌신적인 소수의 사람들

이 세상을 바꿀 수 있다는 것을 의심하지 마라. 실제로 세상을 바꾼 건 그들이다."라고 말했다. 역사는 언제나 꿈꾸는 소수들이 창조해 왔다. 새로운 세상을 꿈꾸는 엄마들이『엄마 투자가』를 읽고, 변화를 일궈내기를 희망한다. 혁명가 체 게바라는 "우리 모두 리얼리스트가 되자. 그러나 가슴속에는 불가능한 꿈을 지니자."라고 말했다. 이 역사적인 전환기에는 엄마가 바로 혁명가가 되어야 한다. 우리는 새마을 운동을 통해 전례를 찾아볼 수 없는 기적을 이루어 왔다. 하지만 어떤 책의 제목처럼 "기적을 이룬 나라, 기쁨을 잃은 나라"가 되고 말았다. 이제는 새마을 운동을 넘어 '새 마음 운동'을 꿈꿔야 하는 때이다. 언제까지 잘못된 교육 투자의 대가로 고통스러워해야 하는가? 사랑하는 내 아이를 위해 교육의 주권을 되찾아 와야 한다. 새로운 꿈을 꾸고, 그 꿈을 위해 뜨겁게 투자할 수 있어야 한다. 혁명은 관점 전환에서 시작된다. 새로운 관점을 바탕으로 자신과 아이들, 교육을 바라보기 위해 엄마들이 고수 교육 투자가의 길로 영웅의 여정을 떠나야 할 때이다.

엄마 투자가가

자신과 자녀의 꿈을 생생히 그리고,

그 꿈을 써 붙이고 무의식적으로 자주 보고,

교육 투자 모임을 만들어 함께 모여 본다면,

바라보는 바로 그 꿈은 언젠가 반드시 현실화될 것이다.

혼자 꾸면 꿈이지만, 함께 꾸면 현실이기에……

당신의 행복한 삶이 아이를 위한 최고의 교육 투자입니다

누구나 할머니, 할아버지 때부터 내려오는 이런 이야기를 많이 들어 봤을 것입니다. '가정 교육이 중요하다.' '결혼할 때는 집안을 봐야 한다.' 이 이야기들이 무슨 뜻일까요? 돈을 많이 써서 우리 아이를 좋은 학원에 보내고, 아이의 성적을 높이는 교육을 시켜야 한다는 뜻일까요? 그리고 결혼할 때는 부모의 재산이나 사회적 지위를 봐야 한다는 뜻일까요?

지난 수년 동안 행복한 세상 만들기와 교육이라는 두 연결 고리에 대한 고민을 하다, 저희는 아마도 이런 이야기들이 다른 의미가 있을 것이라는 것을 알게 되었습니다. 이 오래된, 그리고 흔히 하는 이야기들이 의미했던 것은 바로 '부모의 삶이 아이의 행복에 가장 큰 영향을 미친다.'는 것이었습니다.

유학할 때 자녀들과 함께 온 친구가 이런 이야기를 했던 것이 기억납니다.

"1년이 지났는데 영어를 하나도 못했던 아이가 이제는 나보다 잘하네. 나한테 영어를 물어볼까 봐 무서울 정도라니까."

아이들의 언어 습득 능력을 보면 스펀지 같다는 생각을 많이 하게 됩니다. 아이는 무언가를 배울 때 판단하지 않고 그냥 있는 그대로를 흡수하기 때문입니다. 이러한 능력은 언어를 빠르게 배울 수 있게 해주지요. 하지만 아이는 언어만 이렇게 스펀지처럼 흡수하는 것이 아니라 주변 사람들의 행동, 생각 그리고 심지어 말하는 습관까지 흡수하고 있다는 것에 대해 혹시 생각해 보셨는지요?

아이가 태어나서 보는 첫 사회는 바로 가정입니다. 엄마, 아빠가 사는 모습을 통해서 아이는 사람들이 서로 어울려 살아가는 모습을 처음 배우게 됩니다. 엄마가 아빠한테 하는 잔소리, 엄마가 하는 부탁을 귀찮아하는 아빠의 모습, 삶에 지쳐 푸념하는 모습 등을 아이는 무의식적으로 판단 없이 그냥 받아들이게 됩니다. 아이 앞에서 보이는 그런 지친 삶의 모습과 감정들은 부모도 모르게 아이의 무의식에 '삶은 이렇게 사는 거야.'하고 전달하고 있는 것입니다.

아무리 좋은 선생님을 아이에게 소개해 줘도, 아이를 좋은 학교에 보내도 아이가 삶을 바라보는 태도, 대인 관계를 유지하는 기술 등, 아이의 행복에 크게 영향을 미치는 요소들은 잘 변하지 않습니다. 이미 아이가 어릴 때 그 성격이 형성되고, 그 성격이 형성될 때 아이가 바라본 세상의 모습, 즉 부모의 삶을 자신들이 세상에서 살아가야 하는 방식으로 자신도 모르게 받아들이기 때문입니다. 즉, 부모라는 이름으로 우리가 살아가는 모습이 아이의 미래 삶의 상당 부분을 결정할 수 있는 것입니다. 당신이 아이와 대화하는 모습, 당신이 아이를 대하는 태도, 당신이 화를 내는 모습과 그 화를 풀어 나가는 모습 등, 학교에서 혹은 학원에서 배우기 힘든 부분들을 당신은 무의식적으로 아이들에게 가르치고 있는 것입니다.

예전부터 행복한 삶에 대해 참 많이 생각했던 것 같습니다. 좋은 대학을 가면 행복해진다, 좋은 회사에 취직하면 행복해진다, 그런 성공 공식을 따라 살아도 그렇게 행복하다고 느끼기보다는 미래에 대한 불안이 앞섰습니다. 그래서 행복하진 않았습니다. 하지만 '내 책임이 아니야.'라고 생각했습니다. 함께 사는 사회라고, 사회가 우리를 힘들게 하는 거라고 주변 사람과 푸념도 많이 하고 스스로도 그렇게 생각했습니다. 불행했지만, 그래서 불평했지만 제 삶은 언제나 그대로였습니다. 물론 제가 사는 사회도 바뀌지 않았습니다. 모든 사람이 행복한 그런 세상을 꿈꿨지만, 저부터 고통스러웠습니다.

오랜 고민 끝에 한 가지를 알게 되었습니다. '내가 행복하지 않으면 진심으로 다른 사람들의 행복을 바라지 못할 것 같다.'라는 생각이었습니다. 만약 다른 사람들도 나와 비슷하고, 나처럼 생각한다면 그런 사람들이 모인 사회는 결코 행복한 사회로 바뀔 수 없을 것 같았습니다. 행복한 사회를 만들기 위해서는 사회가 나를 행복하게 만들어 줄 때까지 기다리는 것이 아니라 지금 이 세상에서 나부터 행복해지는 방법을 찾는 것이 우선이라고 생각했습니다. 그리고 그 행복의 비밀을 찾기 위해 많이도 노력했습니다. 문을 두드리면 열린다고, 운 좋게 행복에 대한 비밀을 많이 알게 되었습니다. 70억 인구를 생각하면 세상은 굉장히 크지만 6명만 건너면 세상 사람 모두가 연결되어 있다고 합니다. 제가 찾은 행복의 비밀을 제 주변 사람들에게 전해서 그들이 행복해지고, 그 주변 사람들이 그들의 주변 사람들에게 그 행복을 전해서 서로 행복해진다면, 그리고 이렇게 6단계를 거쳐 세상 모든 사람들에게 그 행복의 비밀이 전해진다면 전 세계 모든 사람들이 행복해지는 날도 결코 꿈이 아닐 것이라 믿게 되었습니다.

이런 생각을 하면서 저희가 알게 된 행복의 비밀을 책으로 퍼뜨리는 것도 한 방법이라 생각했습니다. 그래서 그 내용을 정리해서 책을 내기도 했습니다. 하지만 책을 내도 세상은 변하지 않았습니다. 독자들의 인생이 변할 수 있는 씨앗이 뿌려지긴 했지만, 그래도 그 씨앗이 더 빨리 퍼졌으면 하는 생각을 하게 되었습니다. 그래서 책을 낸 이후에 '내가 할 수 있는 것은 무엇이 있을까?'라는 질문을 시작했습니다. 그러다 모든 변화는 작은 실천에서 시작한다는 데 생각이 미쳤습니다. 내가 할 수 있는 가장 효과적인 방법은 바로 내가 그 비밀을 삶으로 실천하면서 행복해지는 모습을 주변 사람들에게 보여 주는 것이라는 것을 깨닫게 되었습니다. 내가 행복해지지 않는다면 주변 사람들은 내가 아무리 좋다고 이야기해도 머리로만 믿을 뿐 삶에 적용해야 겠다고 가슴으로 믿으며 실천하지 않을 것이기 때문입니다.

아이들도 사람이니 무의식적으로 이런 것을 묻는 것이 당연할 것입니다. '엄마, 당신께서 이렇게 힘들게 사는데, 내가 어떻게 행복하게 살 수 있나요?' 아이에게 가장 큰 교육은 엄마, 아빠가 행복하게 사는 모습을 보여 주는 것입니다. 어려운 일이 있어도 함께 극복하는 모습, 서로 사랑하며 웃음 짓는 모습, 서로 혹은 아이에게 '괜찮아, 항상 잘 될 거야.'라고 이야기하며 격려해 주는 모습, 스스로 보람을 느끼고 행복하다고 이야기하며 세상은 살아 볼 만 하다고 이야기해 주는 그런 모습들이 바로 당신의 아이에게 최고의 힘이 되고, 그것이 아마 최선의 교육일 것입니다.

물론 교육을 위해 아이 앞에서 연기를 해도 이런 가정 교육이 가능할지도 모릅니다. 하지만 자신의 삶을 감정 깊은 곳까지 연기해 내는 것은 전문 연기자라도 쉬운 일은 아닐 것입니다. 그냥 행복한 삶을 살아가기 위해 조금씩 행복해지는 연습을 하는 것, 그리고 삶에 어려움이 있어도 희망으로 어려움을 겪어 내고, 사랑을 통해 함께 울고 웃는 모습을 보여 주는 것. 때로는 자신이 꿈꾸는 삶에 즐거워하고, 부족하게 느껴지지만 그래도 나와 함께 있는 사람들, 내가 가진 모든 것에 감사하는 것, 그런 행복을 실천하며 살아가는 부모의 삶이 바로 부모가 아이에게 할 수 있는 인생 최고의 교육 투자일 것입니다.

당신의 아이가 자신의 행복한 삶을 위해 무의식 깊은 곳에서부터 당신에게 이야기하고 있습니다.

"엄마, 아빠, 행복하세요! 그리고 그 행복하게 살아가는 삶을 저에게 보여 주세요. 그것이 부모님께서 저에게 주신 제 인생의 최고의 선물입니다."

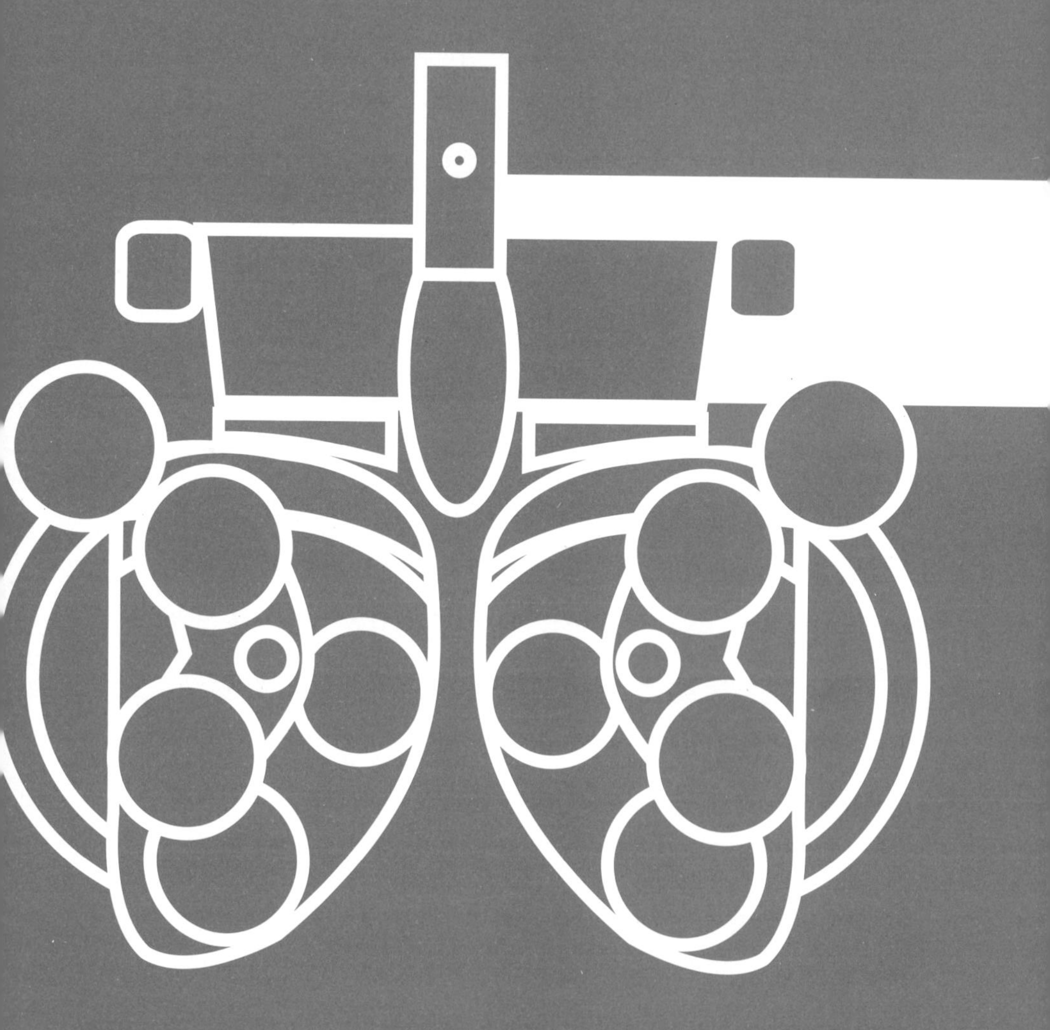

부록

교육 투자 전략 로드 맵
다초점 관점 렌즈를 이용하라

교육 투자 실천가로 거듭나기

'교육 투자 비전 맵' 만드는 법을 비롯해 『엄마 투자가』의 내용을 실천에 옮기기 위한 구체적인 교육 투자 행동 전략을 제시한다.

통찰력을 갖춘 마음의 눈을 계발하지 않는다면 육체의 눈으로는 아무것도 볼 수 없다. 좋은 투자의 기회는 눈으로 보는 것이 아니라 바로 마음으로 볼 수 있기 때문이다. 『엄마 투자가』를 통해 내 아이의 미래를 위한 사랑의 투자를 할 수 있는 지혜로운 마음의 눈을 활짝 열기를 바란다.

엄마 투자가가

자신과 자녀의 꿈을 생생히 그리고,

그 꿈을 써 붙이고 무의식적으로 자주 보고,

교육 투자 모임을 만들어 함께 모여 본다면,

바라보는 바로 그 꿈은 언젠가 반드시 현실화될 것이다.

혼자 꾸면 꿈이지만, 함께 꾸면 현실이기에…….

엄마 투자가 실천 주의 사항

모든 행동을 한꺼번에 바꾸려고 욕심부리지 말자. 대신 가장 쉽고 단순한 것부터 시작해서 하나씩 범위를 넓혀 가자.

부정적인 생각이 노력을 방해하도록 내버려 두지 말자. 해 보기도 전에 실패할 것이라는 생각, 자신을 믿지 못하겠다는 자기 불신 등은 모두 치워 두자. 앞서 말한 몰입 주문(멈춰 ─ 괜찮아 ─ 지금 여기에서 ─ 플로우)이 도움이 될 것이다. 누구나 실수하고 실패하기 마련이다.

목표를 모두 달성하지 못했다고 해서 걱정하지 말자. 시나리오 기법을 활용하고 상황에 맞추어 활동 계획을 다시 세우고 새로 도전하면 된다. 오래된 습관을 버리기 위한 시도는 처음에는 대단히 힘들게 느껴진다. 그렇기 때문에 '조금 있다가 해 보자.' '지금보다 상황이 나아지면 해 보자.'라고 말하면서 나중으로 미루려는 유혹이 생기기 마련이다. 이러한 함정에 빠지지 말고, 어떤 생각이나 느낌이 들건 작은 변화부터 시작하는 것이 중요하다.

그리고 이러한 변화들을 위해 함께 모여 그룹을 만들자. 마스터마인드 그룹 시스템으로 지혜롭고 건강한 교육 투자 습관을 형성해 나가는 것이 중요하다.

교육 투자 철학 세우기 7단계

1. **교육 투자 철학을 글로 적으라.** 교육 투자 철학을 명문화하면 교육 투자 마인드를 효과적으로 개발할 수 있다. 무엇을 가르칠 때와 마찬가지로 글로 적으려면 우선 그것에 대해 생각하고 이해해야 하기 때문이다.

2. **교육 투자 철학 계발에 관한 책을 읽으라.** 교육 투자에 성공한 엄마들의 책을 충분히 읽고 참조하라. 교육 고수 투자가들의 철학이 무엇을 바탕으로 하고 있는지 이해하라.

3. **자신만의 투자 철학을 세우라.** 교육 투자 고수들의 철학을 자기만의 것으로 만들어라. 남의 철학을 본받을 수도 있고 자기 스스로 개발할 수도 있다. 하지만 실생활의 경험을 바탕으로 자신의 환경과 여건에서 이끌어 낸 교육 철학보다 좋은 것은 없다. 가장 좋은 투자 철학은 경험을 통해 검증하고 개발한 것이다.

4. **자신만의 교육 투자 철학을 계발하기까지** 많은 시행착오를 겪게 될 것이다. **자신의 실수와 실패로부터 배우라.** 자신의 실수와 실패에서 무엇을 배웠는지 설명하라. 실수와 실패를 인정하고 그것에 어떻게 대응했는가는 교육 투자가로서 자신의 역량을 가늠하는 척도가 될 것이다. 가장 좋은 교육 투자 철학은 자신의 실수를 밑거름으로 하여 생겨난 것이다. 이 시행착오를 통해 성공적인

교육 투자에 다가갈 수 있다. 투자 철학은 자신만의 경험과 시행착오를 바탕으로 지속적으로 진화해야 한다.

5. <u>어려운 시기를 대비하라.</u> 교육 투자에 있어 투자가와 투자 철학은 각자의 상황과 경험에 따라 성격이 달라지기 마련이다. 교육 투자가로서 자신의 역량은 어려운 시기에 자신의 투자 철학과 원칙을 얼마나 잘 지키는가로 증명된다.

6. <u>인내를 가지라.</u> 교육 투자에 대한 어떠한 철학과 신념도 단기간에 증명되지 않는다.

7. <u>자신의 교육 투자 전략과 결과를 다른 사람들의 투자 전략과 비교해 보라.</u> 탁월한 성과를 낸 교육 투자의 고수들과 당신의 교육 투자 철학을 비교해 보라. 교육 투자 성과를 얻지 못했다면 자신의 투자 철학을 다시 점검하고 보완해야 한다. 교육 투자 철학은 끊임없이 진화해야 한다.

위에서 언급한 내용을 바탕으로 자신의 교육 투자 철학을 깊이 생각해 보고 이를 구체화해서 아래에 적어 보자.

교육 투자 철학과 원칙에서
벗어나게 만드는 유혹에는 무엇이 있을까?

교육 투자 점검 질문

어떤 감정이 들 때 내가 세운 교육 투자 철학과 원칙에서 벗어나는가?

교육 투자를 결정할 때 특별한 습관이나 패턴이 존재하는가?

불합리한 교육 투자 습관이나 패턴을 갖고 있다면, 스스로를 합리화하기 위해서 내세우는 이유는 무엇인가?

교육 투자 철학과 원칙을 지키지 못하게 방해하는 요인은 무엇인가?

교육 투자 심리 일지 작성을 위한 질문들

다음의 질문들을 스스로에게 던지고 답변을 기록해 보라.

교육 투자 심리 일지	
교육 투자 결정을 내리기 전	내가 이 교육 프로그램에 투자하려는 본질적인 이유는 무엇인가?(우선순위 목록을 작성하라.)
	이번 교육 투자에 어떤 감정이 드는가?
	이번 교육 투자 결정에 어느 정도 자신이 있는가?
	내 아이의 장점을 키워 줄 수 있는 기회인가?

교육 투자 결정을 내린 후, 결과가 나오기 전	자신의 교육 투자 결정에 대해서 의심스러운 느낌이 들거나 다른 어떤 특별한 감정이 드는가?
교육 투자 성과가 나온 후	정확한 교육 투자 결정이었나?
	의사 결정 과정에 실수가 있지는 않았는가? 실수에서 무엇을 배웠고, 무엇을 반복하지 않아야 하는가?
	이번 결정과 과거의 결정에서 비슷한 패턴이 존재하는가?
	투자 철학과 원칙에서 벗어나지 않았는가?
	이번 결정에서 가장 잘한 부분은 무엇인가?

교육 고수 투자가 역할 놀이

내가 만약 교육 고수 투자가라면 지금 상황에서 어떻게 행동할지 상상해 보자. 마치 자신이 교육 고수 투자가가 된 것처럼 가정해 보고, 역할 놀이를 해 보는 것이다.

본인이 되고 싶은 모습이나 닮고 싶은 인물을 역할 모델로 삼는 롤 모델 역할 놀이는 긍정 심리학을 근거로 한다. 사람은 자신이 되고 싶은 모습을 상상함으로써 행복감을 증진시킬 수 있다. 한 연구에 따르면 4주 동안 진행한 실험에서 참가자들에 다음과 같은 정신 운동을 규칙적으로 하는 것이 효과적이라는 사실이 밝혀졌다.

첫째, 자신의 장점과 감사한 일을 매일 되새겨 보는 정신 운동이다. 둘째, 자신이 바라는 모습을 머릿속에 그려보는 비전 지능(VQ) 향상 정신 운동이다. 이러한 습관들은 긍정적인 감정을 고양시켜 주고, 연습이 계속될수록 긍정적인 감정도 지속해서 높아지는 효과가 있다. 그중에서도 '자신의 이상적인 모습'을 생생하게 그려 보는 시각화 운동은 긍정적인 감정을 높이고 유지하는 데 더 큰 도움이 되는 것으로 밝혀졌다. 자신의 스타일에 맞고 가장 닮고 싶은 롤 모델을 찾아서, 교육 투자 때마다 "만약 내가 OO이라면 어떻게 할까?"를 묻고, 그 답변에 따라 의사 결정을 해 보라. 이 교육 고수 투자가 역할 놀이를 꾸준히 하다 보면 교육 투자에 큰 도움이 될 것이다.

엄마 투자가 일지 쓰기

교육 투자 비전				
교육 투자 목표				
교육 투자 바이오 리듬	감정	신체	지성	비고
Scale −3 ------- 0 ----- +3				
감사 일기 3가지	1.			
	2.			
	3.			
오늘의 주요 교육 이슈				

엄마 교육 투자가 7단계 실천표			
교육 투자 7단계	YES	NO	비고
1단계 교육 투자 철학 1회 이상 쓰기			
2단계 시드 워드 1회 이상 말하기			
3단계 교육 투자 원칙 1회 이상 읽기			
4단계 스스로 질문하기 3회 이상 '왜' 묻기			
5단계 용서하기 하루 1회 이상 해 보기			
6단계 아이의 장점 1개 이상 찾아보기			
7단계 교육 투자 균형 성과표 1회 이상 확인하기			
하루 평가 잘한 점			
하루 평가 개선 점			

| 참고 문헌 |

프롤로그

1) 『기업이 원하는 변화의 기술』, 존 코터 · 댄 코헨, 김기웅 · 김성수 역(김영사, 2003), p. 32~33

1부

2) 「손주은 대표의 우리 교육 이야기」(양화진 문화원 강연, 2013.11.07) / 「'시골의사' 박경철의 직격 인터뷰-메가 스터디 대표 손주은」,《중앙일보》(2009. 04. 22)

3) http://www.smckids.com

4) 『복수당하는 부모들』, 전성수(베다니출판사, 2011), p. 17, 71

5) 『칼 비테의 공부의 즐거움』, Jr. 칼 비테, 김락준 역(베이직북스, 2008), p. 98~99

6) 『하버드 졸업생은 마지막 수업에서 만들어진다』, 하버드대 경영 교수 15인, 안명희 역(세종서적, 2005), p. 219~222

7) 『워런 버핏이 말하는 워런 버핏』, 데이비드 앤드류스 엮음, 유지연 역(어젠다.2013), p. 128

8) 『미스터 몰입과의 대화』, 미하이 칙센트미하이, 임석원 역(위즈덤하우스, 2011), p. 107~108

9) http://www.kimyumee.com

10) 『부의 시크릿』, 마담 호, 임수택 역(에이지21, 2007), p. 54~55

11) 『유대인 하브루타 경제 교육』, 전성수 · 양동일 공저(매일경제신문, 2014), p. 165~166

12) 『감정 공부』, 미리암 그린스팬, 이종복 역(뜰, 2008), p. 27, 66~67

13) 『내 마음 내가 안다』, 유진 T. 젠들린, 손혜숙 역(아름드리미디어, 2001)

14) 『이디시 콥』, 랍비 닐턴 본더, 김우종 역(정신세계사, 2007), p. 49

15) 「올드보이」(2003), 박찬욱

16) 『행복한 작은 부자의 8가지 스텝』, 혼다 켄, 박정일 역(청림출판, 2003), p. 76

17) 『워런 버핏의 주식 투자 콘서트』, 워런 버핏, 차예지 역(부크홀릭, 2010), p. 115~116

18) 『1퍼센트 부자의 법칙』, 사이토 히토리, 이정환 역(한국경제신문사, 2004), p. 23~24

19) 『용서』, 프레드 러스킨, 장현숙 역(랜덤하우스코리아, 2003), p. 263~279

20) 워런 버핏의 네브래스카 대학 특강 중 일부 내용 참조

21) 『워런 버핏의 부』, 로버트 P. 마일즈, 권루시안 역(황매, 2005), p. 302

22) 『탈무드에서 배우는 돈의 지혜』, 닐턴 본더, 김태항 역(물병자리, 2001), p. 19~20

23) 『빌게이츠와 워런 버핏 성공을 말하다』, 빌 게이츠 · 워런 버핏, 김광수 역(월북, 2004), p. 66

2부

24) 『HOW CUSTOMERS THINKS』, 제럴드 잘트먼, 노형규 역(21세기북스, 2004), p. 430~431

25) 『새로운 미래가 온다』, 다니엘 핑크, 김명철 역, 정지훈 감수(한국경제신문사, 2012)

26) 『부자들의 음모』, 로버트 기요사키, 윤영삼 역(흐름출판, 2010), p. 66, 72

27) 위에서 인용한 책, p. 74

28) 『미스터 몰입과의 대화』, 미하이 칙센트미하이, 임석원 역(위즈덤하우스, 2011), p. 147

29) 네이버 백과사전

30) 『앞으로 10년, 돈의 배반이 시작된다』, 로버트 기요사키, 고영태 역(흐름출판, 2012), p. 25

31) 「교육 투자 비용 회수 못하는 대졸자 늘고 있다」, LG경제연구원(2012. 11)

32) 「효심 높다던 한국이 불효국 1위 됐다」, 《매일경제신문》(2007. 12. 10)

33) http://www.oecd.org/pisa/keyfindings/PISA2012-Vol3-Chap1.pdf

3부

34) 『부자의 조건 금융 IQ』, 로버트 기요사키, 김현정 역(황금가지, 2011) p. 329~330

35) 『에디슨의 메모』, 하마다 가즈유키, 신현호 역(북플래너, 2004)

36) 「EBS 다큐 프라임」, '아이의 사생활-4부 다중 지능'(EBS, 2008)

37) 『두려움』, 스리니바산 S. 필레이, 김명주 역(웅진지식하우스, 2011), p. 143

38) 『행운 사용법』, 조우석 · 김민기(문학동네, 2013), p. 50

39) 『HOW CUSTOMERS THINK』, 제럴드 잘트먼, 노규형 역(21세기북스, 2004), p. 23

40) 『나는 내가 낯설다』, 티모시 윌슨, 진성록 역(부글북스, 2007), p. 51

4부

41) 『현장 적용을 위한 자기 주도 학습』, 송인섭(학지사, 2006), p. 20~25

42) 『운명의 법칙』, 뤼디거 달케, 송소민 역(동아일보사, 2012), p. 162~163 참조

43) 『몰입의 기술』, 미하이 칙센트미하이, 이삼출 역(더불어책, 2003)

44) 『마음을 비우면 얻어지는 것들』, 김상운(21세기북스, 2012), p. 62

45) 위에서 인용한 책, p. 62

46) 『몰입의 재발견』, 미하이 칙센트미하이, 김우열 역(한국경제신문사, 2009), p. 266

47) 위에서 인용한 책, p. 264

48) 위에서 인용한 책, p. 266

49) 위에서 인용한 책, p. 256

50) 『몰입Flow』, 미하이 칙센트미하이, 최인수 역(한울림, 2004), p. 170

51) 『창의성의 즐거움』, 미하이 칙센트미하이, 노혜숙 역(북로드, 2003), p. 138~152

52) 위에서 인용한 책, p. 141~152

53) 『나는 무엇을 원하는가』, 제임스 힐먼, 주민아 역(토네이도, 2013), p. 277~278

54) 『자연에서 멀어진 아이들』, 리처드 루브, 김주희 역(즐거운상상, 2007), p. 56~57

55) 위에서 인용한 책, p. 78

56) 『생각의 탄생』, 로버트 루트번스타인 · 미셸 루트번스타인, 박종성 역(에코의서재, 2007), p. 428

57) 『마켓 3.0』, 필립 코틀러, 안진환 역(타임비즈, 2010), p. 19

58) 『SQ』, 도나 조하 · 이안 마셜, 조혜정 역(룩스, 2001), p. 16

59) 『자연에서 멀어진 아이들』, 리처드 루브, 김주희 역(즐거운상상, 2007), p. 312

60) 『SQ』, 도나 조하, 이안 마셜, 조혜정 역(룩스, 2001), p. 33

61) 『내 안에 참나를 만나다』, 데이비드 호킨스, 백영미 역(판미동, 2008), p. 32, 125~127

62) 「EBS 다큐 프라임」, '아이의 사생활 5부-나는 누구인가'(EBS, 2008)

63) 『원동력』, 강영우(두란노, 2011), p. 45

64) 『칼 비테의 공부의 즐거움』, Jr. 칼 비테, 김락준 역(베이직북스, 2008), p. 199~200

65) 『행운에도 법칙이 있다』, 모로토미 요시히코, 정세환 역(앱투스미디어, 2009), p. 49

66) 『유엔미래보고서 2025』, 박영숙, 제롬 글렌 · 테드 고든 · 엘리자베스 플로레스큐(교보문고, 2011), p. 123

67) 「로봇의 습격… 20년 내 현재 직업 47% 사라진다」, 《한국경제신문》(2014. 02. 05)

68) 『20대, 재능을 돈으로 바꿔라』, 혼다 켄, 이정환 역(더난, 2006), p. 176

69) 『부모라면 유대인처럼 하브루타로 교육하라』, 전성수(예담friend, 2012), p. 234~235

70) http://www.jcf.org

71) 『행운 사용법』, 김민기, 조우석(문학동네, 2013), p. 97~99

72) 『How to live life Vol. 1: Empowering Wisdom for the Heart and Soul』, Lawrence Baines(Humanics Trade Group, 2003), p. 53

73) 『왓칭』, 김상운(정신세계사, 2011), p. 19~20

74) 『마음을 비우면 얻어지는 것들』, 김상운(21세기북스, 2012), p. 230~231

75) 『59초』, 리처드 와이즈먼, 이충호 역(웅진지식하우스, 2009), p. 154

76) 『대체 의학의 이론과 실제』, 강길전 · 이기환 · 홍달수(가본의학, 2008), p. 44

77) 『립잇업』, 리처드 와이즈먼, 박세연 역(웅진지식하우스, 2013), p. 328~329

78) 『마음을 비우면 얻어지는 것들』, 김상운(21세기북스, 2012), p. 43~44

79) 『*Personality and Social Intelligence*』, Nancy Cantor, John F. Kihlstorm(Prentice Hall College Div, 1987)

80) 『SQ 사회지능』, 대니얼 골먼, 장석훈 역(웅진지식하우스, 2006), p. 136

81) 『안목의 힘』, 토조 대첸커리, 캐롤 메츠커, 이승은 역(하늘눈, 2007), p. 9~10, 23

엄마 투자가

1판 1쇄 펴냄 2014년 7월 21일
1판 3쇄 펴냄 2021년 2월 26일

지은이 | 조우석 · 김민기
발행인 | 박근섭
펴낸곳 | ㈜ 민음인

출판등록 | 2009. 10. 8 (제2009-000273호)
주소 | 135-887 서울 강남구 신사동 506 강남출판문화센터 5층
전화 | 영업부 515-2000 **편집부** 3446-8774 **팩시밀리** 515-2007
홈페이지 | minumin.minumsa.com

© 조우석 · 김민기, 2014. Printed in Seoul, Korea
ISBN 978-89-6017-366-8 13370

㈜민음인은 민음사 출판 그룹의 자회사입니다.

Step 2 나의 교육 철학

내가 교육에 투자하는 이유는 무엇인지 적어 보자.

Step 1 교육 투자 비전

교육 투자의 최종 목표를 달성한 ㅎ
이를 잘 나타내는 이미지를 비전 ㄴ

IM

Step 4 나의 교육 원칙

나만의 교육 투자 10계명을 적어 보자.

Step 6 블루 오션 투자 전략 캔버스

아이의 강점을 가로 축에 써 넣고, 그 정도를 그래프로 그려 보자.(162p 참조)

Step 8 교육 투자 비전 맵

큰 전지나 보드에 교육 투자 비전
이를 찍어서 자주 볼 수 있는 모든

을 상상해 보고,
앙에 붙인다.

이기
만들고
ㅐ 붙인다.

Step 3 내 아이를 위한 시드워드

아이의 자존감을 키워줄 수 있는 말을 적어 보자.

Step 5 내 아이의 강점 목록

내 아이가 잘하는 것, 좋아하는 것을 적어 보자.

Step 7 교육 투자 재무제표

교육 투자 대차 대조표, 손익 계산서를 작성해 보자.(263p 참조)

수입	지출	부채
		자산